中国农业发展银行服务脱贫攻坚系列丛书

农业政策性银行扶贫论纲

中国农业发展银行◎著

中国金融出版社

责任编辑：黄海清　童祎薇
责任校对：李俊英
责任印制：陈晓川

图书在版编目（CIP）数据

农业政策性银行扶贫论纲／中国农业发展银行著. —北京：中国金融出版社，2023.9
（中国农业发展银行服务脱贫攻坚系列丛书）
ISBN 978-7-5220-1956-7

Ⅰ. ①农…　Ⅱ. ①中…　Ⅲ. ①中国农业发展银行—扶贫—研究　Ⅳ. ①F832.33

中国国家版本馆CIP数据核字（2023）第055932号

农业政策性银行扶贫论纲
NONGYE ZHENGCEXING YINHANG FUPIN LUNGANG

出版
发行　中国金融出版社

社址　北京市丰台区益泽路2号
市场开发部　（010）66024766，63805472，63439533（传真）
网 上 书 店　www.cfph.cn
　　　　　　（010）66024766，63372837（传真）
读者服务部　（010）66070833，62568380
邮编　100071
经销　新华书店
印刷　河北松源印刷有限公司
尺寸　185毫米×260毫米
印张　19
字数　250千
版次　2023年9月第1版
印次　2023年9月第1次印刷
定价　54.00元
ISBN 978-7-5220-1956-7

丛书编委会

指导委员会： 钱文挥　解学智　湛东升
王昭翮　孙兰生　徐一丁　张宝江
徐　浩　赵　鹏　张文才　朱远洋
周良伟　李小汇

编写委员会：

主　任： 钱文挥　湛东升

副主任： 徐一丁　张文才

成　员： 邵建红　杜彦坤　陆建新　欧阳平
陈小强　李国虎　陆　兵　李　玉
李卫娥　周建强　杨德平　武建华
赵建生　李振仲　吴　飚　刘优辉
肖　瓴

本书课题组： 徐一丁　李振仲
常　洁　程覃思　崔宇宁　王思宇

序言

PREFACE

消除贫困、改善民生、逐步实现共同富裕，是社会主义的本质要求，是中国共产党对人民的庄严承诺。党的十八大以来，以习近平同志为核心的党中央把脱贫攻坚摆在治国理政的突出位置，作为实现第一个百年奋斗目标的重点任务，纳入“五位一体”总体布局和“四个全面”战略布局，采取一系列具有原创性、独特性的重大举措，组织实施了人类历史上规模空前、力度最大、惠及人口最多的脱贫攻坚战。经过全党全国各族人民共同努力，我国脱贫攻坚战取得全面胜利，完成了消除绝对贫困的艰巨任务，创造了又一个彪炳史册的人间奇迹。

金融扶贫，特别是政策性金融扶贫是国家层面的重要制度安排。中国农业发展银行作为我国唯一的农业政策性银行，自1994年成立以来，始终将服务国家战略和“三农”事业发展作为重要政治任务和职责使命，聚焦重点区域领域，特别是对贫困地区加大支持力度，资产规模突破8万亿元，贷款余额7.37万亿元，是我国农村金融体系中的骨干和主力。党中央打响脱贫攻坚战以来，农发行在全国金融系统率先发力，确立以服务脱贫攻坚统揽业务发展全局，坚定金融扶贫先锋主力模范目标不动摇，构建全行全力全程扶贫工作格局，大力支持易地扶贫搬迁、深度贫困地区、产业扶贫、“三保障”专项扶贫、定点扶贫、东西部扶贫协作和“万企帮万村”行动等，全力以赴支持打赢脱贫攻坚战。

脱贫攻坚期，农发行累计投放精准扶贫贷款2.32万亿元，占全国精准扶贫贷款投放额的四分之一；2020年末扶贫贷款余额1.5万亿元，投放额和余额始终稳居全国金融系统首位；连续5年荣获全国脱贫攻坚奖，5个集体和3名个人在全国脱贫攻坚总结表彰大会上荣获表彰，在历年中央单位定点扶贫成效评价中均获得“好”的等次，树立了“扶贫银行”的品牌形象，为脱贫攻坚战全面胜利贡献了农业政策性金融的智慧和力量。

习近平总书记指出：“脱贫攻坚不仅要做得好，而且要讲得好。”2021年，农发行党委决定组织编纂“中国农业发展银行服务脱贫攻坚系列丛书”，系统总结政策性金融扶贫的成功经验，传承农发行服务脱贫攻坚精神，为支持巩固拓展脱贫攻坚成果、全面推进乡村振兴提供启示和借鉴。系列丛书共6册，依次为《农业政策性银行扶贫论纲》《中国农业发展银行金融扶贫“四梁八柱”》《中国农业发展银行金融扶贫模式》《中国农业发展银行定点扶贫之路》《金融扶贫先锋》《我所经历的脱贫攻坚故事》，从理论思想、体制机制、产品模式、典型案例、先进事迹等维度，全景式展现农发行服务脱贫攻坚的历史进程和实践经验。

本书为系列丛书第一册，系统研究在习近平总书记关于扶贫工作重要论述指导下，农业政策性银行服务脱贫攻坚的底层逻辑，形成中国特色政策性银行扶贫的理论。课题组系统梳理了金融扶贫的发展历程，全面总结了农业政策性银行服务脱贫攻坚的实践经验，从历史分析、中西比较的视角，解构农业政策性银行扶贫的制度优势、创新本质、精准原理、家国情怀和党的建设，升华规律性认识，为不断调整优化农业政策性银行功能提供思路，为服务乡村振兴、促进共同富裕、推动国家现代化建设、加强国际扶贫合作提供借鉴。

在一年多的研究写作过程中，课题组得到了来自农发行系统内外各位领导的悉心指导和各级行、各部门的大力支持。在此，谨向长期以来关心、支持和直接参与农发行服务脱贫攻坚工作的各级领导表示衷心感谢，向奋战在脱贫攻坚一线、为政策性金融扶贫事业作出贡献的广大同仁致以崇高的敬意！

由于作者水平有限，书中难免有疏漏、不当之处，敬请读者批评指正。

“中国农业发展银行服务脱贫攻坚系列丛书”编写委员会

2022年6月

目录 CONTENTS

第一章 导论：马克思主义贫困理论的中国化

第二章 金融扶贫历程

第三章 中国农业政策性银行扶贫的制度优势

第六章 中国农业政策性银行扶贫的家国情怀

第七章 坚持以党建促扶贫

第八章 未来展望

第一章

导论：马克思主义贫困理论的中国化

在人类发展历史上，贫困问题一直是困扰众多国家和地区的重大挑战，各国各地政府为消除贫困一直进行着不懈的努力。从全球看，消除贫困和不平等，不论是作为一个理论命题还是一项具体实践，都深深地嵌入在发展结构、社会政策和政权巩固的过程中。

近代以来，特别是第二次世界大战后，伴随着殖民时代的结束，贫困开始成为全球关注的重要议题，消除贫困成为广大发展中国家重要而迫切的任务。2000年联合国通过了《联合国千年宣言》，呼吁各国在消除贫穷、饥饿、疾病、文盲、环境恶化和对妇女的歧视等方面开展合作、促进发展，不遗余力地帮助数十亿人摆脱“凄苦可怜和毫无尊严的极端贫穷状况”，“使全人类免于匮乏”，到2015年实现“世界上每日收入低于一美元的人口比例和挨饿人口比例降低一半”。2015年联合国通过了《改变我们的世界：2030年可持续发展议程》，将消除贫困排在所有可持续发展目标之首，把“在全世界消除一切形式的贫困”作为总体愿景①。在各国政府的持续努力下，20世纪90年代以来，全球生活在国际贫困线以下的人口大幅减少，全球极端贫困人口从1990年的19.1亿人减少到2015年的7.3亿人，减少了11.8亿人，总体上实现了千年发展目标的减贫目标。全球极端贫困人口的比例从1981年的42.3%下降至2015年的10%②，并在2019年进一步降为8.4%③。

新中国成立70多年来，党中央、国务院高度重视扶贫减贫，出台实施了一系列中长期扶贫规划，从救济式扶贫到开发式扶贫再到精准扶贫，探索出一条符合中国国情的农村扶贫开发道路。总体上看，农村贫困人口显著减少，贫困人口收入水平大幅提高，贫困发生率持续下降。根据1985年标准，到2000年《国家八七扶贫攻坚计划》结束时，贫困人

① 具体有五个方面，包括每人每天生活费、社会保障制度的覆盖、平等获取经济资源的权利和基本服务、增强抵御灾害能力、减小不确定性事件的冲击和受影响的程度。

② 同期，全球人口处在增长期，从45.1亿人增加到73.4亿人，总人口增加28.3亿人。这使得全球极端贫困人口比例的下降趋势更为明显。

③ 联合国. 2021年可持续发展目标报告[R/OL]. https://unstats.un.org/sdgs/report/2021/, 2021-06.

口由计划执行前的8000万人减少到3209万人。根据2008年标准，到2010年第一个扶贫开发十年规划结束时，贫困人口由2000年的9422万人减少到2688万人。在第二个扶贫开发十年规划开始时，根据2010年标准测算，2011年尚有12238万贫困人口，贫困发生率为12.7%，减贫已进入国际公认的“最艰难阶段”。2020年，中国如期完成了新时代脱贫攻坚目标任务，现行标准下9899万农村贫困人口全部脱贫，832个贫困县全部摘帽，12.8万个贫困村全部出列，消除了绝对贫困和区域性整体贫困，“两不愁三保障”全面实现，取得了令全世界刮目相看的重大胜利。联合国秘书长安东尼奥·古特雷斯表示，中国在消除贫困中自身取得的成就，就是为世界作出的最重要贡献①。世界银行前行长金墉认为，中国的减贫成就是人类历史上最伟大的事件之一，世界极端贫困人口下降的主要贡献来自中国②。

从中国如此显著的脱贫攻坚成就中，探寻中国农业政策性银行的功能作用，数据是最直观明显的展示。脱贫攻坚期间，中国农业发展银行（以下简称农发行）累计投放精准扶贫贷款2.32万亿元，占全国所有金融机构投放总额的25%，精准扶贫贷款余额1.5万亿元，均居金融系统首位。在简单数字的背后，其深层的机理是复杂多元的。必须从全球演进、国家制度、金融技术、文化理念的广度上去分析，从现代化的历史脉络作系统梳理，揭开财富积累、贫困、不平等背后的面纱，通过世界、中国、金融体系、农业政策性银行之间层层关系的推导，从而深入理解农发行在金融扶贫中发挥先锋主力模范作用的内在逻辑和历史必然性。

① 中国发展门户网. 发展访谈古特雷斯：中国2020年消除极端贫困是对世界减贫事业最大贡献[R/OL]. 2018-09-05. http://cn.chinagate.cn/news/node_8006968.htm.

② 央视网. 国际货币基金组织和世行年会. 世行行长：中国减贫成就举世瞩目[R/OL]. 2017-10-13. http://news.cctv.com/2017/10/13/ARTInOHqEUuqWlY1mvxkUgGt171013.shtml.

一、贫困、不平等与中国共同富裕的国家制度安排

贫困最直观的表现是物质匮乏。现代化之前的世界生产力水平低下，物质条件和基础设施十分落后，除了少数统治阶层外，贫困是一种普遍的现象。工业革命的发生和自由市场的扩张推动了经济快速增长，但贫困并未如西方经济学家预期的那样通过“涓滴效应”自发消除。相反，绝对贫困和相对贫困在世界各国仍不同程度存在，而其背后的不平等机制是一股始终存在的顽固力量。

诺贝尔经济学奖获得者库兹涅茨在1953年发表的具有里程碑意义的《高收入群体在国民收入与储蓄中所占份额的研究》一文中，提出了著名的“倒U形”理论：不管经济政策如何选择或者不同国家间的其他差异，收入不平等将在资本主义发展的高级阶段自动降低，并最终稳定在一个可以接受的水平上，即“经济增长的大潮会使所有船只扬帆起航”。他的理论为资本主义市场经济具有优势提供了支撑，至今仍然为人们所推崇。然而与库兹涅茨预计的相反情况却出现了，美国收入前10%的人群在20世纪前10年到20世纪20年代占据45%~50%的国民收入，在20世纪40年代结束前该比例降到了30%~35%，随后的1950—1970年，不平等的程度一直稳定在该水平。到了20世纪80年代，不平等程度迅速增加，直到2000年美国高收入阶层已经回到占据国民收入的45%~50%。英国、法国和德国的财富收入比[①]在19世纪末时达到6~7，之后由于1914—1945年的冲击，这一数量急剧下降到2~3，然而自1950年以来该比率开始上升，并且势头猛烈，21世纪初回到5~6的水平[②]。这些长周期的历史数据描绘了一条与“倒U形”理论截然相反的“正U形”曲线。

① 财富收入比是以私人财富总额除以国民收入，用以反映财富分配差异化的程度。私人财富总额包括房地产、金融资本和专业资本、净债务。

② [法]托马斯·皮凯蒂．21世纪资本论[M]．北京：中信出版社，2014：25-27.

均衡增长一直是西方经济学家的乐观观点和美好愿景。在罗伯特·索洛提出的增长理论中，产出、工资、利润、资本存量等宏观经济变量各自以恒定的速度增长，每个社会阶层都能享受到基本相同的经济增长红利。库兹涅茨设想，增长、竞争与技术进步之间不断博弈将会逐渐降低社会不同阶层之间的不平等程度，促进社会更和谐的发展。然而，收入和财富差距拉大的现实无法通过纯粹的经济运行机制解释，反而一定程度上印证了马克思《资本论》“资本无限积累原则”的深邃洞察力。尽管马克思预言资本无限积累将引起的无产阶级革命并没有在发达资本主义国家爆发，但财富日益集中和加剧的不平等却已经被证实为资本主义的经济规律。

不平等是政治、经济、社会综合作用的结果。抛开人类社会经济增长率长期为零这一普遍贫困的历史时期，造成贫困个体收入低下，能力、权利、机会缺乏，社会排斥，亚文化，贫困代际传递，以及落后国家储蓄和投资不足，产业和地区发展不均衡而始终处于低水平循环背后的原因，都在于财富的不平等。人类脱离传统社会的力量，来自财富积累后能够自主平滑生命周期收入波动的能力，进而不必维持对家族宗族的血缘地缘关系以及围绕土地的生产关系的依附，这是人类现代化过程的起点。这一过程也同时伴随贫困文化的破除、契约和产权制度的建立。考察贫困形成的内在逻辑，可以发现：首先，个体和国家的初始禀赋存在差异，部分个体和国家经济发展过程中处于财富分配的弱势地位；其次，不平等作为经济发展的内生规律，在常态下具有不断强化的趋势；最后，由于不平等的内生性和固有性，如果缺乏足够的逆向调节机制及其所需的制度供给，那么总会有一些个体和国家无法摆脱“贫困陷阱”。

财富的积累通过资本和劳动两种途径实现。劳动收入不平等源于不同技能的供给和需求、教育体系状况以及影响劳动力市场运行、工资确定的各种规则和制度。资本收入的不平等涉及储蓄和投资行为、馈赠和继承法律以及房地产和金融市场的运行。现代文明社会对身体健康、智力技能方面的差异造成的收入获取能力的差异更加包容，在初次分配中允许劳动收入合理的差异化，在二次分配和三次分配中通过社会保障、福利政策、慈善公益等来缓解不平等；而对于资本收入和资本财富，特别是财产继承带来的不平等，以及任由财富两极分化造成的社会撕裂、政治动荡都不会宽宥。资本导致的不平等总比劳动导致的不平等更严重[①]，资本所有权及资本收入的分配总比劳动收入的分配更为集中[②]。

财富分配受制于趋同机制和分化机制的共同作用。趋同的主要力量是知识的扩散以及对培训和技能的资金投入[③]。知识和技能的扩散对于整体生产率的提高和一国内与各国间不平等的消减起到关键性作用。以中国为代表的很多曾经贫穷的国家如今取得的进步印证了这一点，这些新兴经济体正在快速接近甚至赶超发达国家。通过采用发达国家的生产方式、获取其他地区所具备的同等技能，欠发达国家的生产率获得了跨越式发展并增加了国民收入。但无论传播知识和技能的力量有多么强大，特别是在促进国家间趋同的过程中，都可能被强大的分化力量阻挠和击溃，从而导致更大的不平等。而那些长期存在的促进不稳定和不平等的力量并不会自动减弱或消失。

拉大不平等的力量，或者说加剧分化的根本力量就是资本收益率高于经济增长率。通过研究19世纪到第一次世界大战前欧洲国家所经历的财富极为不平等的发展过程，同时观察最近几十年来全世界巨富阶层爆炸式的财富增长趋势，可以证实：从长期来看，资本收益率明显超过经济增长

① 然而美国在过去几十年间高级经理层的巨额报酬，加大了劳动收入的两极分化，成为不平等的强大推动力。

② [法]托马斯·皮凯蒂. 21世纪资本论[M]. 北京：中信出版社，2014：248.

③ 皮凯蒂认为，供需法则和这一法则的变体——资本和劳动力的流动——也通常会促进财富与收入的趋同，但其影响力没有知识和技能扩散那么大，并且它的含义经常模棱两可或自相矛盾。

率。由于资本持有者只需将资本收入的一小部分用于保持自己的生活水平，而将大部分用于再投资，两者之差导致初始资本之间的差距一直延续下去，并且可能造成资本的高度集中。未来几十年内人口和经济增长率可能变缓，资本收益率在更大概率和程度上将超过经济增长率，从而使不平等的趋势更加令人担忧。

西方民主制度和市场权利不能解决不平等问题。1789年的法国大革命比英国的现代议会制度和美国共和制更加激进，废除了所有的法律特权，并力图建立一种权利和机会完全平等的政治和社会秩序，然而那个时期的法国财富集中度并不比英国低。法国的经历印证了现代社会的缺失：市场上权利的平等不能保证所有权利的平等。更受保障的财产权利、更加自由的市场以及更加纯粹和完全的竞争，不足以确保一个社会的公正、繁荣及和谐。分化的力量可以在投入足够技能且满足所有“市场有效性”的世界中存在。资本市场越完善，资本收益率高于经济增长率的可能性越大。

中国国家制度和国家治理体系具有解决不平等的显著优势。中国共产党十九届四中全会通过《中共中央关于坚持和完善中国特色社会主义制度 推进国家治理体系和治理能力现代化若干重大问题的决定》（以下简称《决定》），明确指出“坚持以人民为中心的发展思想，不断保障和改善民生、增进人民福祉，走共同富裕道路”是中国国家制度和国家治理体系的显著优势之一。《决定》将公有制为主体、多种所有制经济共同发展，按劳分配为主体、多种分配方式并存以及社会主义市场经济体制上升为国家的基本经济制度，明确指出中国“把社会主义制度和市场经济有机结合起来”具有“不断解放和发展社会生产力的显著优势”。

增长和分配是人类社会永恒的主题。坚持社会主义市场经济体制，强调市场在资源配置中起决定性作用，承认市场机制是资源配置最有效的方式，同时持续完善社会主义市场经济体制，不断改革影响高质量发展的体制机制障碍。实行公有制，从制度上防止财产权向少数人集中，确保了共同富裕的制度基础。按劳分配为主体，始终尊重劳动是价值产生的主要因素，引导人们将劳动作为财富积累的主要途径。“十四五”规划和2035年远景目标纲要提出，“坚持居民收入增长和经济增长基本同步、劳动报酬提高和劳动生产率提高基本同步，持续提高低收入群体收入，扩大中等收入群体，更加积极有为地促进共同富裕”。居民收入主要由劳动收入和资本收入构成，“居民收入增长和经济增长同步、劳动报酬提高和劳动生产率提高基本同步”，意味着资本收入的增长就会限制在经济增长范围之内。中国已经将破解“资本收益率高于经济增长率”的内在机制上升到国家制度设计和战略规划的高度进行部署。一百五十多年前，马克思提出了“资本无限积累原则”这一资本主义的根本矛盾；新时代以习近平同志为核心的党中央把握马克思主义精髓，提供了破解这一根本矛盾、实现共同富裕的现实方案。

打赢脱贫攻坚战是共同富裕的必由之路。中国自21世纪以来基尼系数整体保持缩小趋势，居民收入差距在缩小。2015—2020年，全国人均可支配收入基尼系数下降至0.462~0.468，是2003年以来最低的时期，其余时段均在0.469~0.491之间徘徊①。尽管基尼系数降至0.4以下收入分配结构才是理想水平，但这种鲜明对比已经证明脱贫攻坚的强力实施显著缓解了不平等程度，脱贫攻坚战的胜利已经为中国实现共同富裕打下了坚实的基础。

二、中国特色反贫困理论对马克思主义贫困理论的继承与发展

在政治经济思想史针对贫困治理的研究中，存在着两种针锋相对的

① 数据来源：十多年来基尼系数回落，图解共同富裕进阶[N]. 新京报，2021-09-01；张卓元. 正确认识和把握实现共同富裕的战略目标和实践途径[EB/OL]. http://m.thepaper.cn/baijiahao_17179632，2022-03-17.

观点，即古典经济学的贫困观和马克思主义的贫困观。亚当·斯密以自由市场主义的观点，马尔萨斯以抑制人口增长的观点[①]，大卫·李嘉图以“使用价值贫乏论”和控制人口的观点[②]，解释了产业革命以来贫困现象的合理性，认为贫困作为一种社会现象，是市场经济自然法则作用的结果，也是维系市场平衡的必要因素。“希望和恐惧是工业的源泉……对于那些驱使上层人士奋斗的动机——自豪、荣誉和野心，穷人知之甚少。一般来言，只有饥饿才能刺激、驱使穷人去劳动”[③]。处在市场体系中的个体，如果不能通过勤劳努力成为有财者，就只有沦入赤贫境地，或是接受维系基本生存需求的工资水平。自由主义者提倡自由放任的政策，认为发展市场经济能够解决社会整体性贫困，主张国家不要对社会经济生活实施不必要的干预。显然，只有“个人观”而没有“社会观”的自由主义不可能有“保护多数”即劳动者的社会政策[④]。

马克思对古典经济学者将“无产阶级的贫困看作是它本身的罪过并主张因此惩罚它”[⑤]的观点进行批判，指出现代社会的贫困是随着资本主义生产方式的形成而产生并不断强化的，资本主义社会的贫困现象并非个别现象，工业革命加剧了社会的普遍贫困。无产阶级之所以会绝对贫困，归根到底在于失去了掌握生产资料的权利，除了依靠出卖劳动力牟取生存外别无选择，资本家与工人之间关系严重不对等，工人只能接受

---

① 马尔萨斯将贫困产生的根源归结于人口数量本身，指出按照几何级速度增长的人口与按照算数级速度增长的物质生活资料存在结构性矛盾，必然导致人口过剩和物质生活资料短缺现象，强调人口过快增长是贫穷和罪恶的根本，抑制人口增长是消灭贫穷的必然选择，是典型的“人口决定论”者。

② 大卫·李嘉图提出了“使用价值贫乏论”，即使用价值的贫乏是贫困的重要原因。劳动者的实际工资受到生活必需品自然价格和劳动力市场价格的双重影响，自然价格涨价会削弱实际工资的购买力，导致劳动者容易陷入“使用价值贫乏”状态。同时人口过快增长又会对生活资料的需求产生更大压力。因此，保持实际工资稳定和降低人口数量是摆脱贫困的可能路径。

③ 约瑟夫·汤森德. 济贫法论述[M]. 伯克利：加利福尼亚大学出版社，1971：23.

④ 周建明. 社会政策欧洲的启示与对中国的挑战[M]. 上海：上海社会科学出版社，2005：117-118.

⑤ 马克思，恩格斯. 马克思恩格斯全集：第6卷[M]. 北京：人民出版社，1961：656.

维持最低生活的工资水平。而资本技术构成的提高使劳动力供给大于需求，相对过剩人口增加，进而失业人口剧增，被迫陷入绝对贫困境地。无产阶级的相对贫困在于资本家控制剩余价值索取权，对于财富无限积累的追求，使剩余价值收入在国民收入中的比重不断上升，而工人的工资所占比重持续下降，工人工资收入的增长速度比不上资本家剩余价值的增长速度，导致财富越来越集中于资本家手中。

马克思贫困理论深刻揭露了资本主义制度下贫困的本质。资本主义制度下的生产资料私有制、资本雇佣劳动制以及剩余价值规律和资本积累规律等的共同作用导致了资本家与劳动者在政治地位、社会地位和财富水平等方面处于两极分化状态。以生产资料私有制为基础的资本主义制度是工人阶级和劳动者贫困的制度性根源。在资本主义制度下，资产阶级财富积累与无产阶级贫困是必然结果。无产阶级与资产阶级矛盾的激化则是贫困所导致的后果。随着资本的积累与集中，资本主义生产分工随着社会生产力的提高愈加精细，社会化程度不断提高，市场规模不断扩大，社会对生产资料的共同占有是社会化大生产发展的必然要求。而在资本主义制度下，生产资料归私人占有，私有制与社会化生产二者难以兼容。马克思将这种难以兼容的矛盾看作是可能引起整个现代社会灭亡的因素，并指出变革生产及分配方式是避免这种灭亡的必然途径。[①]实行生产资料的公有制才能解决生产资料和劳动者相分离导致的贫困问题，实行公有制下的生产劳动和按劳分配才能实现人的自由、平等和全面发展。无产阶级通过革命推翻资产阶级，建立共产主义制度，才能最终从根本上消除“制度性贫困”。

资本主义生产方式推动了社会生产力的巨大发展，但是生产力发展不可避免地面临较大制约。从生产关系上来看，在资本主义私有制下，

① 马克思，恩格斯．马克思恩格斯选集：第3卷[M]．北京：人民出版社，1995：197.

工人工资收入过低无力消费，而资本家追求财富无限积累，注重投资、不愿消费，造成生产的相对过剩，割裂了生产、交换、分配和消费四个环节的良性循环，使社会再生产过程没有达到最优状态，在内因和外因作用下资本主义社会经常陷入经济危机。而劳动者的相对贫困使劳动者的劳动潜力、主观能动性和创造性不能有效发挥出来。社会主义公有制适应了社会化大生产的需要，使得以生产资料公有制为基础的生产、交换、分配和消费等环节结成的经济关系更加具有社会性和公平性，有利于解放和发展社会生产力。马克思认为，生产社会财富必须具备两个方面的生产条件："一方面是物的生产资料，即客观的生产条件，另一方面是活动着的劳动能力、有目的地发挥出来的劳动力，即主观的生产条件"[①]。因此，解放和发展生产力，就要在社会扩大再生产过程中不断提高投入生产资料的质量，通过科技创新等形成改造世界和创造财富的新的劳动资料，进一步发掘新的劳动对象，创造更加丰富的社会财富。同时，通过劳动力再生产过程中提升生活质量、加强教育和培训等进一步提高劳动者的综合素质和劳动能力，充分发挥劳动者创造社会财富的积极性和主动性。持续调节好直接生产过程中的生产关系，重点解决好分配关系，保障好劳动者的权利和利益。通过分工、协同等方式实现劳动力和生产资料的有机高效结合，提高劳动生产率。

马克思在对贫困问题的研究中，把人类社会看作是由相互依存的各种社会关系组成的有机整体，而非自然状态下孤立的个人，将研究重心放在了对资本主义体系内在逻辑矛盾的分析上，最早从制度层面对资本主义社会贫困现象进行分析，但并没有因此忽视对贫困个体禀赋差异与治理的研究。他认为，工人阶级这一"共同体"的相对贫困是由资本主义制度和生产关系导致的，而工人"个体"的绝对贫困则与劳动条件和

① 马克思，恩格斯．马克思恩格斯文集：第8卷[M]．北京：人民出版社，2009：458-459.

劳动能力密切相关。长期失业使劳动者不具备劳动条件，必然导致贫困。而资本主义生产方式下资本对劳动的过度剥削导致劳动者不能获得自身劳动力再生产所需要的工资，不能维持良好的营养、教育和医疗，造成劳动能力缺乏。加之政治权利、经济权利、社会权利、文化权利等方面的匮乏，导致社会结构失衡，引发社会关系紧张和冲突，进一步恶化社会收入分配差距和贫困问题，必须通过社会改革为劳动者赋权赋能，消除个体性贫困。

综上所述，马克思贫困治理理论形成了以“制度—生产力—个体”为核心的基本分析框架①，为中国特色贫困治理实践提供了理论指导。百年以来，中国共产党继承和发扬马克思主义，始终坚持以人民为中心的发展思想，始终坚守为中国人民谋幸福、为中华民族谋复兴的初心和使命，在革命、建设、改革和发展事业中不断谋求民族独立、改善民生、全面小康和共同富裕，探索和形成了一条符合中国国情的贫困治理道路。新民主主义革命时期，党带领全国人民推翻“三座大山”，实现国家独立和民族解放，从根本上解决中华民族面临的贫困危机和生存危机，使得国家有条件摆脱整体性贫困状态。新中国成立之后进行社会主义革命，逐步建立起社会主义公有制，标志着中国根除了马克思所指的导致贫困问题的私有制制度基础。改革开放以来，中国极大地解放和发展了生产力，同时对贫困治理进行了系统性实践，大规模实施“区域发展带动”和“开发式扶贫”战略，奠定了解决贫困问题的物质基础。党的十八大以来，以习近平同志为核心的党中央把脱贫攻坚摆在治国理政的突出位置，充分发挥党的领导和我国社会主义制度的政治优势，实施“精准扶贫”“精准脱贫”方略，围绕“两不愁三保障”脱贫目标，建立了“帮扶四问”体系，实施了“五个一批”脱贫路径，实现了“六个精

① 韩文龙，周文. 马克思的贫困治理理论及其中国化的历程与基本经验[J]. 政治经济学评论，2022(1): 74-103.

准”要求，全方位推动贫困治理工作高质量发展，取得了脱贫攻坚的伟大成就。

习近平总书记提出的精准扶贫理论以马克思主义为指导，坚持实事求是、与时俱进，创新扶贫工作思想和方略，为中国当下贫困问题的解决提供了科学指引，是对马克思主义贫困理论的继承、发展与中国化。首先，精准扶贫理论在扶贫目标与脱贫途径上体现出对马克思主义贫困理论的继承性。马克思以劳动者成为真正意义上的主人为立足点，将消灭贫困、实现人的全面自由发展、财富全民共享作为反贫困的目的。精准扶贫理论坚持以人民为中心的思想，围绕解决贫困人口的基本生存发展问题，创造贫困人口劳动收入提高、居住条件改善、公共服务普享、社会保障覆盖的支撑体系，带领贫困人口进入全面小康社会，在摆脱温饱困境的基础上朝着全面自由发展富裕更近一步。马克思将制度因素看作贫困之源，认为生产资料公有制是抑制贫困的制度保障，在此基础上构建了一个生产力自由王国的设想，即生产力高度发达、财富涌流的共产主义社会，在这个社会当中人人能够实现“各尽所能，按需分配”。精准扶贫理论基于中国特色社会主义基本经济制度，遵循公有制、按劳分配、社会主义市场经济体制，依托农村集体所有制创新带动贫困人口脱贫的体制机制、方法模式，注重激发贫困人口依靠劳动摆脱贫困的内生动力，把产业扶贫作为脱贫的治本之策，通过增加贫困地区的基础设施和公共服务供给改善生产生活条件，不断解放和发展贫困地区的生产力。在解决绝对贫困问题、全面建成小康社会阶段性目标完成之后，聚焦解决城乡差距、地区差距、行业差距造成的相对贫困问题，在全面建设社会主义现代化国家新征程上推进共同富裕。

其次，精准扶贫理论进一步深化和发展了马克思主义贫困理论。马克思研究贫困问题主要是从资本主义制度及其一般规律的视角出发，反复强调消灭资本主义制度是解决贫困问题的根本途径，而对社会主义国家的贫困问题，马克思等人鲜有研究，按照马克思设想，社会主义国家不应当存在贫困问题。世界社会主义革命并非在发达资本主义国家取得胜利，而是在相对落后的经济体中破土而出，这意味着无论是生产力的发展程度，还是反作用于生产力的生产关系都远未达到马克思当时设想的水平。新中国脱胎于极度落后的半殖民地半封建社会，在经历了新民主主义、社会主义革命，持续深化对人类社会发展规律和社会主义建设规律认识的基础上，不断探索和完善中国特色社会主义道路和制度。精准扶贫理论是在中国特色社会主义进入新的发展阶段之际，立足我国尚处于社会主义初级阶段的基本国情，综合国力发展到一定程度的情形下提出和实施的，是新中国成立以来经过救济式、开发式扶贫，“大水漫灌”和“涓滴效应”不足以解决边远落后农村地区仍广泛存在的绝对贫困问题提出的贫困治理思路和方略。精准扶贫理论以“两不愁三保障”为治理目标，强调既不降低标准，也不拔高标准，精准扶贫的关键在于准确识别贫困对象、贫困程度以及致贫原因的基础上因地制宜、因人施策，指导了中国这个世界上人口最多的社会主义国家解决近1亿人的绝对贫困问题，是对马克思主义贫困理论的新发展。

最后，精准扶贫理论是马克思主义贫困理论的中国化。中国共产党是马克思主义理论武装起来的政党，中国共产党的领导是中国特色社会主义制度的最大优势和最本质的特征。中国将党的集中统一领导制度和全面领导制度、马克思主义在意识形态领域指导地位的制度作为根本制度，国家治理一切工作和活动都依照中国特色社会主义制度展开。精准扶贫理论是中国特色贫困治理在新时期的理论表达。习近平总书记在全国脱贫攻坚总结表彰大会上指出：“我们立足我国国情，把握减贫规律，出台一系列超常规政策举措，构建了一整套行之有效的政策体系、工作体系、制度体系，走出了一条中国特色减贫道路，形成了中国特色反贫困理论。”习近平总书记在讲话中系统阐释了中国特色反贫困理论的核心要义“七个坚持”：坚持党的领导，为脱贫攻坚提供坚强政治和组织保证；坚持以人民为中心的发展思想，坚定不移走共同富裕道路；坚持发挥我国社会主义制度能够集中力量办大事的政治优势，形成脱贫攻坚的共同意志、共同行动；坚持精准扶贫方略，用发展的办法消除贫困根源；坚持调动广大贫困群众积极性、主动性、创造性，激发脱贫内生动力；坚持弘扬和衷共济、团结互助美德，营造全社会扶危济困的浓厚氛围；坚持求真务实、较真碰硬，做到真扶贫、扶真贫、脱真贫。精准扶贫理论是中国特色反贫困理论的集中体现，是马克思主义贫困理论的中国化飞跃。

中国特色反贫困理论强调坚持中国共产党的领导和社会主义制度，形成贫困治理的领导核心和基本制度基础。通过解放和发展社会生产力，不断增进人民的福祉，将努力促进人的全面发展作为经济社会发展和中国共产党执政为民的根本出发点和落脚点。发挥举国体制优势，构建多方主体共同参与贫困治理的协同治理体系。不断推动实践创新和体制机制创新，制定不同时期反贫困战略，以及具体的贫困治理领导机制、责任机制、实施机制和保障机制。加强区域和国际合作，从独立自主求解放，到向亚非拉等发展中国家提供援助，到接受国际机构支持和贷款，再到为广大发展中国家提供贫困治理的全方位支持。党的十八大以来中国脱贫攻坚的经验为全球减贫事业贡献了中国智慧，提供了中国方案。

中国特色反贫困理论在思想价值、理论基础和实践指导等层面实现了对西方贫困治理理论的超越。中国贫困治理中以人民为中心的发展思想是对西方国家以资本为中心的发展思想的超越。作为资产阶级利益的代言人，西方国家的经济发展政策优先照顾的是资产阶级利益，解决贫困问题仅仅是资本主义国家缓和阶级矛盾的手段。西方贫困治理理论非常推崇“涓滴效应”，即通过经济增长扩大社会总财富，但是并不给予贫困阶层或弱势群体特殊的优待政策，而是通过先富起来或发展起来地区的消费效应和就业效应等逐渐带动贫困人口实现收入增长。由于以生产资料私有制为基础的经济发展造成了西方国家内部不同群体之间的收入流动性和代际流动性的阻尼效应，经济发展的好处并没有被中低收入群体所获得。中国的贫困治理坚持以人民为中心的发展思想，不仅关注生产力发展和收入分配的效率问题，同时更加注重共享发展，追求全体人民实现共同富裕，从根本上扭转了西方经济发展的“皮凯蒂效应”。

中国特色贫困治理以马克思主义为指导，相较西方国家的贫困治理理论具有优势。西方贫困治理理论以增长理论、收入分配理论等为基础，认为影响增长和收入的变量包括资源禀赋差异、资本存量差异、城乡二元结构、人力资本异质性等，因此贫困治理的关键是通过物质资本和人力资本积累等实现均衡发展。由于仅仅关注收入并不能有效解决贫困问题，进而关注贫困者的权利问题，将贫困问题研究拓展到了社会政治领域。中国特色贫困治理实践基本遵从了马克思的贫困治理思想。在中国共产党百年历史中，党先后领导新民主主义革命和社会主义革命，进行改革开放，实施精准扶贫战略，接续推进制度、生产力、个体维度的贫困治理实践，深刻诠释了马克思三维贫困治理理论架构，形成了中国特色贫困治理经验和理论，成为中国特色社会主义政治经济学和中国发展经济学的重要组成部分，比西方碎片化、阶段性的主流贫困理论更具有完整性、系统性、科学性和实践性。在中国共产党百年贫困治理实践探索和经验总结的基础上形成的中国特色反贫困理论，指导中国取得了减贫的世界奇迹，从理论和实践层面都证实了中国特色反贫困理论的优越性。

三、从贫困治理“三维主体”到中国政治优势下脱贫攻坚的共同意志共同行动

西方经济学将市场和政府定义为支配和控制经济的两股力量。自西方经济学产生以来，自由市场和有为政府两大派别的理念和由此产生的一系列政策轮番走上历史舞台，主导着经济社会发展的脉络。然而西

方经济学产生之前的更长时期，以社区为代表的“社会”，始终都是最早、最广泛、最底层的经济运作载体和治理形式。特别是自人类出现以来就始终伴随的贫困问题，最初都是自发的以社区互助的形式展开应对，在现代化之前的农村地区是最主要甚至唯一的形式。这种体现人类温情、仁慈的品格在宗教和世俗社会都广泛存在。这个特点在中西方传统社会并无根本区别。

西方世界解决贫困问题的“分水岭”是新教运动带来的世俗态度的巨大转变，自此追求财富被看作正义和美德，贫困被视为个人懒惰和道德问题，受到排斥和否定。马克斯·韦伯将新教伦理作为资本主义精神的源头，自由竞争的市场主义由此成为经济运行、社会治理、组织和个人行为的指南。新教运动和工业革命两大历史事件的发生，重塑了西方文明的路径，资本主义像一匹脱缰的野马，迅速占领人类的精神和物质世界。自此中西方在发展上更加强化了各自的文明特质，对于贫困问题产生了不同的态度和解决方案。

西方经济学家对解决贫困的方法可以分为供给派和需求派，分别对应政府和市场两种力量。2019年诺贝尔经济学奖得主阿比吉特·班纳吉和埃斯特·迪弗洛在其代表作《贫穷的本质》中，以田野调查和随机对照实验等方法分析哪一派在解决具体贫困问题时占据上风。在贫穷国家的外来援助问题上，供给派认为外来援助重要，辅助穷国在关键领域投资，提高生产力，由此产生更高收入带来更多投资，可以启动良性循环；需求派则认为援助弊大于利，贫穷国家最好遵循一个简单的原则，只要有自由市场和恰当的奖励机制，人们就能自己找到问题解决的方法，避免接受外国人或自己政府的施舍。这两种思路仍然延续了自由主义与马克思主义两大派别的争论。而事实证明，不同派别提供的解决方案都有达不到预期的失灵现象发生。贫困人口在具有应对市场机制而调整自身行为的能力之前，往往面临一个巨大的鸿沟，而正是这一鸿沟导致了市场机制对贫困人口的失效。唯有深刻了解贫困人口发展受到的约束，并针对打破约束提出供给方案并加以有效实施，才能搭建起跨越鸿沟的桥梁。

由于市场或政府在公共事务治理过程中存在失灵现象，无论是学界还是实操人士都认为，公共事务的治理应该摆脱市场或政府“单中心”的治理方式，建立政府、市场、社会三维框架下的“多中心”治理范式。“多中心”治理范式应用在扶贫场景就是目前国际上广泛推行的参与式扶贫。参与式扶贫的制度供给主体是政府、市场和社会，核心是通过相应的赋权增能机制，使低收入群体能够参与到扶贫项目的决策、实施、监控与评估过程之中，以此激发低收入群体的参与热情和参与意愿，提高低收入群体自我发展和自主脱贫的能力。较之政府主导范式和市场主导范式中所形成的“中心—边缘”结构，参与式扶贫的主体结构处于以贫困人口为核心的协同状态；较之政府主导范式所单纯强调的公平目标和市场主导范式所强调的效率目标，参与式扶贫强调基于过程的公平、参与和基于结果的效率、满意度等多元价值的整合。

早在古希腊罗马时期，欧洲社会已经形成了初步的公益和慈善观念，以及基于村庄互助和城市商业行会救济为主的社会救助传统，教会是接济贫困的重要力量。19世纪后半期，在资本主义周期性经济危机和尖锐的劳资矛盾之下，各国政府开始迎合工人运动中出现的改良主义趋势，通过国家来主持收入的再分配，建立相应的社会保障制度。1881年德国在西方世界第一个建立社会保险制度。英国政党将建立福利国家作为竞选口号，相继对健康保险、失业保险以及经济危机中的生活保障进行规定。1948年，英国颁布了《国民救助法》，对济贫制度进行了重大发展，确定了救济事务管理机构、救济对象、救济标准和拨款来源等，标志着现代社会救助制度在英国的诞生。英国存在和实施了350多年的《济贫法》从此退出历史舞台。进入20世纪，现代社会保障制度在美国、瑞典、法国等国相继建立并不断完善，成为西方国家反贫困的重要举措。

与此同时，非政府组织、慈善机构等民间扶贫力量也发挥了重要作用。19世纪中期，出现了最早的非政府组织（NGO），在相当长的一个时期里，这些NGO的活动都与低收入问题相关。随着现代国家福利体系的建立，减贫更多被视为国家的社会保护职能，非政府组织更多活跃于政府济贫体系所难以涵盖的领域，发挥补充作用。第二次世界大战后，一些国际NGO和发达国家的非政府机构为发展中国家提供发展援助，包括资金支持、技术支持以及基础设施建设等。20世纪70年代后，主要西方福利国家在公共政策向右转的过程中①，政府行政部门出现了一股强劲的去官僚机构化趋势，各种门类的非营利机构纷纷建立起来，在低收入人群福利供给方面扮演举足轻重的角色。

由于种种原因与产业革命失之交臂的中国，走出了一条与西方国家现代文明不同的发展道路。产业革命中资本主义生产方式和自由竞争市场机制造成的城市与农村无产阶级贫困交加的局面并没有在中国发生。尽管早在先秦时期，管仲已经对市场机制调节人们的行为有了深刻的认识并利用其实现国家目标，但自由市场无论是在观念上还是途径上都不是近代之前的中国缓解贫困问题的主流。中国农村千百年来在著名社会学家费孝通阐述的“乡土中国”中生生不息，血缘地缘以及差序格局是农村经济社会生存的基础，政府与社会联手成为应对农村贫困问题的主要形式。

与西方社会相比，中国的贫困问题更早受到统治者、官僚体系和社会精英的关注。早在先秦时期，中国就有“夫施与贫困者，此世之所谓仁义”的观点和论述。在儒家思想影响下，古代中国逐渐形成了以民本、大同思想为基础的慈善传统，开展了以个体、邻里、宗族、会社、宗教、机构及政府为主体的慈善救助行为。先秦时期管仲最早提出国家应设置扶贫济困的机构。汉朝最早设立常平仓，谷贱时增价籴入，谷贵时

① 公共政策向“右转”与向“左转”相对应。“右转”指私有化、市场化和自由化；“左转”指社会主义性质的经济运行和公共政策。

减价粜出。南北朝时政府设立义仓，灾荒时期开仓调粟，赈贫恤孤。隋唐时期国家社会保障及民间慈善救助走向制度化，更加重视仓储制度的完善，利用民间力量来实现政府的社会救助职能。宗教寺院承担了济贫功能并得到政府资助和监督，与政府社会保障功能相互协调补充。宋元时期，政府设置了专门的救助机构，将救助和慈善发展与国家统治和治理相结合，同时大力支持民间慈善机构蓬勃发展，宗族宗教以及机构救助出现了多种新形式，如义庄、义田、义塾等宗族慈善形式，以及施药局、慈幼局、养济院、举子仓、漏泽园。明清时期出现了各类官办民助型、民办官助型慈善和救助机构，常平仓、义仓、社仓等救急备荒制度得到恢复或重建，建立济农仓、预备仓等新的仓廪制度，慈善机构的数量、民间性、功能、社会参与度都在提升。近代以来，孙中山将社会救助与国家的政治、经济制度相结合，提出建立以国家为主体的社会救助制度，以及倡导社会救助的制度化、法制化，推动了中国传统社会慈善事业向近代社会保障事业的转变。梁漱溟、晏阳初等一批有识之士开展了乡村建设行动以改变中国农村落后面貌。

新中国成立以来，解决贫困问题始终是中国共产党的使命和治国理政的重要任务。改革开放极大释放了农村生产力，以市场为导向的体制机制改革促进了经济增长，带动了贫困人口收入提升。同时中国政府坚持将扶贫问题置于中国农村改革与发展的宏大历史语境中认识，不懈推进农村反贫困进程。坚持对致贫因素的结构分析与个体分析相结合，在推动农村整体层面制度改革和政策供给的同时，强调对欠发达地区和低收入人口差异性的理解和尊重，保持国家扶贫体系对各个时期农村低收入问题时代特点，以及不同地区、社区、贫困人口多元化、差异化需求的良好回应性，在不同时期实施救济式、开发式、精准式扶贫方略。

西方的参与式扶贫与中国的精准扶贫都是扶贫深化到一定阶段的产物，两者既有相似之处，又有本质不同。参与式扶贫建立在共同治理的基础上，强调尊重贫困群体主体地位。中国坚持调动广大贫困群众积极性、主动性、创造性，激发脱贫内生动力，将扶贫和扶志扶智相结合。在实践中，参与式扶贫被西方国家、世界银行等国际组织广泛采纳，融入到对不发达国家和地区的扶贫援助之中。然而精准扶贫是一项国家战略和政治承诺，作为中国现代化建设过程中全面建成小康社会的底线任务和标志性指标进行部署和推进，具有完备的顶层设计、制度体系和运行机制。

在中国共产党的领导下，改革开放以来，中国贫困治理体系由政府和社会协同转变为政府、市场和社会协同。政府负责制定反贫困的战略、路线和政策，并通过财政政策、货币政策、产业政策和收入分配政策等，引导、鼓励和支持市场主体和社会主体积极参与贫困治理。市场经济中的企业主体通过连接贫困地区的相关产业推进产业扶贫，通过解决贫困户的就业问题等实现就业扶贫，通过捐赠等方式实现社会责任扶贫。社会主体主要通过捐赠扶贫、消费扶贫、教育扶贫、医疗扶贫和社会保障扶贫等方式发挥协同治贫作用。通过“大扶贫”理念，整合最为广泛的行业投入和政策资源，开展综合性的扶贫开发，满足了基础设施、基本公共服务、基础产业、基层组织能力建设以及劳动力素质等多方面的需求，缓解了农村多维要素匮乏的问题。

进入精准扶贫阶段，中国广泛动员全党全国各族人民以及社会各方面力量共同向贫困宣战，中国贫困治理实现了政府、市场、社会“三维体系”的超越。习近平总书记在全国脱贫攻坚总结大会上指出，中国脱贫攻坚取得举世瞩目成就的法宝之一，就是“坚持发挥我国社会主义制度能够集中力量办大事的政治优势，形成脱贫攻坚的共同意志、共同行动”。中国靠的是“举国同心”“合力攻坚”“党政军民学劲往一处使，东西南北中拧成一股绳”。脱贫攻坚期间，中国进一步强化东部发达地区与西部贫困地区的扶贫协作，推动省市县各层面结对帮扶，促进人才、资金、技术向贫困地区流动。完善定点扶贫制度举措，中央和国家机关各部门、民主党派、人民团体、国有企业和人民军队等都积极行动，所有的国家扶贫开发工作重点县都有帮扶单位。各行各业发挥专业优势，企业、社会组织和公民个人热情参与，构建专项扶贫、行业扶贫、社会扶贫互为补充的大扶贫格局，形成跨地区、跨部门、跨单位、全社会共同参与的扶贫体系。千千万万的扶贫善举彰显了社会大爱，汇聚起排山倒海的磅礴力量。联合国秘书长古特雷斯明确表示，精准扶贫方略是帮助贫困人口、实现2030年可持续发展议程设定的宏伟目标的唯一途径，中国的经验可以为其他发展中国家提供有益借鉴。

四、习近平关于政策性金融扶贫的重要论述：基于全球历史视角的解读

习近平总书记强调，“金融是国家重要的核心竞争力”“金融是实体经济的血脉”“金融活，经济活”“发展普惠金融，目的就是要提升金融服务的覆盖率、可得性、满意度，满足人民群众日益增长的金融需求，特别是要让农民、小微企业、城镇低收入人群、贫困人群和残疾人、老年人等及时获取价格合理、便捷安全的金融服务”。他特别指出，“要做好金融扶贫这篇文章”“加大对脱贫攻坚的金融支持力度，特别是要重视发挥好政策性金融和开发性金融在脱贫攻坚中的作用。”“要发挥政府投入的主体和主导作用，发挥金融资金的引导和协同作用”。政策性金融扶贫之所以被习近平总书记寄予厚望，在党中央、国务院关于打赢脱贫攻坚战的决定等重大决策部署中专门作出安排，在于政策性金融具有特殊性，是国家层面推进实施减贫战略，加大对贫困地区和贫困人口资源配置和投入，打破由于金融逐利性一味追求经济利益最大化而必然造成发展失衡的常态路径，有效利用金融功能解决贫困和不平等，促进均衡、共享、可持续发展的制度设计。

从历史来看，金融对城市文明的诞生、古典帝国的兴起以及对世界的探索都发挥了关键的作用。人类最早的写作行为就是古代西亚地区的

人们为了记录金融契约而发明的；人类社会第一个有关时间和风险的复杂模型也和金融紧密相关；金融诉讼对于雅典黄金时代的形成起着非常重要的作用；如果没有复杂的金融组织，古罗马的财富传奇不可能持续数个世纪之久；古代中国文明更是发展了自己独特的金融传统，使得帝王们能够在广阔的区域内实现大一统。

金融同时也是不平等的推手。在资本主义萌芽阶段，金融技术支撑了航海探险和随之而来的殖民主义。16、17世纪英国和荷兰采取风险投资和股份制贸易公司的形式来促成航海探险，纳税人自己出资支持海军保卫贸易公司经营的殖民帝国。储蓄产生的过剩资本亟须寻找投资出路，同时减少投资风险，驱使欧洲不断增强对其他地区的控制力。贸易公司同时扮演公司和殖民统治机构的角色，垄断欧洲与亚洲的商品往来①，进行欧洲、非洲和美洲三角贸易②。在奴隶贸易企业化的过程中，股权风险投资这一金融创新提供了一种有效的方式来瓜分利润、分配控制权和发挥政治影响力，既奠定了现代经济全球化的基石，也为奴隶贸易这一罪行提供了发展扩大的资金支持。全球工业品、原材料的分工格局由此开端，也使全球化过程始终与不均衡、不平等发展相伴，至今都深刻影响着全球政治、经济和贸易格局。

由此，“一体化”与“不平等”成为资本主义世界经济体系的两个主要特征。货币结算、股票、期货等金融工具的出现和国际金融中心的建立，推动了世界经济的一体化进程。然而一体化从发端演进至今，全球

① 东印度公司在1600年获得授权，保证英国在亚洲南部的贸易活动（中国与印度）。荷兰在1602年成立了东印度公司，占据了与印度尼西亚贸易的最大份额。荷兰的东印度公司源于1600年前由投资者共同出资赞助的亚洲探险活动。1602年的章程规定，将投资者的资本锁定10年，当利润超过资本时可以分红。为了补偿投资者长期资本投入的承诺，章程规定投资人持有的股份可以自由交易。

② 1711年是欧洲、非洲和美洲三角贸易开始的一年。整个18世纪，成为西方世界主要的经济运行模式。位于英格兰西北部的工业制造城镇生产的产品被运到非洲用来交换奴隶；非洲奴隶由中央航道被送往加勒比岛屿进行驯服，并转售到新大陆；新大陆生产的糖和糖浆等商品则被运回欧洲。

经济“中心—外围”的层次结构也愈演愈烈。发达资本主义国家成为世界经济的中心，发展中国家处于世界经济的外围，受到发达国家的剥削与控制[①]。更进一步，存在中心—半边缘—边缘的层级结构。英、美等发达国家居于体系的“中心”，一些中等发达程度的国家处于体系的“半边缘”，一些东欧国家、大批落后的亚非拉发展中国家处于体系的“边缘”。“中心”拥有生产和交换的双重优势，充分利用金融手段对“半边缘”和“边缘”进行经济剥削，维持优越地位；“半边缘”既受“中心”的剥削，又反过来剥削更落后的“边缘”；而“边缘”则受到前两者的双重剥削，世界经济体呈现出极端不平等性[②]。外围国家为居于中心的国家提供原材料的发展模式终将落入一种报酬递减的境地，使得这些国家在经济全球化的过程中，或逐渐陷入贫困，或难以摆脱贫困，造成“一些国家永远保持富有，而另一些国家却陷入永久的贫穷”的格局[③]。不均衡发展还体现在城乡差别显著，农村地区成为极端贫困人口的集中地。世界极端贫困人口约79%生活在农村，农村的极端贫困率为17.2%，城市为5.3%，农村地区是城市的3倍以上；世界三分之二的极端贫困工作者为农业工人；全球无电人口仍有8.4亿人，其中87%生活在农村地区[④]。

世界经济演化至产业革命掀起了高潮。产业革命的技术早已出现，但直到金融系统进行了适应性变革，产业革命才得以发生。金融促进了储蓄向投资的转化，金融手段使得创新者能够获得超额回报，激发了产业革命、投资增长和资本收益率的上升，但同时也造成了资本家和工人收入差距的拉大。英国工业革命时期“为了实现新工厂模式所需的储蓄，收入流向资本家是必要的……正是利润份额的上升才催生了满足资

① 20世纪60年代晚期由拉丁美洲学者所提出的依赖理论（Dependency Theory）。
② 20世纪70年代美国纽约州立大学伊曼纽尔·沃勒斯坦（Immanuel Wallerstein）等学者提出世界体系理论。
③ [挪威]埃里克·赖纳特．富国为什么富，穷国为什么穷[M]．杨虎涛，等，译．北京：中国人民大学出版社，2003：113-115.
④ World Bank. Poverty and Shared Posperity 2018.

本需求和扩大企业产出的储蓄”①。工业革命同时造成了地区差距。在工业革命初现时，亚洲和拉丁美洲的工业活动水平和欧洲相当。而在1750年到1913年，欧洲的工业活动水平翻了六番，而亚洲和拉丁美洲的水平却下降至原来的三分之一。1900年，发展中国家生产的工业制造品的数量只有1830年的一半②。那些在全球工业化进程中逐步边缘的国家，不仅没有开启工业化进程，反而还可能失去其原有的工业。中心地带更富而外围更穷，同时中心地带和外围地带的贫困人口分布也更加极端化③。产业革命是现代文明的重要驱动力，但产业革命也造成了不平等。作为产业革命重要助力的金融系统，也成为现代文明进程中不平等的推手。

对于贫困人口来说，使用信贷工具来应对一系列生产生活需要会造成一种两难的局面。在人类文明的不同时期，借贷都是农民可以维持农业生产的手段。古巴比伦时期农民就使用短期借款缴纳税款以平衡农业周期中收入的波动。中国宋朝王安石推行的《青苗法》规定，政府作为贷款人为农民提供生产借贷以取代民间的高利贷，同时鼓励农业生产，稳定市场粮价。然而借贷体系对农民来说却是十分苛刻的。美索不达米亚法典时期，一个人有权把自己卖为奴隶或将自己的自由作为贷款的抵押，农民面临丧失抵押品赎回权的风险。几乎在所有历史时期农民借款的利率都非常高，在利用金融便利的同时又使自己陷入周而复始、苦不堪言的悲惨境地。

---

① [英]罗伯特·C.艾伦. 全球经济史[M]. 陆赟，译. 北京：译林出版社，2014.

② [美]丹尼·罗德里克. 全球化的悖论[M]. 廖丽华，译. 北京:中国人民大学出版社，2011：139.

③ 发达国家绝对贫困现象已基本消除，相对贫困成为主要表现形式。而发展中国家日益分化，东亚和太平洋地区、南亚地区经济增长较快，民众生活逐步改善，绝对贫困群体规模急剧缩小。全球贫困人口日趋集中，极端贫困人口集中在撒哈拉以南非洲。1990年，全球有80%的极端贫困人口居住在东亚、太平洋地区和南亚，经过近30年的发展，上述地区贫困人口大幅度减少。而撒哈拉以南非洲、中东和北非地区经济发展缓慢，贫困人口数量不减反增，贫困人口分别从1990年的2.8亿人和0.15亿人增长至2018年的4.1亿人和0.28亿人。2018年，全球7.3亿人生活在极端贫困中，其中有56%分布在撒哈拉以南非洲。根据《贫困与共享繁荣2018：拼出贫困的拼图》预测，到2030年大约会有87%的极端贫困人口分布在撒哈拉以南非洲地区。

金融手段提高了人类创造城市、探索新世界、控制风险以及应对不确定性的未来的能力。但与此同时，金融也导致了全社会范围内的严重不平等，引发现代世界根本性冲突的社会分裂，并将继续影响未来的发展。

然而客观来看，剥开“逐利”外衣下的金融是一种中性的技术。所有金融技术的出现和创新都是为了鼓励投资，而金融的成功依赖于合理预期并实现经济增长。因而金融为资本发挥作用提供了技术支撑，即金融可以在时间上重新配置经济价值、风险和资本，并扩展了资源重新配置的渠道和复杂程度。从金融工具发明者和使用者的视角出发，金融技术可以服务于不同阶层和群体福祉的增长，使其收入提高进而增加消费需求和资本投资，化解不平等并促进经济增长，这正是金融得以永续发展的基础。

为缓解“逐利”性商业金融必然导致的不平等、不均衡问题，无论发达国家还是发展中国家政府都建立了不以盈利最大化为目的的政策性银行。政策性银行建立在国家信用之上，致力于公共目标实现。较早的政策性金融机构是西方发达国家在工业化过程中为应对经济危机、保护农业发展而设立的。第二次世界大战后，广大发展中国家为应对经济和社会发展的诸多挑战，相继建立了农业政策性银行以改善农业生产条件、提高欠发达地区的经济水平、促进粮食产量增长、消除饥饿和贫困。此外，一些以社会效益为主要目标的金融机构也开展了金融扶贫实践。最为典型的是尤努斯建立格莱珉银行向贫困人口发放小额信贷，并设计了一套利用社会压力和连带责任的金融运营模式，有效解决了贫困人口的金融可得性问题，被发展中国家广为模仿借鉴。

中国的金融扶贫是开发式扶贫的重要工具，其开发性体现在金融扶贫资金通过市场化运作，支持市场化经营主体和具体扶贫项目，扶贫方式是在支持经营主体可持续发展、实现项目有效益的基础上，坚持银行规律、风险可控，贷款放得出、收得回、有效益、能保本。1986年中央一号文件引入了扶贫贴息贷款，此后中国金融扶贫政策、产品和机构不断完善。1994年成立中国农业发展银行，1997年扶贫小额信贷模式开始在全国推广，支农再贷款、农业保险逐渐推出。2015年中共中央、国务院《关于打赢脱贫攻坚战的决定》提出多项含金量极高的金融扶贫政策举措，是一套包括扶贫再贷款、过桥贷款、风险补偿基金、担保、保险，以及设立地方扶贫开发投融主体、民间资金互助组织等的一揽子金融扶贫方案，国家利用金融解决贫困问题上升到了一个新的高度。

中国脱贫攻坚创造了中国金融历史上独一无二的创新时期，从功能和技术的角度来看，至少体现在以下六个方面。第一，党中央向全党全社会发出了打赢脱贫攻坚战的号令，出台了含金量极高的金融扶贫制度安排和政策举措，整个金融系统积极响应、贯彻落实，大力推进金融扶贫，政策性功能几乎渗透到所有金融机构。第二，基于建档立卡贫困人口的金融精准扶贫贷款认定规则构建了金融资源向贫困弱势群体配置的评价标准，并引导了金融资源的配置。第三，与建档立卡贫困人口信息系统的关联，改变了金融机构数据构成，弥补了贫困群体征信体系缺失，奠定了未来针对共同富裕应用场景的数据基础。第四，地方政府在规划制定、参与建设、组织管理、利益协调、风险补偿等方面发挥主体和主导作用，金融机构在机制建设、融资引领、担保创新、模式创新等方面发挥引导和协同作用，通过“政府+银行”联合筛选企业和项目，把地方政府的地缘优势、组织优势与银行的融资优势、专业优势充分融合，以系统化思维创新承贷主体、资产收益组合、扶贫过桥贷款等金融制度安排，促成了产业政策、区域经济发展、金融资源配置和脱贫攻坚目标的高效协同。第五，金融产业扶贫中广泛推行的利益联结机制，促成了中国特有历史背景下小农户和大市场的对接，利益联结体系内化了贫困人口的交易成本，公司信用替代了贫困人口信用，产业和金融相互融合共同构建贫困人口脱贫的“治本之策”。第六，政府和村级工作人员、金融机构、产业市场主体和贫困人口共同分担了扶贫信贷中的交易成本，改变了传统方式下交易成本主要由政府和金融机构承担的局面[①]，使金融机构能够在让利的基础上实现收益风险的平衡。

习近平总书记特别强调要发挥政策性金融在扶贫中的重要作用，明确提出，“运用适当的政策安排，动用财政贴息资金及部分金融机构的富余资金，对接政策性、开发性金融机构的资金需求，拓宽扶贫资金来源渠道。由国家开发银行和中国农业发展银行发行政策性金融债，按照微利或保本的原则发放长期贷款，中央财政给予90%的贷款贴息，专项用于易地扶贫搬迁。国家开发银行、中国农业发展银行分别设立‘扶贫金融事业部’，依法享受税收优惠”[②]。由于政策性金融扶贫在根本导向、根本目的、根本机制、根本途径上具有显著优势，被摆在国家贫困治理更加重要的位置。

服务国家战略是政策性金融扶贫的根本导向。农业政策性银行是党和国家实施脱贫攻坚的战略工具。中国农业发展银行坚决扛起政策性金融扶贫政治任务，以服务脱贫攻坚统揽业务发展全局，构建扶贫“四梁八柱”制度体系，建立各级机构、各级行领导分片包干扶贫的责任机制，推动各种资源、各方力量向服务脱贫攻坚聚合，形成了全行全力全程“大扶贫”格局。

发展为了人民是政策性金融扶贫的根本目的。“普惠”是中国金融的基本理念。金融资本为人民服务是中国农业政策性银行的底层逻辑。中国农业发展银行聚焦“两不愁三保障”突出问题创新政策、产品和模式，实行资源倾斜、利率下浮、门槛降低。通过金融支持，建立经营主体与贫困人口的利益联结机制，带动贫困人口增收脱贫；改善贫困地区农村路、水、电、人居环境等基础设施和教育、医疗等公共服务设施，增强贫困人口获得感幸福感安全感。

---

① 传统扶贫贷款由财政对扶贫贷款贴息。

② 引自《中共中央　国务院关于打赢脱贫攻坚战的决定》。

联结“政府”和“市场”是政策性金融扶贫的根本机制。农业政策性银行是弥补市场失灵的制度设计和策略选择。中国农业发展银行发挥“当先导、补短板、逆周期”的职能作用，依托国家信用，采取市场化手段筹集资金，向市场发育滞后的贫困地区逆向配置金融资源，通过融资、融商、融智、融情综合施策，帮助贫困地区培育市场主体、加强信用建设，与地方政府联合建立风险分担机制，引导社会资金更多投入扶贫，成为有为政府和有效市场协同运作的桥梁和纽带。

系统治理是政策性金融扶贫的根本途径。中国实施精准扶贫方略，解决了贫困个体依靠福利性救济、离散式帮扶不能解决的多维贫困问题，成功将贫困人口推入国家现代化进程。中国农业发展银行认真贯彻落实“五个一批”“六个精准”扶贫方略，充分发挥资金优势和机构优势，统筹实施金融扶贫、定点扶贫、东西部扶贫协作、驻村帮扶，构建易地扶贫搬迁、产业扶贫、基础设施扶贫、专项扶贫、消费扶贫协同作用的帮扶网，为贫困人口提供更多发展机会和能力建设。

在服务脱贫攻坚实践中，中国农业发展银行尤其强化意识形态的强大驱动作用，始终坚持秉承家国情怀、强化政治担当，坚持支农为国、立行为民的初心使命，将大国重器、社会企业、农村金融主体骨干的角色与与生俱来的扶贫情结深深融合，创造了金融扶贫“七个率先”、精准扶贫贷款规模居首、连续五年荣获脱贫攻坚奖、连续四年中央单位定点扶贫考核位列第一梯队的傲人成绩，充分发挥了金融扶贫先锋主力模范作用。

本书基于历史分析、中西比较，从国家制度背景、经济社会传统、精神文化渊源中解构中国农业政策性银行扶贫，以期系统全面总结中国农业发展银行服务脱贫攻坚的经验和规律，升华农业政策性金融理论，用以指导服务乡村振兴、促进共同富裕、推动国家现代化建设的未来之路。本书余下部分安排如下：第二章梳理改革开放以来，金融扶贫、农业政策性金融扶贫历程，重点展现脱贫攻坚战打响以来，中国农业发展银行服务脱贫攻坚的历史脉络和深入实践，再现重大历史事件及其深远影响。第三章从贫困的制度根源入手，分析国际贫困治理的制度挑战，构建“制度目标、制度基础、制度体系和制度实施”的分析框架，全面分析中国贫困治理的制度优势，研究并提出中国农业政策性银行“双重制度优势”的内涵和机理。第四章从金融扶贫的困境入手，分析金融扶贫资金可得性与低利率的矛盾，以及贫困人口发展性等多重难题，基于交易成本理论，对扶贫小额信贷、产业精准扶贫等不同金融扶贫模式进行对比分析，解构农业政策性银行扶贫模式创新的实质。第五章基于贫困人口陷入“贫困陷阱”多维原因的研究分析，解读中国精准扶贫体系的实质和优势，总结农业政策性银行全面对接精准扶贫精准脱贫方略，构建系统化扶贫治理体系的做法和实践。第六章聚焦扶贫精神文化的影响和作用，解读家国情怀与脱贫攻坚精神内涵的统一性，展现农业政策性银行家国情怀的深厚底蕴，阐释农发行“务实进取奉献，先锋主力模范”扶贫精神的内涵。第七章阐述中国农业发展银行在服务脱贫攻坚中始终坚持党的领导，坚持以习近平新时代中国特色社会主义思想武装头脑，持续加强思想、政治、组织、作风和纪律建设的做法和实践。第八章系统总结农业政策性银行扶贫经验，展望新时代农业政策性银行减贫新任务，探讨可持续发展国际合作的新途径，为国际金融扶贫提供中国经验、中国智慧。

第二章 金融扶贫历程

中国农业政策性金融扶贫是从计划经济到社会主义市场经济转变的过程中，国家支农任务和贫困地区协调发展对金融的战略需要中产生的。农业政策性金融扶贫的功能载体经历了扶贫贴息贷款、扶贫小额信贷等为主的信用工具，到脱贫攻坚时期大规模的精准扶贫贷款。农发行成立以来，随着国家支农扶贫战略的推进，党中央、国务院赋予其不同阶段的职能作用。特别是进入新时代脱贫攻坚战阶段，习近平总书记强调，“要重视发挥好政策性金融和开发性金融在脱贫攻坚中的作用”。中国农业发展银行金融扶贫被纳入国家打赢脱贫攻坚战的重要制度安排。农发行认真贯彻落实党中央要求，确立以服务脱贫攻坚统揽发展全局的战略定位，构建全行全力全程大扶贫格局，充分发挥了金融扶贫先锋主力模范作用。

第一节 农业政策性金融扶贫在改革中发展

农业政策性金融扶贫是伴随改革开放，在金融扶贫体制机制改革中产生和发展的。改革开放以来，中国扶贫经历了“体制改革扶贫”“开发式扶贫”“精准扶贫”三个阶段。在不同时期，金融扶贫的形式和内容既呈现出一定的延续性，也表现为一个不断调整、加强和优化的过程。1994年，我国唯一的农业政策性银行——中国农业发展银行成立，即作为农村金融和金融扶贫的主力军发挥作用。2015年党中央吹响脱贫攻坚战的号角，农业政策性金融扶贫进入新的历史阶段。

一、金融扶贫启动，恢复中国农业银行

新中国成立初期，经济基础较为薄弱，农村生产力水平极其低下，整体上处于绝对贫困状态。这一时期，党和政府主要采取了救济式扶贫的措施，但效果并不理想，贫困地区经济发展仍比较缓慢，面貌变化不

大[①]。从实践来看，中国有效脱贫的真正起步是1978年开始的农村改革。面对当时农村普遍贫困的问题，党和政府的着眼点是通过改革经济体制释放生产力，提高农业生产水平，从而带动农村发展。这一阶段有关贫困治理的创新主要表现为两个方面。第一，“先富带动后富”发展路径被确定下来，并为后续形成东西部协作格局奠定基础。为了解决低水平均衡发展问题，提出“要让一部分地区有条件先发展起来，一部分地区发展慢点，先发展起来的地区带动后发展的地区，最终达到共同富裕”[②]。第二，通过制度变革释放改革红利以提升农村整体经济社会发展效率，使农村大面积贫困问题得到缓解。农村分配制度的改革进一步激发了农民的生产积极性，确立了“交足国家的，留足集体的，剩下全是自己的”分配原则。同时，乡镇企业的蓬勃发展有力地促进了农村剩余劳动力就地非农转移。农村经济的快速发展成为减缓农村贫困的主要动力。按照当时的扶贫标准，农村绝对贫困人口由1978年的2.5亿人减少到1985年的1.25亿人[③]。

党的十一届三中全会通过的《中共中央关于加快农业发展若干问题的决定（草案）》，提出恢复中国农业银行，由其统一管理支农资金，标志着中国金融支农、金融扶贫的道路正式开启。这一时期的农业政策性金融扶贫，是以中国农业银行为代表的农村金融扶贫的探索和实践。

为支持革命老区、少数民族地区、边远地区和贫困地区发展，中央财政于1980年专门设立了“支援经济不发达地区发展资金”，当年支持规模达5亿元。1982年，为了支援甘肃省定西地区、河西地区和宁夏西海固地区的发展，中央政府开始每年投入2亿元资金进行“三西”扶贫开发建设。1984年，党中央、国务院发布了《关于帮助贫困地区尽快改变

① 《国务院贫困地区经济开发领导小组第一次全体会议纪要的通知》。

② 邓小平. 邓小平文选. 第3卷[M]. 北京：人民出版社，1993：373-374.

③ 中华人民共和国国务院新闻办公室. 中国的农村扶贫开发[EB/OL]. http://www.gov.cn/zhengce/2005-05/26/content_2615719.htm，2001-10.

面貌的通知》，划定18个贫困地带进行重点扶持。这一阶段的金融扶贫着重关注“老、少、边、穷”地区贫困问题，扶贫政策主要是以区域瞄准为主，以向连片贫困地区直接转移财政资金为主，具有明显的救济性特征。虽然这类金融扶贫手段在局部和特定时期起到了缓解贫困的作用，但客观来看，对贫困地区和贫困人口生产生活并没有带来根本性的改变。①

二、金融扶贫进入开发式阶段，扶贫贴息贷款出台

以1986年成立国务院贫困地区经济开发领导小组为标志，中国开始实施有组织、有计划、大规模的扶贫开发②。确定了扶贫开发议事协调机制、重点扶持地区和群体，制定扶贫标准和相应的扶贫政策，并安排专项资金。把推动贫困地区和贫困人口摆脱经济文化落后状况列入国家“七五”计划。随着国家整体经济发展水平的不断提高，政府可以调动更多的资源用于扶贫开发。

进入这一阶段，相关决策部门开始反思原有的救济式金融扶贫政策，考虑开发式金融扶贫策略。例如，国务院贫困地区经济开发领导小组在第一次全体会议上指出，原有的扶贫资金使用的效果并不理想，应改革资金使用方式，实行“适当集中，按项目投放，有偿使用，到期收回，不断周转”的办法，推动贫困地区产业的发展③。1986年中央一号文件《关于一九八六年农村工作的部署》引入以扶贫贴息贷款为标志的信贷扶贫政策。扶贫贴息贷款又称扶贫专项贴息贷款，是国家为贫困地区和贫困人口的生产活动提供的资金支持，专门用于发展种植业、养殖

① 杨穗，冯毅．中国金融扶贫的发展与启示[J]．重庆社会科学，2018(6)．

② 1986年，国务院贫困地区经济开发领导小组成立。1988年，国务院贫困地区经济开发领导小组与“三西地区农村建设领导小组”合并，正式更名为国务院扶贫开发领导小组。

③ 国务院办公厅转发国务院贫困地区经济开发领导小组第一次全体会议纪要的通知。

业，以及农产品加工业，从而促进区域经济发展，促进农户增收。作为农业政策性银行——中国农业发展银行的前身，中国农业银行承接国家扶贫贷款的经营管理。由于扶贫贷款运营存在一些问题，还贷情况不理想，没有达到预期的扶贫效果①。

三、金融扶贫体制机制改革持续推进，中国农业发展银行成立，支农和扶贫功能不断完善

自1994年，中国开始编制中长期扶贫专项规划。首先制定了《国家八七扶贫攻坚计划（1994—2000年）》，明确提出力争用7年左右的时间，在20世纪末基本解决8000万农村贫困人口的温饱问题。随后颁布《中国农村扶贫开发纲要（2001—2010年）》，明确提出尽快解决少数贫困人口温饱问题，进一步改善贫困地区的基本生产生活条件，巩固温饱成果。在第一个十年扶贫开发结束后，又接着制定了第二个十年扶贫开发纲要，即《中国农村扶贫开发纲要（2011—2020年）》，提出到2020年全面建成小康社会的奋斗目标，确定了14个连片特困地区为扶贫开发主战场，大幅度提高了扶贫标准，提出了“两不愁三保障”目标，以及专项扶贫、行业扶贫和社会扶贫“三位一体”的大扶贫工作格局。

在开发式扶贫战略下，我国金融扶贫的体制机制开始逐渐形成。1993年，党的十四届三中全会通过《中共中央关于建立社会主义市场经济体制若干问题的决定》，确定金融体制改革的总体目标，强调扶持贫困地区特别是革命老区、少数民族地区、边远地区等发展经济，标志着中国金融扶贫政策基本确立。在“八七”扶贫攻坚时期，金融扶贫开始在金融服务与产品上进行探索。以1994年中国农业发展银行的成立为标

① 李培林，魏后凯. 中国扶贫开发报告（2016）[M]. 北京：社会科学文献出版社，2016.

志，我国金融扶贫呈现出政策性、商业性、合作性金融机构等多元化主体并存的局面，并尝试性地探索扶贫小额信贷模式。1997年，扶贫小额信贷模式开始在全国正式推广，贷款直接到村入户。1999年后，中国人民银行先后出台了《农村信用社农户小额信用贷款管理暂行办法》和《农村信用合作社农户联保贷款管理指导意见》，农村信用社开始推广小额信贷业务，资金主要来源于中国人民银行发放的低息支农再贷款。金融扶贫以扶贫贴息贷款为重点，在运行机制上进行不断探索，发挥了一定的作用。但是，由于经营管理的制度安排和机构建设滞后，直接弱化了信贷资金的扶贫效果①。

随着中国经济整体实力的提升，金融扶贫可以调动更多的资源，金融扶贫的内涵也得到了极大的丰富。首先，引入包括中国农业发展银行、国家开发银行、国有商业银行、中国邮政储蓄银行、农村商业银行（农村信用社）和微型金融机构在内的多种金融机构，拓展面向贫困地区和贫困群体的金融业务。其次，开展扶贫贷款财政贴息改革，引导和撬动金融机构扩大贴息贷款投放规模。从2001年至2010年，中央财政累计安排扶贫贷款财政贴息资金54.15亿元、发放扶贫贷款近2000亿元②。特别是2008年国家对扶贫贷款管理体制进行全面改革，通过引入市场竞争机制、扩大扶贫贷款机构经营权限、下放贴息资金管理权限等，进一步调动了地方和金融机构开展扶贫开发的积极性。最后，在扶贫小额信贷的基础上，引入了支农再贷款和农业保险，金融扶贫制度从以往单一的信贷扶贫向信贷和保险联合扶贫转化。

在2011年颁布的第二个扶贫开发十年规划中，金融服务的供给得到了更加明确的强调。规划提出继续完善国家扶贫贴息贷款政策，积极推

① 李培林，魏后凯．中国扶贫开发报告（2016）[M]．北京：社会科学文献出版社，2016．

② 中华人民共和国国务院新闻办公室．白皮书：中国农村扶贫开发的新进展[R/OL]．http://www.scio.gov.cn/ztk/dtzt/63/，2011-11．

动贫困地区金融产品和服务方式创新，鼓励开展小额信用贷款。倡导为贫困地区金融机构空白乡镇提供金融服务，并引导民间借贷规范发展，拓宽贫困地区融资渠道。鼓励保险机构在贫困地区建立基层服务网点，完善中央财政农业保险保费补贴政策，鼓励地方发展特色农业保险。至此，我国较为完整的金融扶贫组织体系和政策体系基本形成，为下一阶段金融扶贫的全面发力打下了坚实的基础。

这一时期，中国农业发展银行成立，中国唯一的农业政策性银行从此登上历史舞台。历经三个阶段的改革发展，农发行的支农和扶贫功能不断调整完善，成为金融扶贫领域不可或缺的重要力量。

1994年农发行成立以后，国务院明确国家扶贫贷款全部划归农发行统一办理[①]。农发行承接了原由各家银行分管的各类扶贫贷款，包括一般扶贫贷款、边境贫困农场贷款和残疾人康复扶贫贷款，共接受各项贷款2592亿元。此时，正值国家“八七”扶贫攻坚计划的全面实施，农发行在支持粮棉油购销、扶贫开发、农业综合开发等方面做了大量工作，成为全国信贷扶贫的主力军。由于农发行成立初期，自身营业分支机构建设比较滞后，扶贫贷款的管理仍然委托给农行负责，增加了监管环节和管理成本。1997年是农发行业务基本自营的第一年，作为国家统一发放和管理扶贫贷款的职能部门，农发行认真贯彻落实中央要求，相继采取了一系列加强信贷扶贫的措施，真正发挥了扶贫攻坚主力军作用，到1997年末扶贫贷款余额331亿元。时任国务委员陈俊生认为，1997年扶贫贷款项目的落实和贷款投放是历史上最快、投放量最多、贷款使用最好的一年，也是地方政府和贫困户最满意的一年[②]。1995年到1997年，农发行累计发放扶贫贷款231亿元，相当于1994年以前各家银行十年间投入扶贫贷款总量的82%。在早期探索阶段，我国政策性金

①《关于印发国家八七扶贫攻坚计划的通知》。

② 陈俊生. 陈俊生同志在中国农业发展银行信贷扶贫工作会议上的讲话（摘要）[J]. 农业发展与金融，1997(12): 4-6.

融扶贫主要集中在贴息贷款方面。由于我国金融整体发展水平的限制，政策性金融扶贫体制机制还不完善，金融扶贫政策和举措还不多，资金体量较小。

1998年3月，农发行的支农和扶贫功能再次调整。国务院决定将农发行承办的农村扶贫、农业综合开发、粮棉企业附营业务等贷款业务划转到有关国有商业银行，农发行主要集中精力加强粮棉油收购资金封闭管理，金融扶贫功能通过确保收购资金供应，解决农民卖粮难、“打白条”问题，保障农民卖粮收益来实现。

2004年以来，我国进入工业反哺农业、城市支持农村的新阶段。农发行于2004年开办了农业产业化龙头企业贷款，2006年开办了农业科技贷款，2007年开办了农村基础设施建设贷款、农业综合开发贷款和农业生产资料贷款等新业务，支农范围不断拓宽，产品服务不断完善。2010年，农发行形成了以粮棉油收购信贷为主体，以农业产业化信贷为一翼，以农业和农村中长期信贷为另一翼的“一体两翼”业务发展格局，逐步形成了对“三农”领域金融服务的全覆盖。通过支持粮棉油收储、农业产业发展和农业农村基础设施建设，农发行持续加大对贫困地区的信贷投入，以政策性金融支农来促进贫困地区发展的作用得到充分体现。其中“十二五”时期，农发行累计在832个国家级贫困县投放贷款8765亿元，向含省级贫困县在内的贫困地区累计投放贷款1.6万亿元。

四、金融扶贫聚焦精准，中国农业发展银行全力服务脱贫攻坚

党的十八大以来，党中央把扶贫开发摆到治国理政的重要位置，纳入“五位一体”总体布局和“四个全面”战略布局，提升到事关全面建成小康社会、实现第一个百年奋斗目标的新高度。党中央、国务院大力推进实施精准扶贫战略，丰富和拓展了中国特色扶贫开发道路，开创了扶贫开发事业的新局面。

2013年11月3日，习近平总书记在湖南湘西苗族山寨十八洞村考察调研时强调，要做到“实事求是、因地制宜、分类指导、精准扶贫”，首次提出“精准扶贫”思想。2015年6月，习近平总书记在贵州考察时，明确提出扶持对象精准、项目安排精准、资金使用精准、措施到户精准、因村派人（第一书记）精准、脱贫成效精准等六个精准扶贫要求①。2015年11月，中央召开扶贫开发工作会议，习近平总书记发表重要讲话，对新时期精准扶贫精准脱贫作出全面、系统的安排部署。

金融扶贫是打赢脱贫攻坚战的重要制度安排。习近平总书记强调，“要做好金融扶贫这篇文章”，并进一步指出，“要加快农村金融改革创新步伐，提高贫困地区和贫困人口金融服务水平。要通过完善激励和约束机制，推动各类金融机构实施特惠金融政策，加大对脱贫攻坚的金融支持力度，特别是要重视发挥好政策性金融和开发性金融在脱贫攻坚中的作用”②。人民银行等相关部门发布《关于全面做好扶贫开发金融服务工作的指导意见》（银发〔2014〕65号），强调要形成政策性金融、商业性金融和合作性金融协调配合、共同参与的金融扶贫开发新格局。2015年底，中共中央、国务院下发《关于打赢脱贫攻坚战的决定》，将金融扶贫放在重要位置进行安排部署，政策之密集、含金量之高前所未有，为金融扶贫发挥作用提供了巨大空间。

在精准扶贫阶段，金融扶贫加强了制度创新和顶层设计，从国家战略的高度全面推进金融扶贫工作。金融扶贫体制机制创新主要呈现出以下三个方面的特点。第一，金融扶贫各部门的联动进一步增强，形成了由政策制定者、金融管理者与金融机构等多方参与的金融扶贫新格局。第二，金融扶贫手段更加多元，由原先单一信贷扶贫转变为现阶段信贷扶贫、保险扶贫、资本市场扶贫、担保扶贫等协同推进。第三，金融扶

① 习近平. 谋划好“十三五”时期扶贫开发工作　确保农村贫困人口到2020年如期脱贫[N]. 光明日报，2015-06-20.

② 中共中央党史和文献研究院. 习近平扶贫论述摘编[M]. 北京：中央文献出版社，2018：91.

贫内容更加深化，金融扶贫的重点不仅在于增加农民收入，而且还在于推动贫困地区生态建设、环境保护、产业结构升级、基础设施建设和创业就业等。新时期金融扶贫是脱贫攻坚的关键之举，不可或缺。党中央、国务院把金融扶贫作为脱贫攻坚的重要措施来部署，明确了各项金融扶贫措施，通过一系列政策组合拳，大大提高了贫困地区金融服务水平和金融扶贫成效。

《中共中央　国务院关于打赢脱贫攻坚战的决定》对政策性金融扶贫提出了明确具体要求，为农发行服务脱贫攻坚带来重大机遇。农发行认真贯彻落实党中央、国务院决策部署，把服务脱贫攻坚摆在统揽业务全局的重要位置，构建起全行全力全程扶贫的工作格局，充分发挥了金融扶贫的先锋主力模范作用。在服务脱贫攻坚期间，农发行累计投放扶贫贷款2.32万亿元，贷款余额1.5万亿元，投放额和余额均居全国金融系统首位，连续五年荣获全国脱贫攻坚奖，连续四年在中央单位定点扶贫工作考核中位列第一梯队，8个集体和个人在全国脱贫攻坚总结表彰大会上获得表彰，走出了一条政策性金融扶贫的新路。

第二节　农业政策性银行服务脱贫攻坚全面展开

2015年11月中央扶贫开发工作会议召开，标志着中国进入了脱贫攻坚新的历史时期。农发行谨遵习近平总书记的指示要求，提前行动、先人一步，深入调研、规划先行，全面布局、强力推进。

一、响应党中央号召超前行动，打响金融扶贫“当头炮”

进入2015年，习近平总书记在各地调研时，反复强调扶贫形势的严峻性、脱贫攻坚的迫切性。2015年2月，习近平总书记在陕甘宁革命老区脱贫致富座谈会上指出，“在顶层设计上，要采取更加倾斜的政策，加大对老区发展的支持”，要“增加金融支持和服务”[①]。5月，习近平总书记在华东7省市党委主要负责同志座谈会上强调，“要采取超常举措，拿出过硬办法，按照精准扶贫、精准脱贫要求，用一套政策组合拳，确保在既定时间节点打赢扶贫开发攻坚战”[②]。

农发行深入学习领会习近平总书记重要指示精神，深刻认识到农业政策性银行在脱贫攻坚中的重要作用，将支持扶贫开发作为农发行的政治任务和战略任务，作为新时期履行职责的集中体现，决定在中央层面脱贫攻坚决策部署即将出台之前，提前启动金融服务脱贫攻坚工作。2015年6月5日，农发行与国务院扶贫办对接，了解国家脱贫攻坚的安排部署，传递农发行全力服务脱贫攻坚的愿望，商讨农发行能做什么、应该怎么做。6月8日，农发行迅速召开党委会议，决定由行长分管扶贫开发工作，设立扶贫开发事业部筹备组。一个月之后，扶贫开发事业部正式成立，下设综合处、政策制度与产品设计处和易地扶贫搬迁处，成为全国银行业率先成立支持扶贫开发专门机构的金融单位。

2015年6月18日，习近平总书记在贵阳主持召开涉及武陵山、乌蒙山、滇贵黔集中连片特困地区扶贫攻坚座谈会，提出要因地制宜，研究实施包括“通过移民搬迁安置一批”在内的“四个一批”的扶贫攻坚行动计划[③]。易地扶贫搬迁成为农发行部署的第一项扶贫开发任务。农发行积极与国务院扶贫开发领导小组办公室、中央农村工作领导小组办公室、国家发展改革委等相关部委商谈信贷支持易地扶贫搬迁合作事宜。行领导分别带队深入陕西、甘肃、贵州等10多个省份开展易地扶贫搬迁工作专题调研。同时发动全系统机构调查各地“十二五”易地搬迁推动

---

① 习近平总书记2015年2月13日在陕甘宁革命老区脱贫致富座谈会上的讲话。

② 习近平：抓住机遇立足优势积极作为　系统谋划“十三五”经济社会发展[EB/OL]. http://www.xinhuanet.com/politics/2015-05/28/c_1115442717.htm?agt=46，2015-05-28.

③ 习近平在贵州召开部分省区市党委主要负责同志座谈会上的讲话[EB/OL]. http://jhsjk.people.cn/article/27185406，2015-06-20.

情况，搞清安置面积、成本多少，钱从哪里来等问题，研究提出金融支持易地扶贫搬迁的运作模式和支持方案。仅历时一个多月即完成易地扶贫搬迁金融服务方案的起草，提出了农发行支持易地扶贫搬迁的基本原则、主要思路、信贷操作模式和配套措施，并上报国务院，后批转给中央农村工作领导小组办公室、国家发展改革委等相关部门，其中提出的建议成为国家出台"十三五"易地扶贫搬迁工作方案的重要决策依据。同时，农发行充分发挥政策性银行优势，协助各级政府编制"十三五"易地扶贫搬迁规划，制订融资方案，为易地扶贫搬迁工作提供融智服务。

2015年8月7日，农发行印发《易地扶贫搬迁贷款管理办法（试行）》，明确易地扶贫搬迁贷款管理标准和管理要点[①]。8月14日，农发行在湖北省通山县投放全国首笔易地扶贫搬迁贷款，用于贫困地区易地建设或购买扶贫搬迁安置房，开展与易地扶贫搬迁直接相关的水、电、路、气、网等配套基础设施建设，改善农业农村生产生活条件，打响了金融支持脱贫攻坚的"当头炮"。9月23日，农发行出台《易地扶贫搬迁地方政府补助资金专项贷款管理办法》，初步构建起较完整的易地扶贫搬迁信贷产品体系。根据"中央统筹、省负总责、市县抓落实"的原则，确立了"整体推进、统分结合、精准落地、封闭运行、保本经营"的易地扶贫搬迁信贷支持模式。在中央财政对农发行支持贫困搬迁人口的专项贷款出台贴息政策之前作出过渡性安排，利率暂按人民银行基准利率下浮20%以内执行，待中央财政贴息政策明确后再予调整，贷款期限可达20年，利率下浮后接近4%，已低于一年期贷款基准利率（4.6%），政策含金量极高，体现了对贫困搬迁人口的特惠金融安排[②]。在支持易地扶贫搬迁的过程中，农发行坚持实事求是，充分考虑农村居民生活习惯、

①《中国农业发展银行易地扶贫搬迁贷款管理办法（试行）》（农发银发〔2015〕151号）。

②此办法于2017年根据新的文件精神进行了修订，参见《中国农业发展银行易地扶贫搬迁专项贷款办法（2017年修订）》（农发银发〔2017〕20号）。

治理特征和发展诉求，积极回应非建档立卡贫困人口同步搬迁需要，坚持底线思维，合理评估可行性，制订兜底预案，把同步搬迁人口纳入支持范畴，避免了建档立卡和非建档立卡贫困人口在扶贫搬迁上的“悬崖效应”，得到了国家有关部门的高度肯定。

2015年以来，各级地方政府积极响应党中央号召，在国家“十三五”易地扶贫搬迁规划出台前，已经开始全面部署推进地方易地扶贫搬迁工作。农发行根据地方政府易地扶贫搬迁规划或方案，按照建档立卡贫困人口、同步搬迁人口安置区建设以及直接相关的配套设施整体支持的工作思路，采取政府购买服务模式，在没有享受国家优惠政策的前提下，不等不靠，自担风险，展现了极强的政治判断力、政治领悟力和政治执行力，体现了农业政策性银行的情怀担当。

截至2015年底，农发行已累计投放易地扶贫搬迁贷款806亿元。农发行率先担当作为，成效显著，得到了国务院扶贫办领导的极大肯定，也得到了地方政府的极大认可，为后续农发行在易地扶贫搬迁贷款中持续发力并占据优势份额奠定了良好基础。脱贫攻坚期间，全行累计发放易地扶贫搬迁贷款3139亿元，惠及搬迁人口768万人，其中建档立卡贫困人口524万人；贷款余额2580亿元，其中中央贴息专项贷款余额1082亿元，占全国金融机构的52.43%。

二、召开全行首次脱贫攻坚工作会议，确立以服务脱贫攻坚统揽业务全局

2015年11月27日至28日，中央扶贫开发工作会议正式拉开新时期脱贫攻坚的帷幕。农发行在会后立即召开贯彻落实中央扶贫开发工作会议精神动员会，部署举全行之力支持打赢脱贫攻坚战。12月3日，成立中国农业发展银行脱贫攻坚工程领导小组，党委书记、董事长解学智任组长，党委副书记、副行长祝树民任副组长，负责对全行支持脱贫攻坚工

程的组织领导，研究分析政策性金融扶贫形势，决定政策性金融扶贫重大问题，争取有利的外部环境和政策支持等。

为全面系统落实中央扶贫开发工作会议精神，农发行抓紧筹备全行首次脱贫攻坚工作会议。在会议文件起草的过程中，对农发行服务脱贫攻坚的战略定位、工作格局、指导思想、基本原则、发展目标、工作重点等重大问题进行反复研究和论证。会前有关会议材料呈时任副总理汪洋同志审阅。

2016年5月20日，农发行首次脱贫攻坚工作会议召开。会议明确指出，服务脱贫攻坚是农发行重大政治任务和义不容辞的社会责任，事关农发行的办行方向，是农发行的主场主业，农发行服务脱贫攻坚有独特优势和有利条件，有能力来完成这项重大使命。一些事关全局的重大判断和战略安排在这次会议上确定下来："坚持以服务脱贫攻坚统揽全局""构建全行扶贫、全力扶贫的工作格局""推动各项工作、各种资源、各方力量向服务脱贫攻坚聚合""服务脱贫攻坚工作的总目标是要在打赢脱贫攻坚战中成为金融扶贫的先锋、主力和模范"。脱贫攻坚战期间，农发行始终坚定一开始就确立的目标，一张蓝图抓到底，在后来经历的重大挑战和考验中，始终指引着农发行人行稳致远向前走，成为取得一系列重大成绩的根本保障。会议上首次提出的"秉承家国情怀，强化政治担当"，经过脱贫攻坚战火洗礼和淬炼，真正融入农发行人的职业素养和精神特质，成为农发行特色文化的核心立意。

会议提出并详细阐释了"坚持以服务脱贫攻坚统揽全局"的深刻含义，就是要将党中央、国务院坚决打赢脱贫攻坚战的战略思想和战略部署贯穿落实到农发行改革创新、业务发展、履行职能的全过程和各方面，坚持全行全力全程、优先优惠优化服务脱贫攻坚。各项政策性业务和创新性业务、信贷业务和投资业务，包括粮棉油收储、农业产业化、农村基础设施建设、新型城镇化、区域协调发展和重点建设基金等，都要在各自业务领域，积极研究和落实精准扶贫脱贫的方法措施；前中后台各部门各条线，包括业务部门、综合保障部门、党务工作部门，都要结合各自职责，积极主动为脱贫攻坚贡献力量；各级行研究谋划工作、出台管理制度、开展检查考评、推进队伍建设和党建工作，都要向服务脱贫攻坚聚焦发力；全行各类资源的配置，都要优先考虑脱贫攻坚的需要；利率优惠、期限延长等扶持政策，都要优先向服务脱贫攻坚倾斜；全行业务流程、管理流程和决策流程，都要适应金融扶贫的需要进行科学设置、不断优化，提高效率、形成合力，全流程服务脱贫攻坚。

会议审议了《中国农业发展银行政策性金融扶贫五年规划》（以下简称《规划》）。在这个五年规划中，农发行客观分析了政策性金融扶贫的必要性和可行性，明确了政策性金融扶贫的指导思想、基本原则和总目标。在具体实施路径上，《规划》强调精准施策发力，聚焦7000多万建档立卡贫困人口，大力支持832个贫困县和14个集中连片贫困区的易地搬迁、产业发展、基础设施建设等。同时加强政银协同，主动融入国家战略，积极对接政府需求，全力做好服务工作；推动融资融智相结合，主动参与地方脱贫攻坚方案的编制，量身定做金融服务方案，搭建优质客户与贫困地区结对帮扶和资源整合平台，以现代理念和组织方式助力打赢脱贫攻坚战。

三、实现金融系统“七个率先”，政策性金融扶贫“四梁八柱”架构基本形成

全行首次脱贫攻坚工作会议的召开，标志着农发行服务脱贫攻坚的顶层设计已经完成。按照会议精神，全行扶贫工作全面展开，政策性金融扶贫“四梁八柱”体系的构建同时推进。

按照《中共中央　国务院关于打赢脱贫攻坚战的决定》的要求，农发行在原扶贫开发事业部的基础上，于2016年6月28日成立扶贫金融事业

部。扶贫金融事业部在农发行公司治理框架下运作，实行单独核算，下设扶贫综合业务部、易地扶贫搬迁部、产业发展扶贫部、基础设施扶贫部、扶贫信贷管理和风险控制部5个职能部门，其他有关部室根据本部室职责为扶贫金融事业部提供支持。同时成立扶贫金融事业部执行委员会，进一步健全组织架构和决策机制，除了事业部组成部门，战略规划部、创新部、财务会计部加入执委会。执委会成员负责贯彻落实总行党委重大决策和议定事项，对事业部权限内的重大事项进行决策，研究制定相关政策和制度办法，并对议定事项落实情况进行监督检查。在22个扶贫任务重点省份的省级分行设立事业部分部，成立扶贫业务处，县级支行加挂扶贫金融事业部牌子。2016年10月，农发行在无机构的国家级贫困县设立扶贫工作组，人员由所在地二级分行从辖内分支行派出，政府及有关部门在当地推荐，实现了政策性金融服务在国家级贫困县的全覆盖。

为切实加强金融扶贫工作组织领导，总行每位行领导分别包片负责中西部22个签订脱贫攻坚“军令状”的省级分行的脱贫攻坚工作，以及4个定点扶贫县、1个对口支援县的对口帮扶工作，指导联系行与地方政府及有关部门开展金融支持脱贫攻坚战略合作，开展专题调研，对接重大项目，推进业务营销；加强与省委省政府有关领导同志沟通协调，帮助解决金融扶贫工作中遇到的困难和问题；协调省级分行和总行各部室优先资源配置，落实帮扶措施。

农发行紧接着出台《关于做好基础设施扶贫和产业扶贫工作的通知》，针对贫困地区的区域特点和实际需求，抓紧研究对贫困地区推行差异化管理方式，考虑对现行的贫困地区取消区域准入限制。要求各行从自身实际出发，加快研究制定针对辖内贫困地区的配套支持政策。提出针对832个贫困县政府财力薄弱的实际情况，积极推广“服务重心下沉、客户层级上移”的信贷支持模式，积极探索上级人民政府对县级人民政府增信的有效途径，鼓励采用省级、地市级承贷主体“统借统还”或“统借分还”，通过政府购买服务或政府采购的方式落实融资安排。

各分支机构积极主动落实总行安排部署，加大基础设施扶贫和产业扶贫信贷政策和支持模式的创新，持续完善机制建设，同时巩固深化政银合作优势，为脱贫攻坚提供基础性保障。在服务脱贫攻坚过程中，农发行将金融扶贫与地方政府扶贫产业发展规划对接，主动参与产业扶贫规划编制。支持地方政府设立专项资金、共同担保基金、风险补偿基金，引入保险，为承贷企业增信。与地方中小银行、合作性金融机构、村镇银行、地方扶贫投融资主体及其他相关主体合作，探索开展扶贫转贷款模式。采取“投贷结合”“供应链金融”等新模式，加大对贫困地区重点领域、重点项目的支持力度。

在支持易地扶贫搬迁打响“当头炮”之后，农发行以832个国家级贫困县为重点，加快推进集中连片特困地区重大基础设施建设，发挥农业农村基础设施各类信贷产品的“组合拳”优势，突出公路交通、水利建设、棚户区改造、文化教育医疗、人居环境改善等重点领域，对贫困地区基础设施薄弱环节予以精准支持。特别是配合交通运输部重点实施百万公里农村公路建设工程和百项交通扶贫骨干通道工程，加强对贫困地区重大水利工程、防洪、农田水利、农村安全饮水等方面的支持，助力贫困地区突破农村公路、水利两大基础设施瓶颈。大力支持实施贫困村整村推进工程、贫困地区棚户区改造和城镇化建设，使居住在农村和转移到城市的农村贫困人口享有良好的居住环境、设施条件和公共服务。对于中央关于打赢脱贫攻坚战的决定中明确提出的“过桥贷款”，农发行专门制定扶贫过桥贷款管理办法，对于有稳定还款来源的扶贫项目，在国家、省或地市级政府财政投资资金到位前提供过渡性资金安排，以保证项目及时启动和不间断实施。扶贫过桥贷款执行优惠利率，在人民银行基准利率基础上可下浮10%，一般采用信用方式。扶贫过桥贷款一经推出，便得到了分支机构的广泛认同和采用。

在产业扶贫方面，农发行重点支持贫困地区粮棉油收储，确保国家粮棉油等重要农产品宏观调控政策在贫困地区的落实，在粮棉主产地区的贫困县增加收储库点，优化资金布局，确保不出现资金供应“空白点”。积极支持贫困地区建立地方粮棉油储备，有效解决收购问题，保证地方粮食安全和当地粮棉油市场稳定。支持贫困地区农业产业化经营和农产品加工业发展，加大对有较好辐射带贫作用的龙头企业、农民专业合作社、种植大户等新型经营主体的支持力度，通过土地流转、土地托管等方式，在贫困地区发展多种形式适度规模经营。支持贫困地区有资源、有特色、比较竞争优势明显的特色种植业、特色养殖业、特色加工业发展，特别是协助地方政府统筹规划易地扶贫搬迁和后续产业发展。支持贫困地区发展旅游扶贫、光伏扶贫、电商扶贫、科技扶贫、生态扶贫等新型产业，促进了贫困地区一二三产业融合，使贫困户能够更多分享农业全产业链和价值链增值收益。

2016年4月1日，农发行成功发行全国首单扶贫专项债券100亿元，筹集资金专项用于易地扶贫搬迁项目贷款，开启了引领社会资金支持扶贫的筹资新模式，被《金融时报》评为“2016年中国证券市场十大新闻”。随后，农发行又发行了全国首单普通扶贫债券200亿元，持续探索政策性金融扶贫多元化资金筹措机制。

到2016年末，光伏扶贫、旅游扶贫、教育扶贫、网络扶贫、扶贫批发、扶贫过桥等专项扶贫信贷产品创新推出、落地推广，生态扶贫、健康扶贫已在酝酿之中，信贷产品体系初步成型，有力对接了“两不愁三保障”重点领域和薄弱环节的资金需求。出台了定点扶贫、扶贫贷款认定、扶贫工作考核等制度办法和实施意见。农发行扶贫工作顶层设计，组织体系、责任体系、产品体系、定点帮扶体系、精准管理体系、考核评价体系、基础管理体系、专项部署体系等“四梁八柱”治理架构基本形成。

全行首次脱贫攻坚工作会议召开的当年，扶贫工作实现了在全国金融系统的“七个率先”：率先成立扶贫开发事业部，率先投放首笔易地扶贫搬迁贷款，率先向省市县延伸扶贫金融服务机构并实现贫困县全覆盖，率先制定金融扶贫五年规划，率先创建政策性金融扶贫实验示范区，率先发行扶贫专项金融债和普通扶贫债，率先推出专项扶贫信贷产品。

特别是创建政策性金融扶贫实验示范区，是新形势下农发行坚持因地制宜创新引领，支持地方政府率先探索加快脱贫攻坚步伐，发挥政策性金融在金融扶贫中的骨干引领作用的重大实践。旨在通过探索建立政府、政策性银行、其他金融同业的扶贫合作机制，引导各类金融资本、社会资本加大对脱贫攻坚工程投入，形成金融扶贫合力，解决贫困地区融资难、融资贵问题。2016年12月28日，中国农业发展银行与国务院扶贫开发领导小组办公室联合下发《政策性金融扶贫实验示范区总体方案》，提出更大程度发挥政策性金融特殊融资机制优势和地方政府组织优势，加强金融扶贫、财政扶贫、社会扶贫的结合，探索政策性金融扶贫制度创新、产品创新、管理创新。在实验示范区工作方案中首次提出探索财政资金与政策性金融扶贫资金协同配合机制，打造专门承担扶贫开发任务的投融资主体，探索资金整合到扶贫项目的途径，尝试扶贫资金以股权形式确权量化到建档立卡贫困村、贫困户，建立精准脱贫台账，完善政策性金融支持扶贫的指标体系，探索政策性银行与其他银行以及保险、证券、基金等机构金融扶贫合作机制等一系列创新措施，为全国金融扶贫提供可复制、可推广的经验。2015年12月30日，广西百色成为首个国家级政策性金融扶贫实验示范区。2016年3月，河北保定、贵州毕节、陕西安康加入国家级示范区行列。2016年7月开始，农发行陆续与贵州、重庆、江西、安徽、新疆、山西、云南、内蒙古等8个省级人民政府共创省级政策性金融扶贫实验示范区。实验示范区实行的众多措施也为各级行创新发展指出了靶向。

自实验示范区创建以来，农发行会同国务院扶贫办和地方政府，围绕实验示范目标任务积极探索、大胆实践，推进各项工作开展，有力推动了财政金融政策对接，创新推出了一大批精准扶贫信贷产品，丰富了金融服务模式，探索建立了产业扶贫新模式，持续完善了金融扶贫支持政策，精准扶贫成效管理得到有效提升。

从一开始，农发行就坚持把创新作为服务脱贫攻坚的根本动力，采取超常规办法，不断改革现有体制机制，出台针对贫困地区和贫困人口的政策举措，持续探索完善支持脱贫攻坚的金融方案，将金融资源更多向脱贫攻坚配置。西藏分行是农发行在全国成立最晚、人员机构最少的一家省级分行，但在2015年和2016年却实现了系统内贷款增速全国第一。特别是在服务脱贫攻坚方面，通过创新开展易地扶贫搬迁扶贫、基础设施建设扶贫、特色产业发展扶贫、粮油肉购销储扶贫等措施，为西藏全区脱贫攻坚作出了积极贡献。西藏分行行长胡世财获得2016年度“全国脱贫攻坚奖”，也是当年全国金融系统和西藏自治区唯一获奖者。

第三节　农业政策性银行服务脱贫攻坚在深化中完善

进入2017年，脱贫攻坚向深度贫困地区聚焦。2018年，中央出台打赢脱贫攻坚战三年行动的指导意见。同时国家对地方政府融资方式进行规范，农发行传统信贷模式面临重大挑战。舟至中流不进则退，唯奋楫者方能破浪前行。农发行加快构建定点扶贫工作机制，创新支持深度贫困地区脱贫攻坚，在中央脱贫攻坚专项巡视“大检阅”中强化整改提升，开创了政策性金融服务脱贫攻坚新局面。

一、“四融一体”定点扶贫工作格局的构建

定点扶贫是党中央交给农发行的重大政治任务。农发行把定点扶贫

作为全行扶贫工作的窗口和示范，创新举措扎实开展精准帮扶专项行动。2017年4月13日，农发行在京召开助推定点县脱贫攻坚对接推进会，邀请国务院扶贫办、定点扶贫县政府及相关部门、东部发达区县政府、农发行战略客户等多个部门和企业参与，帮助贵州锦屏、云南马关、广西隆林、吉林大安四个定点扶贫县（市）和江西南丰对口支援县对接发达地区政府和企业，拓展协作范围，将发达地区资金、技术、经验优势与西部地区资源、环境、生态优势精准对接，开发扶贫产业，强化脱贫产业支撑。此次会议明确了定点扶贫工作的思路、路径、方法和举措，强调定点扶贫的“四个优先”，即对定点县脱贫项目优先安排、脱贫资金优先保障、脱贫工作优先对接、脱贫措施优先落地，坚决助推定点扶贫县打赢脱贫攻坚战。

会上，福建安溪、山东文登等6个东部发达地区县分别与5个定点扶贫县和对口支援县签订了友好合作帮扶协议。会议期间，定点扶贫县和对口支援县分别与山东布恩农牧科技、南京亚狮龙体育、云南省国有资本运营等20家企业达成了合作意向、签订投资协议20份，意向投资金额46亿元。会议还确定了由苏州市农村干部学院开展定点扶贫县干部培训，培训费用由农发行承担。此外，会议还募集捐赠资金5352万元、物资125万元；农发行客户捐赠现金602万元、物资125万元，充分彰显了与会各方的家国情怀、社会责任感和对贫困群众的关爱。

2017年定点扶贫县脱贫攻坚对接推进会的召开不仅打开了定点扶贫新局面，也是农发行大扶贫格局形成的标志性事件。2018年4月，农发行下发定点扶贫工作意见，按照“四融一体”的架构对定点扶贫工作进行安排部署，提出充分发挥政策性金融行业优势，持续加大重点领域和薄弱环节的信贷支持力度；坚持扶贫扶智相结合，激发脱贫攻坚内生动力；推进融商合作，搭建产业对接平台；聚焦深度贫困地区和特困群体，积极开展爱心帮扶。建立总行行领导包点负责制度，实行总行部室对口帮扶、东部省份分支机构结对帮扶等举措。在总行设立定点扶贫处，向每个县派驻扶贫工作“三人小组”。实施最严格的定点扶贫考核评价，与薪酬绩效、干部任用、评先评优挂钩。全面推行融资、融智、融商、融情综合帮扶，形成了“四融一体”的大扶贫工作局面。

农发行充分发挥行业优势和专业优势，为定点扶贫县逐县编制金融服务总体方案，建立“绿色办贷”通道，在贷款准入、利率定价、资源保障、定向帮扶等方面给予最优支持。定点扶贫“三人小组”充分发挥参谋智囊作用，帮助定点扶贫县理清发展思路，设计项目融资方案，协调推动地方政府完善投融资体系，成为农发行定点扶贫一张亮丽的“名片”。脱贫攻坚期间，累计向定点县投放贷款109.06亿元，其中投放扶贫贷款97.89亿元，占比为89.7%；贷款余额88.16亿元，其中扶贫贷款余额63.52亿元，占比为72%；贷款加权平均利率下浮10%，实现让利10667万元。

农发行把教育培训作为提升定点扶贫县人力资源支撑的重要途径，与苏州干部学院合作举办培训班22期，帮助培训扶贫干部和致富带头人1676人，实现县乡村三级干部全覆盖。通过邀请专家教授到田间地头现场授课、开展网络视频培训、印发技术手册等多种形式，培训基层干部2856人、技术人员和创业致富带头人等6158人。开展定点扶贫县教学水平提升行动，协调92名教师免费到发达地区学习，为9450名贫困学生捐助4946万元，提高教书育人水平和学习生活条件。主动与中央组织部、国务院扶贫办、人民银行、中央和国家机关工委等单位对接联系，累计帮助培训深度贫困地区驻村第一书记334人、大学生村官800人、中央单位定点扶贫县扶贫干部490人。

2017年至2019年，农发行连续三年举办产业扶贫招商引资对接会，帮助定点扶贫县引进资金、人才、技术、管理等资源。2020年专门召开消费扶贫现场会，为扶贫产品销售广开渠道。脱贫攻坚期间，共引进落地项目33个，实际投资13.34亿元，募集捐赠资金11280.1万元，帮助销售贫困地区农产品96513.78万元，有力推动定点扶贫县完善产业布局、提升产业发展能力。如帮助贵州锦屏县引进全球最大的羽毛球生产企业南京亚狮龙，建成月产能30万打的生产基地，年产值2.88亿元，吸收47名贫困人口就业，人均月收入2000元以上，带动了羽毛球全产业链在当地生根发芽、发展壮大。

定点扶贫成为全行员工以实际行动参与扶贫事业的重要载体。总行机关部门、省级分行与定点扶贫县贫困村开展支部共建8对，党员干部结对帮扶特困群众268名。全行各级机构和员工累计捐赠资金9803万元，重点用于资助贫困学生上学、村组道路建设、教育和医疗基础设施改善、贫困户住房改造等扶贫项目238个。累计购买贫困地区农产品7198万元。

集众智、汇合力、注真情、出真金、下真功，是农发行构建“四融一体”大扶贫格局过程中始终秉持的理念。脱贫攻坚期间，农发行推动4个定点扶贫县、409个贫困村和25.4万贫困人口全部如期实现脱贫，自中央单位定点扶贫实施考核以来每年均位列第一梯队。总行办公室处级干部、农发行派驻贵州锦屏罗丹村“第一书记”杨端明，把群众当作自己的亲人，真心实意帮扶困难群众，从党建、产业、民生三个方面改变贫困村的落后面貌，荣获全国脱贫攻坚奖，8名帮扶干部和21个机构（组织）荣获省部级表彰。

二、深度贫困地区的战略聚焦

2017年6月23日，习近平总书记主持召开深度贫困地区脱贫攻坚座谈会，强调脱贫攻坚本来就是一场硬仗，深度贫困地区脱贫攻坚更是这场硬仗中的硬仗，必须给予更加集中的支持，采取更加有效的举措，开展更加有力的工作。如何重点支持深度贫困地区已经提前进入农发行的视野。2017年2月23日，农发行召开第二次脱贫攻坚工作会议，会议着重强调支持新疆、四省藏区等重点区域脱贫攻坚。8月15日农发行在金融系统率先出台了《关于重点支持深度贫困地区打赢脱贫攻坚战的意见》，提出在关键阶段、关键节点充分发挥政策性银行在金融扶贫中的骨干和引领作用，明确了“三个高于”的目标，即“十三五”时期，深度贫困地区分支机构贷款增速高于所在省农发行贷款平均增速，高于所在省金融同业贫困地区贷款平均增速，高于全行各项贷款平均增速，彰显了新阶段扶贫工作的战略聚焦。

为破解深度贫困地区产业扶贫的融资难融资贵问题，农发行与山西吕梁市政府合作，整合各方优势，采取特殊政策，解决政府、银行各唱各的调，银行、企业之间信息不对称等问题，共同建立产业扶贫项目筛选机制和风险补偿机制，使政府、银行、企业三方形成合力。7月14日，“吕梁模式”正式出台，随后首批农业产业扶贫贷款风险补偿基金1.18亿元筹集到位。不到两个月的时间，首笔1000万元产业扶贫贷款即投放到位。

2017年9月19日，农发行首次支持深度贫困地区脱贫攻坚现场推进会在山西吕梁召开。这次会议的主题是部署支持深度贫困地区脱贫攻坚，宣传推广产业扶贫的“吕梁模式”，自此“吕梁模式”走向全国。为确保“吕梁模式”取得实效，总行后续推出十条配套政策，包括适当放宽准入标准、降低财务指标、突出风险分散和带贫成效、实行利率优惠、采用信用贷款方式、提高不良贷款容忍度、建立绿色通道、实行尽职免责等，同时进一步完善了准入筛选机制、风险分担机制、利益联结机制、基金补偿机制、熔断管理机制和联合监督机制，严控企业信用风险、贷款集中度风险和操作道德风险。在此基础上，地方政府统筹建立风险补偿基金，农发行按照地方政府出资额5～10倍放大提供信贷资金支持。截至2020年6月底，农发行在14个省推动建立产业扶贫风险补偿基金29只，投放贷款47.79亿元，有效培育支持了一批能够带动贫困户长期稳定增收的优势特色产业发展。

会议还特别提出要主动适应国家规范地方政府举债融资政策调整，

结合深度贫困地区实际，增加深度贫困地区的金融供给，创新金融产品和服务。2018年初，财政部连续就加强地方政府债务管理、规范金融企业对地方政府和国有企业投融资行为发出通知，要求严格按照市场化原则审慎合规授信。政策性金融扶贫的传统模式面临巨大挑战。农发行保持战略定力，坚持服务脱贫攻坚调子不变、力度不减、工作不松，对于深度贫困地区确保实现"三个高于"目标。同时严防政策风险，强化合规管理，严防信用风险，抓好问题整改。连续出台相关政策文件，调整完善信贷政策，加强相关贷款收回和规范管理。

在政府融资方式调整重构的形势下，农发行采取"非常之策"奋力打开深度贫困地区脱贫攻坚局面，在信贷政策、资源保障、定向帮扶等三个方面，研究提出了"三区三州"深度贫困地区28条差异化支持政策，对深度贫困地区放宽了客户信用等级、项目资本金比例要求，创新提出使用在建工程和未来固定资产抵押等。2018年6月26日，农发行在四川凉山召开支持深度贫困地区脱贫攻坚推进会，着重宣介推广差异化政策。2018年新疆南疆四地州由此新准入客户近20家。由于贷款利率可在人民银行基准利率的基础上下浮10%，对执行优惠利率的分支行在考核经营收益时予以回调，不仅激励了深度贫困地区扶贫贷款投放，而且为当地节约了融资成本。2018年四川凉山贷款投放量达到了前10年的总和，扶贫贷款平均增速是全国扶贫贷款平均增速的5倍，同时减少利息4900万元，形成了显著的政策效应。同时，对留不住人才的高海拔地区实施人员双向交流，在薪酬福利和绩效考核方面予以倾斜。对深度贫困地区采取定向招聘、免费培训、结对帮扶、以购代捐、消费扶贫等扶持政策。28条政策经历了三次拓展，覆盖范围拓展到169个中西部深度贫困县、定点扶贫和对口支援县，以及政策性金融扶贫试验示范区。在脱贫攻坚收官阶段，针对未摘帽贫困县的特惠力度和范围进一步加大，形成了"28+10+10+11"的特惠政策支持体系。脱贫攻坚期间，农发行累计向"三区三州"等深度贫困地区投放扶贫贷款4457.73亿元、余额2796.67

亿元，贷款增速是同期全行扶贫贷款的2.4倍。“三区三州”所在地新疆分行荣获2020年度“全国脱贫攻坚奖”。

三、政策性金融扶贫的持续创新完善

在外部环境发生深刻变化的形势下，农发行大力推动发展模式的创新转型，由过去主要依靠政府投融资平台、购买服务方式，向更多依靠自有现金流的实体企业、市场化方式转变。作为政策性银行，农发行坚持在政府引导和扶持下，支持符合国家战略导向的领域和项目，既不像过去一样完全依靠政府，也不脱离政府完全市场化，而是理顺政府、企业、银行之间的关系，与政府商量如何把相关财政补贴和政府资源转化为合法合规的现金流，不断发现现金流、设计现金流、创造现金流，使扶贫项目符合农发行的信贷条件。基层行因地制宜开展创新实践。比如，在甘肃环县探索山羊养殖“农社担贷”产业化联合体支持模式，政府将涉农整合资金作为农户入股资金和国有股股金，与产业化龙头企业共同参股设立新公司，创新财政资金撬动政策性金融、保险、担保、企业资金共同参与发展扶贫产业的新模式；在四川会理县，政府将涉农整合资金入股国有企业，农发行创新生猪养殖“国企承贷+知名养殖企业租赁+租赁和综合收益还款”模式，政银合作拓展产业扶贫发展空间。与此同时，扶贫过桥贷款模式、PPP、公司自营等新型模式加速推广，逐渐成为项目扶贫贷款的主流。

在产品体系上，农发行进一步创新推出了网络扶贫贷款、教育扶贫贷款、扶贫批发贷款、健康扶贫贷款、贫困村提升工程贷款、光伏扶贫贷款等新产品，大力支持贫困村创业致富带头人产业扶贫、西藏和四省藏区青稞产业扶贫、贫困村交通扶贫，以及易地扶贫搬迁后续扶持等。为进一步规范产业扶贫信贷支持政策，专门研究制定了产业扶贫流动资金和固定资产贷款办法，进一步明确了产业扶贫贷款政策属性、适用范

围、职责分工，适度提高了产业扶贫贷款不良容忍度。在支持模式上，创新推广“吕梁模式”，大力推广信用保证基金模式、东西部合作模式、扶贫实验示范区模式、万企帮万村模式、合作共建模式等，丰富了扶贫贷款工具箱。在制度建设上，进一步加强扶贫贷款认定工作，开展扶贫成效监测管理，严格扶贫贷款精准质效管理；完善扶贫贷款台账系统、统计系统、单独核算系统、贷后管理体系、考核评价体系等五大基础工程；强化扶贫任务清单和项目清单两个“清单制”管理。在作风建设上，农发行开展扶贫领域作风问题专项治理，着力解决扶贫工作中存在的“四个意识”不强、责任落实不到位、工作措施不精准、资金和项目管理不规范、作风不扎实、考核监督从严要求不够等问题。

2018年10月，农发行出台《打赢脱贫攻坚战三年行动方案》，明确未来在“精准”和“聚焦”上下功夫，集中力量支持深度贫困地区脱贫攻坚，突出支持产业扶贫，全力支持国家专项扶贫行动，积极支持贫困地区基础设施扶贫，不断完善大扶贫工作格局，推动政策性金融扶贫高质量发展。该方案特别指出，2015年以来，农发行全力推进金融扶贫工作，始终坚持党的领导，强化创新引领，落实精准方略，实施优先优惠，注重可持续发展，不断强化支撑保障和作风建设，走出了一条符合实际的政策性金融扶贫道路。

农发行以创新为根本出路，以创新为根本动力，通过创新破解发展中的难题，顶住了宏观政策变化的严峻考验，抓住了转型升级的机遇，保持了扶贫贷款的良好势头，在曲折艰难中成功破题，继续发挥着金融扶贫先锋主力模范作用。副行长、时任扶贫综合业务部总经理徐一丁参与多项中央脱贫攻坚重要文件的起草，组织开展农发行服务脱贫攻坚的顶层设计，推进农发行“四梁八柱”扶贫体系的构建，牵头研发创新扶贫产品、制度、模式，获得2017年“全国脱贫攻坚奖”创新奖。扶贫综合业务部扶贫政策与实验示范处获得2019年“全国脱贫攻坚奖”组织创新奖。

四、接受中央脱贫攻坚专项巡视

2018年10月，十九届中央第二轮巡视对包括农发行在内的26个地方和单位党组织开展脱贫攻坚专项巡视。这是中央巡视组首次围绕一个主题、集中在一个领域开展专项巡视，释放了为打赢脱贫攻坚战保驾护航的强烈信号。

农发行党委深刻认识到专项巡视是对农发行贯彻落实党中央脱贫攻坚决策部署的深入体检，是提升政策性金融扶贫能力水平的有效帮扶，全力配合中央巡视各项工作。立即召开巡视动员会，成立“配合中央脱贫攻坚专项巡视工作领导小组”，统筹抓好中央巡视组要求农发行配合的各项工作。巡视组反馈巡视意见后，农发行将巡视整改视作责任书、军令状，作为对各级党员领导干部增强“四个意识”、坚定“四个自信”、践行“两个维护”的重大考验。2019年1月21日，农发行召开党委会会议，第一时间研究部署巡视整改工作，成立专项巡视整改工作领导小组。1月26日，在全行年度工作会议上对整改工作进行了总体部署。1月31日，召开党委会会议和巡视整改领导小组会议，审议通过《中共中国农业发展银行委员会关于中央脱贫攻坚专项巡视情况整改工作方案》。2月27日，召开全行脱贫攻坚工作会议暨中央脱贫攻坚专项巡视整改工作会议，对做好巡视整改进行再动员再部署。4月9日，召开党委会会议和巡视整改领导小组会议，研究整改进展，持续推动整改落实。

在整改的过程中，农发行党委切实履行主体责任，党委书记履行第一责任人责任，班子成员按照分工承担分管领域的整改责任，以上率下，层层传导压力。农发行将中央巡视组反馈的问题和提出的工作建议，细化成具体任务，确定了整改措施和工作措施，在此基础上形成问题清单、任务清单和责任清单，明确了每项整改任务的责任领导、责任单位和责任人。每位班子成员主动认领任务，切实承担整改责任，加强跟踪督办。总行各部门、各省级分行建立整改台账，结合工作中发现的问题一体整改，完善体制机制，加强制度建设，明确工作标准，实现销号式管理。整改期间，党委会强化首议题学习制，开展理论中心组学习，深入学习贯彻习近平总书记关于扶贫工作的重要论述，进一步深化思想认识、提升整改自觉性。总行党委和22家省级分行召开专题民主生活会，深刻剖析原因，严肃开展批评和自我批评，坚决做到真认账、真反思、真整改，以高质量的民主生活会体现立行立改、彻底整改的坚决态度，切实增强巡视整改的思想自觉、政治自觉和行动自觉。总行班子全体成员共20次深入贫困地区调研督导。建立整改专项督办制度，倒排工期，定期督办，确保各项整改工作按计划稳步推进。强化整改落实日常监督，印发8期督办函，通报巡视整改工作进展情况，明确整改要求。总行各部门根据工作职责，扎实落实好整改要求。总行机关党委将落实中央脱贫攻坚专项巡视整改任务情况纳入年度党支部书记抓党建述职评议重要内容。省级分行党委均按照总行要求，成立了由分行党委书记担任组长的巡视整改工作领导小组，各省级分行整改任务列入了向总行党委签订的2019年脱贫攻坚责任书。驻行纪检监察组履行监督责任，研究制定《中共中国农业发展银行委员会关于中央脱贫攻坚巡视整改工作监督方案》，下发监察建议，开展“突击式”监督检查，精准追责问责。总行审计局派出了审计工作组，对巡视反馈的典型问题进行了专项审计，对整改进度缓慢、问责不到位等问题提出了审计意见。总行专门派出巡视组对重点分行开展问题整改专项巡视，督导整改工作。各级行各部门提高政治站位，认真履行巡视整改主体责任，集中精力、全身心投入，直面问题、深刻剖析，采取切实可行的措施，做到即知即改、立行立改，真改实改、全面整改。

2019年12月，中央巡视组对中央单位开展“回头看”。农发行党委从讲政治、讲大局的高度，把开展脱贫攻坚巡视“回头看”当作对落实脱贫攻坚政治责任的再传导，对抓好巡视整改落实的再督促，更是提升履职能力、助力全面打赢脱贫攻坚战的再帮扶，坚决落实中央要求，全力确保脱贫攻坚专项巡视“回头看”顺利进行；坚持问题导向，全力落实脱贫攻坚专项巡视“回头看”整改要求；用好整改成果，以巡视整改促业务发展，开创了历年同期扶贫业务发展的最好时期。

2018年末至2020年初，中央脱贫攻坚专项巡视和巡视整改“回头看”对农发行服务脱贫攻坚给予肯定：“农发行及时学习贯彻习近平总书记关于扶贫工作重要论述和中央脱贫攻坚决策部署，坚定金融扶贫先锋主力目标”“发挥了金融扶贫先锋主力模范作用”。

在两轮脱贫攻坚专项巡视中，农发行看到了成绩，也发现了一些不足。农发行举一反三、标本兼治，以巡视整改为契机，持续完善专项巡视和“回头看”整改过程中形成的制度办法，注重补齐制度短板，健全长效机制，做到标本兼治。持续优化扶贫工作机制，更好发挥扶贫金融事业部职能作用，把巩固巡视整改与深化全行“四大工程”“八项改革”有机结合起来，推动政策性银行治理体系和治理能力现代化。

第四节　农业政策性银行服务脱贫攻坚取得胜利

2020年脱贫攻坚战收官之年，遭遇新冠病毒疫情冲击，农发行采取一系列超常规举措，进一步强化全行全力全程工作格局，众志成城、迎难而上，坚决打赢疫情防控战和脱贫攻坚收官战。

一、收官阶段的全力攻坚

2020年2月4日，农发行印发《关于统筹做好新型冠状病毒感染肺炎疫情防控和服务脱贫攻坚有关工作的通知》，迅速果断采取一系列举措确保疫情防控与脱贫攻坚工作同步推进，把攻克剩余贫困堡垒作为决战决胜脱贫攻坚重中之重。对52个未摘帽贫困县制订挂牌督战方案，建立总行统筹、省级分行负总责、总行部室对口联系、市县分支机构抓落实的督战机制。总行11个对口联系部室和未摘帽贫困县所在的7个省级分行按照总体部署，分别制订挂牌督战实施方案，进一步明确时间表和路线图，实行挂图作业，四级行协同发力，逐级压实责任，层层传递动力。

农发行进一步加大政策倾斜力度，在原有支持深度贫困地区38条差异化政策基础上，从延长复工复产政策期限、降低准入门槛、放宽担保要求、实施差异化授权、提高不良贷款容忍度等方面再推出“11+10”条特惠政策，重点支持52个未摘帽贫困县和“三区三州”等深度贫困地区，在疫情防控、“三保障”专项扶贫、易地搬迁后续扶持等重点领域给予一揽子特惠政策。执行优惠利率定价政策，未摘帽贫困县贷款比一般贷款可在整体优惠30个基点基础上再给予首年120个基点的利率优惠，全年向52个未摘帽贫困县投放扶贫贷款239亿元，扶贫贷款平均利率4.1%，较全行下浮28个基点；贷款余额538亿元，增速是全行扶贫贷款的4.5倍。丰富资金筹措渠道，用好用足人民银行扶贫再贷款等特殊政策，发行“战疫情、助脱贫”、支持西部大开发之脱贫攻坚、支持消费扶贫等扶贫主题债券2921亿元。

在加大信贷支持力度的同时，采取更加倾斜的“一揽子”扶贫政策。对扶贫贷款按贷款权重的140%折算挂钩激励性费用，安排脱贫攻坚专项费用指标1234万元，向定点扶贫县下拨专项党费330万元。科学制订年度省级分行脱贫攻坚考核方案，进一步提高脱贫攻坚在全行经营绩效中的考核权重，突出对挂牌督战、深度贫困地区、易地扶贫搬迁后续扶持、“三保障”专项扶贫和精准管理等重点任务的考核，纳入综合考核的权重提高至12%~42%。选派优秀干部到未摘帽贫困县等地区挂职，优先招录应届高校毕业的建档立卡贫困学生138名。关心关爱扶贫挂职干部，召开定点扶贫县挂职干部视频座谈会，向挂职干部及家属发放慰问金和防疫物资，帮助解决实际困难。

在2020年2月疫情形势最严峻的时刻，定点扶贫县“三人小组”逆行出征，提前到岗。特别聚焦唯一未脱贫摘帽的广西隆林，强化四级联动，专门编制帮扶实施方案，统筹调配各方资源，全年向隆林投入帮扶资金1313万元、引进帮扶资金805万元、投放信贷资金7.7亿元，有力支持隆林脱贫摘帽。全年向定点扶贫县投放贷款18亿元，加权平均利率下浮10%，让利2794万元。

为解决贫困地区农产品滞销问题，农发行开展消费扶贫专项行动，通过开设定点扶贫县产品实体店、在各级机关内部设置专柜专区、创新电子商务营销、组织“带货大赛”等方式展销定点扶贫县产品，各级机关食堂、工会等加大对定点扶贫县农产品采购力度。2020年9月在全系统开展以“消费扶贫、你我同行”为主题的消费扶贫月活动，号召全行各级机构、干部员工、客户企业和社会各界优先购买定点扶贫县产品，掀起消费扶贫热潮。在广西南宁举办定点扶贫县消费扶贫现场推进会，线上线下同步展销定点扶贫县农产品。协助国家发展改革委举办全国消费扶贫论坛，发布《巩固拓展消费扶贫成果延安共识》。2020年全行帮助销售贫困地区农产品5.71亿元，直接购买贫困地区农产品5887万元。中央电视台2020年9月30日对农发行定点扶贫成效进行了报道。农发行消费扶贫工作入选全国消费扶贫优秀典型案例。

在脱贫攻坚决战决胜收官之年，农发行应对复杂环境，实施挂牌督战，攻坚克难、创新发展，取得了显著成效，充分彰显了农业政策性银行“越是艰险越向前”的政治担当，深刻诠释了农发行人“不获全胜决不收兵”的坚定信念，生动展示了全行上下“支农为国、立行为民”的家国情怀。

二、在脱贫攻坚中升华

服务脱贫攻坚成为农发行最大的“蓝海”。经历脱贫攻坚战，全行治理体系和治理能力有了翻天覆地的变化。建立了坚持党领导扶贫的制度体系，党委发挥总揽全局、协调各方的作用，切实承担脱贫攻坚的主体责任，党委书记切实承担第一责任人责任，将服务脱贫攻坚提升到增强“四个意识”、坚定“四个自信”、做到“两个维护”的高度进行决策、部署和推动。建立政策性金融扶贫“四梁八柱”治理体系，扶贫战略规划、组织体系、政策体系、产品体系、精准管理体系、考核体系、核算体系、科技支撑体系协调运作，全方位推进政策性金融精准扶贫系统工程高效、顺利实施。发挥“举行体制”“集中力量办大事”的制度优越性，调动全行组织、资金、人力等资源支持脱贫攻坚，形成金融与财政、银行与政府、行业与社会协同扶贫的机制，从更广视角打造政策性金融扶贫生态。扶贫系统治理、综合治理、社会治理体系已然形成，服务脱贫攻坚成为全行治理体系和治理能力现代化的重大实践。

五年脱贫攻坚期间，农发行“战时练兵”积累下的全局谋划、系统推进、集中攻坚的经验，锻炼出的政策响应、创新引领、迅速落地的能力，在2020年疫情防控这场新时期人民战争、总体战、阻击战，以及脱贫攻坚收官之年决战决胜之战的交织叠加中，得到了升华和释放。农发行第一时间建立疫情防控贷款应急通道，在全国性银行中率先使用完专项再贷款额度，开辟复工复产绿色通道，精准支持脱贫攻坚等10个重点领域的企业和项目有序复工复产，创新推出组合优惠政策，实行上下联动，采取超常办贷，提供高效服务，农发行治理体系和治理能力经受住了疫情的大考，迈上了新的台阶。

在2020年的全行脱贫攻坚工作会议上，时任中国农业发展银行行长钱文挥同志对五年来农发行金融扶贫先锋主力模范作用进行总结：当先锋，就是要走在前、闯在先，坚持创新驱动，通过创新机制、创新手段、创新模式，不断探索既有力支持脱贫攻坚又有效控制信贷风险的成功道路，引领社会资金持续加大投入。担主力，就是要讲政治、敢担当，围绕脱贫攻坚重点领域和薄弱环节，持续精准发力，发挥好资金主渠道和主力军作用，成为执行国家意志的国之重器。做模范，就是要当标杆、作表率，坚守精准方略，引领和推动金融扶贫高质量发展，确保经得起历史和实践的检验，得到社会各界广泛认可。脱贫攻坚期间，农发行累计发放精准扶贫贷款2.32万亿元，精准扶贫贷款余额1.5万亿元，均居金融系统首位。连续5年获得脱贫攻坚奖，连续4年中央单位定点扶贫考核位列“好”的等次，5个单位和3名个人在全国脱贫攻坚总结表彰大会上受到表彰，成为当之无愧的金融扶贫先锋主力模范。

2021年农发行发布第1号文件，就是关于做好巩固拓展脱贫攻坚成果与乡村振兴有效衔接。农发行将做好脱贫攻坚的经验总结、动力延续、精神传承，在未来服务乡村振兴的道路上作出新的更大贡献。

第三章

中国农业政策性银行扶贫的制度优势

贫困是世界性难题，消除贫困是全人类的共同使命。在人类发展的历史长河中，政府、社会和公民孜孜以求、努力探寻贫困产生的原因和摆脱贫困的路径。自然禀赋、经济增长、民族文化和社会治理均不足以解释贫困的根源。新冠病毒疫情下的全球贫困治理在困境中踯躅难行。中国成功打赢脱贫攻坚战，解决了千百年来的绝对贫困问题，充分彰显了中国特色社会主义的制度优势。作为国家治贫体系的重要制度安排，农业政策性银行扶贫既承接了中国独有的制度优势，也发挥了政策性银行本有的特殊制度优势。“双重制度优势”对农业政策性银行金融扶贫目标、体系、路径进行系统化赋能，彰显农业政策性银行在金融扶贫中的先锋主力模范作用，并成为未来农业发展银行服务国家战略、支持乡村振兴的制胜法宝。

第一节 制度视角下的贫困问题

贫困是人类不懈努力企盼破解的永恒主题。在农业文明时代，粮食短缺引起的间歇性饥荒是贫困最直接的表现形式。工业革命推动了生产力的巨大进步，创造了巨大的财富，但是工人阶层仍保持着贫困，靠出卖劳动力取得少量的工资收入。第二次世界大战结束后，和平与发展成为时代主题，第三次工业革命推动着高新技术时代的到来，实际人均收入大幅提高，但发展红利并未惠及所有人。学者们从自然禀赋、经济增长、民族文化和社会治理等角度，分析出贫困人口难以摆脱贫困的原因。但事实上，无论是农业文明农民失去土地，工业文明无产阶级剩余价值被剥削，还是现代文明城市居民失去工作机会，贫困现象的背后都有着制度的身影。

一、贫困治理的实践与困境

纵览全球减贫史，人类在不同发展阶段对贫困的内涵及其成因形成了不同的认知，在减贫实践过程中创造出一系列具有时代特征的减贫举措。

（一）贫困治理实践的历史演进

在农业社会中，生活资料和生产资料积累缓慢，物资相对匮乏，一旦出现洪水、干旱、蝗灾等自然灾害，生产力遭到破坏，就会导致粮食短缺引发饥荒。为了满足生存的刚性支出，农民卖田宅、鬻子孙，流离失所而陷入持续贫困。在东方，封建政权出于维护统治的需要，通过赈灾济民、调粟帮民、减免税负来缓解饥荒。在西方，宗教团体作为救济贫困的主要力量，劝诫富人救助穷人。但这些做法只是饥荒发生之后的接济行为，在一定程度上缓解了灾民的生存危机，但难以真正实现减贫。

17世纪，英国率先开始了资本主义变革。圈地运动推动资本主义经济发展，资产阶级革命确立了资本主义政权，清教运动改变了社会对贫困的看法。1601年英国颁布的《伊丽莎白济贫法》明确提出，国家征收济贫税并承担救济贫困人口的责任，是这一时期贫困治理政策的代表。但由于出发点是防止流民问题而非彻底解决贫困问题，该法案具有济贫和惩贫的双重特征。穷人被贴上懒惰、不求上进等负面标签，贫困被认为是个人因素导致的，消除贫困也被归为个人的责任。到18世纪，济贫院制度成为英国主要的治贫措施，其救助对象限定为“有劳动能力的穷人”，注重通过惩罚让人“不敢”成为穷人。正如边沁所言，济贫院是“强使流氓无赖变得诚实、懒汉变得勤快的研磨”[①]。政府对贫困人口的干预，招致了亚当·斯密、大卫·李嘉图等古典政治经济学家的批评。在他们看来，“个人主义、私有财产与契约自由”的有效运作，可以保障社会公平自动实现。贫困是市场经济自然法则作用的客观结果，也是维

① 黄承伟，等. 鉴往知来：十八世纪以来国际贫困与反贫困理论评述[M]. 南宁：广西人民出版社，2017：29.

系市场平衡的必要因素，个人如果不能通过勤劳努力成为有财者，就只有被竞争淘汰，或是沦入赤贫境地①。

工业革命带来了生产力水平的巨大飞跃，人类创造的财富总和超过了近代之前人类社会生产的总和，但是无产阶级贫困化现象日益突出，工人们不甘心这种境遇，开始组织大规模罢工。贫困逐渐被视为社会问题，人们对主流的自由主义思潮进行批判和修正，思考国家是否应对政治经济和社会生活进行干预。费边社会主义者提出，政府应确保患病者、老年人、儿童和失业者的生活得到保障。福利经济学指出了收入再分配的重要作用，认为通过税收把收入从相对富裕的人转移给相对贫穷的人，可以增进整个社会的福利。19世纪末，德国创立了疾病保险、事故保险、伤残及养老保险三项保险制度，成为第一个建立社会保险制度的国家。为应对大萧条，罗斯福于1935年推出了《社会安全法》，涉及老年扶持和福利、失业救济、儿童救助、失能救助，以及母婴福利。联邦政府承担起构建全国性社会安全系统的责任，由联邦预算来资助贫困人群，取代原来由县和镇通过地方征税募集资金承担公共责任的方案②。社会保障制度和福利国家模式的建立和推广，标志着贫困问题的解决超越了社会“道德情操”和慈善事业的层面，提上了政府政策和政府管理的议程，成为国家的治理任务。

第二次世界大战后，发达国家凭借工业实力、技术水平和相对丰富的高素质劳动力，进入了发展的“黄金时代”，普遍采取了一系列减贫措施：首先，加快工业化步伐，创造劳动就业岗位，增加居民收入；其次，构建“从摇篮到坟墓”的社会保障制度，完善涵盖生育、教育、医疗、养老、住房等方面的社会保障网；最后，增加人力资本投资，通过

① 周可. 青年马克思论贫困——兼评古典政治经济学的贫困观[J]. 黑龙江社会科学，2015(5).

② Trattner, Walter I. From poor law to welfare state: A history of social welfare in America[M]. Collier Macmillan Publishers, 1974: 294.

为贫困“赋权”等方式来改造穷人，消除贫困歧视，实现机会均等。经过三十多年的努力，发达国家的贫困发生率普遍有所下降，如美国的贫困发生率从1949年的34.3%下降至20世纪70年代末的11.5%[①]。但进入20世纪80年代后，随着发达国家陷入经济滞胀，福利危机逐渐显现，高福利带来的经济社会低效运行也饱受批评。发达国家开始了新一轮减贫政策调整，包括缩减政府福利支出，推行工作福利制度，充分发挥慈善机构作用，推进扶贫主体多元化等。这期间，发达国家的贫困现象主要表现为相对贫困，而在各类减贫措施作用下，相对贫困发生率基本保持稳定。

虽然第二次世界大战打破了资本主义世界殖民体系，殖民地国家纷纷独立，但是发展中国家作为廉价原材料产地与工业制成品的倾销市场的地位并未改变。贫困问题集中体现为宏观层面国家或区域之间的发展不平衡，贫困治理基本简化为发展经济。发展经济学家通过“贫困恶性循环”“低水平均衡陷阱”“循环累积因果关系”等理论分析贫困的原因，开出了“二元经济结构”“经济增长不平衡模式”“增长极理论”“发展型国家”等治贫药方。在实践中，后发国家仿效西方发达国家的实践经验，如实施国家工业化战略，重视资本积累，集中资源建设工业体系，逐步建立健全社会保障和社会福利制度，加大人力资本投入，增强贫困人口文化水平与身体素质。

20世纪中后期，新自由主义思潮兴起，发展经济学式微。在华盛顿共识的影响下，后发国家进行市场化改革，扩大对外开放，贫困治理开始重视微观视角，关注贫困引发的个体行为偏差并通过贫困治理项目进行纠正，阻断贫困的代际传递。随着贫困概念从简单的“相对较少的收入”和“生活必需品缺乏”的经济贫困，向“基本可行能力剥夺”的能

① 张琦．全球减贫历史、现状及其挑战[J]．人民论坛，2021(4)．

力贫困和多维贫困转变，益贫式增长和包容性发展理念开始得到重视，并逐渐体现在发展中国家的贫困治理措施当中。

通过回顾贫困治理实践的演进历程，可以看出贫困治理包含三个关键要素：经济发展、社会保障制度和人力资本投资。通过推动经济发展提高人均收入水平，利用社会福利制度保障（相对）贫困人口的基本生活，建设人力资本投资和机会均等的包容性制度给贫困人口提供摆脱贫困的希望。

（二）贫困治理的现实困境

尽管发达国家凭借领先的生产力水平和完善的社会福利体系消除了绝对贫困，但近年来经济增长与金融发展并未缓解收入与财富不平等，反而出现了中低收入群体的收入增长停滞、贫富差距不断扩大的现象。根据美联储消费金融调查数据显示，在次贷危机爆发前后的十年间（2007年至2016年），美国财富分配差距显著拉大。只有前10%的美国高收入群体实现了财富净增加，后25%低收入人群的财富缩水高达37%。“贫者贫富者富”和“中产被挤压”的贫富分化，表明发达国家贫困治理遭遇了涓滴效应的失灵，甚至是逆向涓滴效应[①]。

发展中国家的贫困治理同样存在困境，遇到了增长停滞、城市贫民窟、精英俘获[②]、极易返贫等一系列问题。一些发展中国家不能逐步形成包容性的经济制度和政治制度，造成贫富差距扩大，导致“国家失败”或陷入中等收入陷阱，经济增长停滞导致贫困治理停滞。一些国家城市化进程快于工业化，大批无地农民和少地农民自发向城市转移谋求生计，导致城市就业水平和下层劳动者收入水平下降。农村劳动力难以

① 涓滴效应是指经济繁荣和财富扩张自然会向下渗透，形成涓滴效应，改善底层收入和福利，实现整体福利改善。

② 精英俘获（Elite Capture）概念最早出现于经济学研究领域，即奥尔森提出的“利益集团俘获”范式，通常精英俘获是指农村项目发展中地方政治、经济、社会精英对项目分配、实施、管理等环节的支配或侵占行为。

在城市寻找到合适的工作，在城市中聚集形成贫民窟，成为严重的社会治理问题。腐败和精英俘获问题层出不穷，手握公共权力的官员在贫困治理中滥用权力或者寻租，牟取个人利益并造成公共利益的损失；精英凭借政治或经济上的优势地位，窃取了本来为多数贫困人口转移的治理资源。此外，贫困治理效果也不够稳定，由于贫困人口具备生产要素较少，缺乏专业技能，且就业多为零工的形式，受到外部冲击时极易返贫。如拉美地区始终存在着“增长性贫困”，20世纪80年代以来经济低速增长时贫困率较快上升，只有增长超过3%时，贫困率才明显下降[①]。

二、贫困的制度根源

贫困是相对于生产能力和普遍的经济发展水平而存在的，反映在特殊个体或群体上的生活贫乏窘困的状况[②]。无论绝对贫困还是相对贫困，都是一种比较的概念，反映了部分个体达不到生存所必需的水平或者社会平均水平，存在着一种个体之间的不平等。换言之，贫困是不平等在收入、能力、权利、信息等方面的体现。因此，必须理解不平等的根源，才能在更广阔的时空中理解贫困。法国思想家卢梭在他的《论人类不平等的起源和基础》中分析到，人类最初只是存在自然或生理上的不平等，私有制使强者占有更多的资源，从而处于有利的生存地位。富人为了保护自己的私有财产，与穷人设立社会契约和建立权力机构，以进一步保障他们的私人财富不受侵犯，这从制度上承认并放大了财富不平等[③]。由此可以看出，私有制和以此为基础的制度正是造成不平等和

① 郑秉文，于环．拉丁美洲“增长性贫困”检验及其应对措施与绩效[J]．经济社会体制比较，2018(4)．

② 燕继荣．反贫困与国家治理——中国脱贫攻坚的创新意义[J]．管理世界，2020(4)．

③ 恩格斯在《家庭、私有制与国家起源》一书中也有相似的论述，生产力发展和社会分工出现导致了私有制的产生，国家是镇压和剥削被压迫阶级的新手段。

贫困的根源。

（一）资本主义私有制是贫困发生的制度根源

马克思和恩格斯将贫困产生的根源与生产资料所有制和现实的社会制度联系起来，发现生产资料的资本主义私有制是造成无产阶级贫困的根源。正如恩格斯所言，“工人阶级处境悲惨的原因不应当到这些小的弊病中去寻找，而应当到资本主义制度本身中去寻找”[①]。在私有制下，资本主义的发展过程就是劳动者与劳动条件相分离的过程，无产阶级丧失了生产资料所有权而一无所有，要去获得生存资料就不得不出卖劳动力，资本家以工资形式支付给工人的仅仅是必要劳动所创造的价值或相当于劳动力的价值，而剩余部分的价值则被资本家无偿占有，工人不断为资本家生产财富和剩余价值，同时不断为自己制造贫困。随着科学技术的进步，机器与分工延长了相对剩余劳动时间，资本主义生产对雇佣工人的剥削进一步扩大，事实上降低了无产阶级雇佣工人的工资水平，造成无产阶级雇佣工人贫困状况不断恶化。由于国家的本质是维护统治阶级实现统治的工具，资本主义国家无法消除贫困问题，因为它无法从根源上改变国家作为资产阶级服务的工具本质。

（二）自由主义市场经济体制加剧了收入不平等

资本主义从发展之初就宣扬自由放任的市场经济，“看不见的手”能够引导和调节资源的优化配置。在自由主义的观念下，人们拥有获得不平等结果的权利，恰恰是不平等的结果激励各种要素参与市场竞争，努力提高生产率以获得丰厚回报[②]。不平等是市场竞争、优胜劣汰的自然结果，政府对收入不平等干预和管控是值得商榷的。市场经济机制在一定条件下，会推动整体收入水平的提高，却无法自动纠正因起点不平等而

① 马克思，恩格斯．马克思恩格斯文集：第1卷[M]．北京：人民出版社，2009：368.
② 陶涛．美国贫富分化形势、根源与走向[J]．人民论坛，2021(35).

带来的结果不平等。如果政府通过税收、社保、转移支付等方式调节收入不平等的干预措施受到质疑和限制，贫富差距扩大和增长停滞就会成为必然现象。大量实践证明，单纯依靠自由主义经济增长的减贫策略很难发挥减贫效应，追求利益最大化的市场机制不会自动惠及日渐分散、边缘化的贫困群体，不确定的市场条件反而会给脆弱的贫困群体带来诸多风险，将贫困群体排除在市场交易和经济增长的红利之外。在经济增长的过程中，收入分配不平等程度往往还会进一步提高，这意味着从经济增长中获益的只能是少数人，多数人会为此付出代价，最终出现两极分化和阶层固化。经济学家皮凯蒂通过长周期的历史数据分析发现，由于资本收益率大于经济增长率（r＞g），放任自由的市场经济天生具有一种使财富和收入分配的不均等程度不断加剧且无限持续的趋势。欧美国家近300年的数据表明，资本收益率维持在每年4%~5%，国民收入增长率维持在每年1%~2%，富人的财富和收入增长比典型靠劳动获得收入者快得多[①]。

（三）贫困人口自主参与发展权的缺失强化了权利不平等

由于大部分的经济发展成果被资本所有者占有，代表资本的利益集团形成并不断巩固，进而在政策制定上做出有利于资本的制度安排。制度具有资源分配功能，在历史制度主义的理论中，制度是不平等的政治集团之间斗争的产品，给予不同集团接近决策过程的机会大小是不一样的。倾斜的政治经济制度会造成市场竞争中机会的不平等，而经济不平等和贫富分化是机会不平等下扭曲的市场竞争的结果。这种不公正的政治经济制度，可以视为一种社会排斥，使得弱势群体自主参与发展的权利不断弱化甚至完全被剥夺，沦为社会发展边缘群体。与此同时，文化也是一种放大不平等的作用机制，穷人独特的生活和集体互动方式使他

① 托马斯·皮凯蒂．21世纪资本论[M]．北京：中信出版社，2014．

们与社会生活中其他人相对隔离，进而产生出一种脱离社会主流文化的贫困亚文化，穷人对其边缘地位逐渐适应，从而难以依靠自己的力量摆脱贫困。

不合理的产权、福利等正规性制度与文化、风俗、习惯等非正规性制度相交织形成系统性制度贫困，进一步侵蚀了贫困群体自主参与经济和社会发展，共享国家现代化减贫溢出效应的基本发展权利，使其陷入多维因果累积循环的贫困陷阱。发展权剥夺和缺失，成为掩盖在贫困治理市场失灵和经济贫困表征下的深层次问题。

三、贫困治理的制度挑战

私有制及其政治经济制度是造成不平等和贫困的根源，当前全球贫困治理出现的负向涓滴效应、经济增长停滞、精英俘获等困境，正是由其无法解决的制度症结所致。一国的政治经济制度，会影响到贫困治理在国家治理中的定位、贫困治理资源的供给能力、治贫政策的实施效果和路径选择。

（一）发展为了资本的政治经济制度，不可避免地强化贫困的产生，弱化贫困治理效用

制度在本质上体现了制度设计者的观念、利益和权力分配意图，“发展为了资本”和“发展为了人民”是两种截然不同的制度设计和发展道路。前者从私有制出发，根本上是沿着自下而上的负向涓滴路径，最终导致贫富差距两极分化；后者从公有制出发，沿着自上而下的正向涓滴路径，最终趋向共同富裕。由于资本的“趋利”动机，“发展为了资本”的经济制度首要考虑的是如何让资本可以追逐更多利润，服务资本的经济制度安排会促使资本在国民收入分配中攫取更大部分，贫困人口得到的涓滴只能是少部分，贫富差距不可避免地扩大。

在“发展为了资本”制度设计下，治理贫困主要基于缓和社会矛盾能

给资本带来更多收益的考量。因此，采取这种制度设计的权力阶层把减贫视作增长的附属物，夸大市场经济增长消除贫困的“涓滴效应”，将贫困治理视为经济发展在民生领域的子议题，缓解贫困成为安抚选民、赢得选举的功利手段。为了充分保障资本的收益，在生产环节向生产效率较高的发达地区集中，一次分配向资本所有者倾斜，少数人财富积累，资本集中趋势明显，贫富差距不断扩大。贫困治理实践多限定在社会保障和公益慈善等二次分配和三次分配环节。此外，发展为了资本而非人民，意味着不会追求“每一个人的全面自由发展”，只是将贫困治理的目标局限为一个概率（贫困发生率）问题。

（二）新自由主义为代表的“弱政府”制度，削弱了贫困治理资源动员和配置的能力

西方经济学将政府与市场看作平行而对立、非此即彼的关系[①]。因而在一轮又一轮的经济危机和金融危机面前，经济制度总是在“干预—自由化—干预”中反复切换，无法保持长期稳定；即使在干预阶段，其程度仍然是有限的。贫困治理领域同样如此，在新自由主义的影响下，“弱政府”的政治经济制度难以动员各类社会力量对落后地区长期有效地倾斜资源，也就难以从根本上发展贫困地区的产业，改善贫困地区的基础设施。政府无法扮演“发展者”，只能作为“守夜人”，将贫困治理局限于社会保障这类短期见效快的事后干预制度。

由于市场经济天然的逐利性，若在资源配置和收入分配机制上缺乏强有力的政府干预和政策调控，自由市场机制在理性制度选择驱使下并不会将生产要素向贫困地区充分配置，反而会诱导落后地区的可流动优质资源流向报酬率相对较高的发达地区，不仅会导致贫困地区难以分享社会发展的成果，还会加剧资源和收入结构恶化。

① 裴长洪，倪江飞．党领导经济工作的政治经济学[J]．经济学动态，2021(4)：3-14．

（三）利益集团在制度的制定、变迁和实施中扮演重要角色，导致贫困政策碎片化、割裂化且难以长期有效实施

贫困复杂性、多维性和长期性的基本特征，决定了贫困治理很难仅仅依靠政府或市场单一主体，而是需要政府、市场、社会组织、贫困人口等多方主体的共同努力。然而受利益集团的影响，多元主体在参与贫困治理的执行和实施过程中极易产生相互利益博弈，造成贫困治理议而不决、治理合作较为松散和不稳定等现象。在贫困问题较为严重的国家，减贫行动更易受到政局不稳定、党派之争等众多因素的干扰，贫困治理效能得不到充分发挥。

贫困的多维性也决定了治理贫困目标的多元化，因此需要系统化的治理网络结构和治理运行机制，即在反贫困多元目标体系的指引下，形成规范、便捷、高效的集成性治理系统。然而受利益集团的影响，贫困治理制度碎片化、资源分散化等现象时常发生，很大程度上约束了贫困治理集体行动能力发挥，致使贫困治理效率较低。

（四）强调托底式的福利制度，不足以给贫困人口提供一条现代化发展的路径

贫困人口长期游离在社会现代化之外，处于边缘地区和边缘地位，摆脱贫困的主观能动性和自我发展能力严重不足。西方国家普遍采用托底式的社会福利制度，重在针对收入低下和实际生活的具体困难给予帮助，而不是解决发展权利和能力分配不公的问题，这无法从根本上消除贫困的产生，也导致了扶贫政策供给与贫困人口需求不匹配，扶贫对象短期内摆脱贫困，但长期仍无独立脱贫能力且容易导致福利依赖等问题。

在实践中，社会保障和人力资本的资源投入往往有限，达不到破除贫困陷阱的门槛。福利分配制度实质上是国家实施社会控制的一种手段，由于政治精英面临来自底层社会的挑战，社会福利能够抑制关键群体给执政集团带来的潜在威胁，提高政治合法性，帮助政治精英稳定和

扩大选民基础。因此，一些国家政府常常利用福利政策迎合那些能够为选举作出更大贡献的中产阶级，而不是那些分散的、缺少资源的底层人口[①]。仅靠这种社会保障制度，不足以赋予贫困人口足够的发展能力，让贫困群体跳离贫困陷阱和摆脱边缘化，共享发展的成果。

第二节 中国贫困治理的制度优势

在制度因素的制约下，全球贫困治理存在涓滴效应失灵、投入不足和贫困脆弱性等问题，贫富差距难以缓和，深度贫困人口难以脱贫。特别是近年来在新冠病毒疫情的冲击下，全球贫困人口下降趋势出现了逆转。反观中国的贫困治理，成就举世瞩目：现行标准下农村贫困人口全部脱贫，贫困县全部摘帽，区域性整体贫困问题得到解决，完成了消除绝对贫困的艰巨任务。中国的贫困治理实践，有力地证明了中国的制度优势[②]。

制度是一系列规范人们行为的规则，由国家规定的正式规则、社会认可的非正式规则以及实施机制所构成。在贫困治理的实践中，一国的制度优势体现为能够部分或者全部地克服贫困治理中的制度挑战，消除贫困的制度根源，并且不会造成新的问题。对应前文分析的贫困治理中四个方面的制度挑战，有四个问题亟待回答：制度会产生什么样治理目标？制度能否提供充足的治理资源？制度能否确保治理主体和措施协调完备？制度能否真正且高效地解决需要治理的问题？

中国贫困治理的制度优势，可以从“制度目标—制度基础—制度体

① 谢岳．中国贫困治理的政治逻辑——兼论对西方福利国家理论的超越[J]．中国社会科学，2020(10)：4-26.

② 党的十九届四中全会对中国70年来所形成和运行的国家制度和国家治理体系做出了全面总结，会议系统阐述了中国国家制度和国家治理体系中坚持党的集中统一领导，坚持党的科学理论，保持政治稳定，确保国家始终沿着社会主义方向前进的显著优势等共计13个方面的显著优势。

系—制度实施”四个方面进行解构。（1）在制度目标方面，中国共产党秉持以人民为中心的发展理念，将消除贫困上升为国家意志，作为国家治理的优先议程，以消除贫困统揽经济社会发展全局。（2）在制度基础方面，社会主义公有制可以充分发挥国有经济、集体经济以及混合所有制经济中的国有成分和集体成分在贫困治理中的作用，打破了政府和市场的二元对立，高效地向贫困地区“逆向”配置治理资源。（3）在制度体系方面，现代化的治理体系破除了利益集团消极影响，打破制度路径依赖，推动制度及时变迁，从而科学和高效的制定贫困治理政策，解决治理政策治理多元主体协调问题，实现系统化施策，构建了一条贫困人口融入现代化国家的路径。（4）在制度实施方面，国家治理和基层治理能力现代化建设重塑了贫困地区的社会结构，贫困治理的供给与需求之间得以成功对接。

一、制度目标优势：党的领导将减贫目标上升为国家意志

制度通过一系列正式规则和非正式规则来约束或引导经济社会参与者的行为，一国制度反映了社会群体对于贫困治理的价值判断，决定了治理行为的动机和目标。究竟是为了实现人的全面自由发展，真正地从根本上消灭贫困，还是为了缓和贫困激发的社会矛盾，保障少部分人不断获取更大的利益，这两种治理目标是截然不同的。毋庸置疑，以前者为目标，更有可能消灭贫困。如果一国的制度把前者作为目标，这一制度也就更具优势。除了目标本身的优势外，制度目标优势还体现为在制度运行中能否更高效地形成一致的目标，以及实施目标所必要的组织保障和政策体系。

在中国特色社会主义制度体系中，党的集中统一领导制度和全面领导制度是我们党和国家的根本领导制度。“办好中国的事情，关键在党。中国特色社会主义最本质的特征是中国共产党领导，中国特色社

会主义制度的最大优势是中国共产党领导。坚持和完善党的领导，是党和国家的根本所在、命脉所在，是全国各族人民的利益所在、幸福所在”[①]。党的领导制度不仅确保了将发展为了人民作为根本遵循，而且还实现了党的贫困治理主张成为国家意志，以贫困治理统揽经济社会发展全局，为贫困治理提供组织和政策等方面的坚强保障。

（一）党的人民立场确保减贫始终是党治国理政的前置议题

“发展为了人民，这是马克思主义政治经济学的根本立场”[②]。马克思主义政治经济学从产生的那一刻开始，就始终站在以工人阶级为代表的人民群众立场上，反对资本主义剥削制度。马克思主义政治经济学与其他经济学的最大区别在于，其核心立场是以人民为中心，维护人民群众的根本利益，实现每一个人的自由和全面发展。

中国共产党因其马克思主义政党的性质，秉持以人民为中心的发展理念，坚持发展为了人民、发展依靠人民、发展成果由人民共享。从诞生之日起，中国共产党就把“为中国人民谋幸福、为中华民族谋复兴”作为初心使命，谋取的是“绝大多数人的利益”，“除了工人阶级和最广大人民群众的利益，没有自己特殊的利益”，也“从来不代表任何利益集团、任何权势团体、任何特权阶层的利益”，把人民对美好生活的向往作为始终不渝的奋斗目标。无论是新中国成立前的“打土豪分田地”，新中国成立后消灭资本主义剥削制度，改革开放后发展社会主义生产力，还是党的十八大以来的“精准扶贫”实践，中国共产党百年来的贫困治理实践都体现出了中国共产党始终坚持以人民为中心这个马克思主义政治经济学的根本立场。

在党的领导根本制度和党的人民立场下，“发展为了人民”成为中

① 习近平. 论坚持党对一切工作的领导[M]. 北京：中央文献出版社，2019.
② 习近平. 论坚持全面深化改革[M]. 北京：中央文献出版社，2018.

国一切制度设计的根本目标，消除贫困、实现人的自由和全面发展也成为贫困治理的最终目标。反观“发展为了资本”的制度目标，制度设计是为了保护资本的自由逐利；平等和再分配不仅未被视为促进经济稳定增长的重要因素，反而被视为追求利润最大化的严重障碍，不平等则是经济奇迹必然伴随的客观特征；夸大消除贫困的“涓滴效应”，穷人可以“从整体经济增长或者使富人受益的政策中受益”[①]。与“发展为了资本”相比，党的领导制度形成了“发展为了人民”的制度优势，体现在以下三个方面。

首先，贫困治理成为国家治理的优先议题。公共问题能否进入政策议程，决定着它能否优先获得解决问题所需要的政治、组织和社会资源。贫困治理能够在中国执政党的注意力分配中获得优先关注并长期被纳入国家治理的重要议程，绝非“发展为了资本”制度下一种回应选民的选举口号。

其次，贫困治理具有最广泛的覆盖范围。贫困治理不是一个概率问题，只要减少贫困发生率即可，而是要消灭贫困，实现每一个人的自由全面发展，正如习近平总书记所言“全面建成小康社会，一个也不能少；共同富裕路上，一个也不能掉队。”

最后，“发展为了人民”的优势还体现在贫困标准的不断提高，而非缓和矛盾的阶段性任务。从解决温饱问题，到实现“两不愁三保障”，再到治理相对贫困，贫困的标准持续提高，体现出随着生产力的发展，不断提高的物质文化需要和美好生活需要。

中国共产党的百年历史就是一部带领人民摆脱贫困的贫困治理史。在革命时期，中国共产党就把农民翻身解放作为革命的基本问题，领导

① 盖凯成，周永昇．所有制、涓滴效应与共享发展：一个政治经济学分析[J]．政治经济学评论，2020(6)：95-115.

人民进行土地革命、实行“耕者有其田”。新中国成立以后，在全国开展轰轰烈烈的土地改革，对农业、手工业和资本主义工商业进行社会主义改造，消灭私有制，建立社会主义公有制，废除了延续2000多年的封建土地制度，消除了造成农民贫困的主要制度因素，为从根本上解决贫困问题提供了最基本的制度保证。改革开放以后，党领导下的减贫治理加快推进，实施了一系列农业农村重大改革，理顺了农村最基本的生产关系，调动了农民生产积极性。进入开发式扶贫阶段以后，致力于整体性地提升贫困社区和贫困人口的发展能力，把中西部地区作为扶贫工作重点区域，大力推进产业扶贫，加快脱贫致富，改善生态环境，提高发展能力，不断缩小发展差距。取消农业税，建立新型农村合作医疗等一系列农村社会保障制度。进入精准扶贫阶段，准确识别贫困人口，因人施策、因致贫原因施策，出台一系列超常规举措，成功打赢脱贫攻坚战，彻底解决绝对贫困问题，全面实现“两不愁三保障”目标，极大地提高了人民群众的幸福感、获得感和安全感。

（二）党的集中统一领导引领脱贫攻坚的共同意志和统一行动

党始终将扶贫工作纳入国家经济社会发展的重要目标和重点任务之中，制定不同阶段的行动纲领，使扶贫成为党集中统一领导下有目标有规划的统一行动。1986年国务院扶贫开发领导小组正式成立，成为专门的议事协调机构，有组织地推进开发式扶贫战略。1994年，组织实施了“八七扶贫攻坚计划”，这是新中国历史上第一个有明确目标、明确对象、明确措施和明确期限的全国扶贫开发工作纲领。2001年颁布了《中国农村扶贫开发纲要（2001—2010年）》。2011年，中共中央召开扶贫开发工作会议，中共中央、国务院印发《中国农村扶贫开发纲要（2011—2020年）》。党的十八大以来，以习近平同志为核心的党中央把脱贫攻坚工作纳入“五位一体”总体布局和“四个全面”战略布局，提升到事关全面建成小康社会、实现第一个百年奋斗目标的新高度进行安排部署。2015年11月，《中共中央　国务院关于打赢脱贫攻坚战的决定》

正式发布，把脱贫攻坚作为“十三五”期间头等大事和第一民生工程来抓。“十三五”规划首次把脱贫攻坚作为五年规划纲要的重要内容，把贫困人口脱贫作为五年规划的约束性指标。党的十九大进一步把精准脱贫作为决胜全面建成小康社会必须打好的三大攻坚战之一，把解决贫困摆在最突出最优先的位置。到2020年末，现行标准下农村贫困人口全部脱贫，贫困县全部摘帽，解决了区域性整体贫困问题，脱贫攻坚取得决定性胜利。

党充分发挥“总揽全局”“协调各方”的作用，建立健全扶贫工作领导体制和决策议事协调机制，有效协调各方利益主体形成最大范围的共识，减少利益集团的博弈和对抗，推动跨部门协同与联动，确保全国一盘棋。充分发挥党的组织优势，将脱贫攻坚意志从中央向下延伸至村庄，从党政部门向外拓展到企事业单位和社会组织，使扶贫成为各级政府、各部门、各单位的重要工作内容，成为社会各界广泛关注和参与的国家大事。

党的集中统一领导有力推动扶贫责任层层传导、层层落实。22个省区市党政“一把手”向中央签署《脱贫攻坚责任书》，并层层立下军令状，建立起脱贫攻坚党政“一把手”负责制，形成了中央统筹、省负总责、市县抓落实的上下联动、层层落实的责任体制。党中央加大政策、资金投入，强化监督，发挥总揽全局、协调各方的作用；中西部各省结合省情，因地制宜，制定适合本省脱贫攻坚工作的实施方案，促进工作落地；市县从市情、县情出发，结合贫困地区、贫困村、贫困群众的实际情况，推动脱贫攻坚各项政策落地生根；贫困村扶贫干部坚持扎根基层，逐贫困人口分析致贫原因，采取有针对性的扶贫方案，尊重扶贫对象主体地位，支持贫困群众探索创新扶贫方式方法。

习近平总书记指出，“我们在脱贫攻坚领域取得了前所未有的成就，彰显了中国共产党领导和我国社会主义制度的政治优势”。始终坚持党的领导，秉持“发展为了人民”，将消除贫困上升为国家意志，彰显了中国贫困治理的制度目标优势。

二、制度基础优势：社会主义公有制有效动员和配置治理资源

中国社会主义初级阶段的基本经济制度包括社会主义公有制为主体、多种所有制经济共同发展，按劳分配为主体、多种分配方式并存，社会主义市场经济体制。公有制是国家引导、推动经济和社会发展的基本力量，是实现最广大人民群众根本利益的重要保证。国有经济更好发挥社会主义制度优越性，调动配置贫困治理资源。分配制度追求共同富裕，成为消灭两极分化的根本制度保障。社会主义市场经济体制提高了贫困治理资源的配置效率。三者实现了经济增长与消除贫困有机统一。

（一）公有制是实现共同富裕的制度基础

公有制及以其为基础的按劳分配制度，各种所有制经济在要素上平等使用、市场上平等竞争和法律上平等保护，保障经济利益在社会各阶层间合理分享和平等受益，成为消灭两极分化的制度基础。中国历史上，在农村土地私有制下，弱小的农户无力抵御豪强对土地的兼并，中国农村土地周而复始地被兼并、均田、再兼并、再均田①。在资本主义市场经济下，由于生产资料私有制，持有较多生产资料的主体，处于市场竞争中的优势地位，在优胜劣汰中更易胜利，在收入分配中攫取绝大部分利润。如在拉美国家等不完善的市场体系中，市场机制失灵和市场秩序紊乱往往使得低收入者根本无法公平地参与和获取增长利益。在欧美国家等发达的市场体系中，市场机制天然的“汰劣奖优”属性以及资本积累的规模效应和财富集聚效应也“并不必然带来公平的收入分配”。

① 陈锡文，罗丹，张征．中国农村改革40年[M]．北京：人民出版社，2018.

社会主义公有制的经济基础决定了共同富裕的观念上层建筑，以社会主义公有制为基础建立起的经济制度和贫困治理政策体系，以共同富裕为方向。“社会主义与资本主义不同的地方就是共同富裕，而不是两极分化”[①]。消灭剥削，消除两极分化，最终实现共同富裕是马克思主义追求的一个基本目标，是社会主义的一个本质特征，也是社会主义优越性的突出体现。共同富裕以社会主义本质和根本原则的性质展示了中国特色社会主义贫困治理国家意志的明确定位，将共同富裕作为社会主义贫困治理追求的最终目标列入社会主义本质之中，不仅使社会主义贫困治理同资本主义贫困治理划清了界限，也使科学社会主义贫困治理同形形色色的非科学社会主义贫困治理划清了界限。实现经济社会发展红利为全人类共享，实现共同富裕，是社会主义本质要求，也是中国特色社会主义贫困治理的根本目的。

社会主义公有制经济在国民经济中的主体地位保证了贫困治理可以充分调动各方资源，“逆向”流向贫困地区，推动贫困地区的产业发展和基础设施建设。国有经济在银行、能源、交通、通信等重要关键行业领域占支配地位，控制国民经济命脉，能充分利用其在重要稀缺资源的核心竞争力和绝对控制力带动和帮助贫困区域及贫困群体发展。此外，国有企业勇于担负和履行贫困治理的企业社会责任，实施定点扶贫、东西部扶贫协作、驻村帮扶、消费扶贫和社会捐赠，在贫困治理中起到引领示范作用。

农村土地农民集体所有是发挥公有制优势的另一重路径。社会主义改造，铲除了封建土地租佃关系，保证广大农民平等享有土地这一关键的生产资料，为消除贫困奠定了坚实基础。为了理顺农村生产关系，调动农民生产积极性，改革开放以来，逐步形成以家庭承包经营为基础、

① 邓小平．建设有中国特色的社会主义（增订本）[M]．北京：人民出版社，1987.

统分结合的双层经营体制，农业生产迅速扭转了长期徘徊不前的局面。近年来，不断创新集体经济和农民个体分享增值收益、资产收益和股权收益的机制，帮助农民增收致富。农村长期保持稳定、广大农民在城乡间可进可退，使得相对弱势的农民群体在应对经济社会发展风险挑战中具有回旋的余地，在一定程度上避免了城市贫民窟问题。

私有制下的资本主义剥削制度是贫困发生的制度根源，但是在生产力水平较低时消灭私有制，即使实现了公有制也并不能消除贫穷。在马克思、恩格斯所处的时代，造成工人阶级普遍贫困的根源在于资本主义剥削制度，无论是机器的改良，还是工资的提高、世界市场的开辟都不能从根本上消除贫困，只能在一定程度上缓解。在消灭资本主义剥削制度以后，新中国过分强调平均主义，生产力难以快速发展，依然面临大范围的赤贫状态。因此，消除贫困不能简单等同于消灭私有制和剥削制度，社会主义市场经济提供了解决思路。

（二）社会主义市场经济高效配置治贫资源

公有制及以其为基础的分配制度可以最大限度地动员贫困治理资源，但是政府主导下的治贫资源配置要能保证效率，实现经济增长与消除贫困有机统一，则离不开市场机制的参与。如何正确处理政府与市场的关系，是一个世界性难题，也是社会主义市场经济的重要贡献。西方经济学和西方政府在理论和实践上都未能解决这个难题，凯恩斯主义和古典学派围绕政府要不要干预经济展开了激烈的争论，尽管两大学派在政府与市场之间关系上的观点对立，但是它们探讨二者之间关系的基本哲学观都是二元论，即将政府与市场看作平行而对立、非此即彼的关系[①]。这也导致了西方经济在一轮又一轮的经济危机和金融危机的面前，不断地在“干预—自由化—干预”中反复切换，但始终难以突破。

① 裴长洪，倪江飞．党领导经济工作的政治经济学[J]．经济学动态，2021(4)：3-14．

中国特色社会主义市场经济体制打破了政府和市场的二元对立，将有为政府与有效市场有机结合，“充分发挥市场在资源配置中的决定性作用，更好发挥政府作用，推动有效市场和有为政府更好结合”[①]。在社会主义市场经济体制下，政府发挥的作用，不再是在二元对立视角下，政府对市场失灵干预收益与政府失灵成本之间的权衡取舍，而是把市场作为经济中包括政府在内的不同行为者之间相互作用的结果，在一定条件下，政府可以发挥发展的引导者、风险的承担者和市场的创造者的作用。因此，在中国的贫困治理实践中，政府作为主导先行配置扶贫资源，引导资源向贫困地区“逆向”流动，为市场在资源配置中发挥作用创造条件，实现发展与贫困治理相结合。

政府主导先行配置扶贫资源，可以有效解决贫困治理的市场失灵问题。如果摒弃了经济学各种理想的假设条件，考虑到经济发展不平衡、资源流动性存在差异、资源结构失衡的真实情况，单一资源追逐自身利益的流动方式既不能导致全局的资源配置效率，更不能缓解区域性贫困。由于资本和各种资源的趋利本性，私有制基础上的市场经济缺乏动员资源逆向流动的动机，私人慈善机构能力有限，政府无力也无心推动资源的逆向流动。政府应当承担起生产性投资和创新活动中的不确定性和高风险，起到塑造和创造新市场的作用[②]。中国政府则发挥主导作用，承担贫困地区发展的不确定性，先行向贫困地区配置资金、人才、技术、发展机遇等治贫资源，逐步引入和培育市场主体，实现贫困地区跨越式的发展。以资金为例，政府调拨财政专项扶贫资金，跨省财政援助和结对帮扶资金流向贫困地区，汇聚扶贫信贷资金、企业投资资金、公益扶贫资金，发展贫困地区产业，完善基础设施，增强了贫困地区的内

① 引自中国共产党第十九届中央委员会第五次全体会议公报。

② 马祖卡托. 创新型政府：构建公共与私人部门共生共赢的关系[M]. 北京：中信出版集团，2019.

生发展能力[①]。

社会主义市场经济可以充分发挥市场在贫困治理中的资源配置作用。由于发展是解决贫困问题的基础和关键，贫困国家要从根本上改变贫穷落后的面貌，一定要大力发展生产力、发展经济，为消除贫困奠定强大的物质基础。中国在贫困治理过程中，始终把发展作为执政兴国的第一要务，集中精力搞建设、谋发展，充分发挥市场在贫困治理中的资源配置作用，在社会主义市场经济条件下推动经济增长与消除贫困有机统一。积极引导贫困地区发展经济，引导市场开发能力强的主体进入具有资源开发潜力的地区和产业，促进贫困人口收入的持续增加，以经济持续稳定快速增长、经济总量不断跃升、综合实力显著提高推动贫困治理，形成减贫强大的带动效应。

政府主导的资源“逆向流动”不是对市场机制的扭曲，而是矫正。贫困地区具备后发优势，存在市场体系不完善、产权保护不足等内生性扭曲，发展路径出现结构性变动、发展前景不确定性过多等，政府可以扮演经济活动的指引者、协调者、激励者、推进者等多重角色[②]。政府主导扶贫不等于无视市场经济规律，更不等于与市场经济规律对着干，而是真正帮助贫困地区的土地、劳动力等生产要素由自然经济模式的低效利用，转变为市场经济模式的高效利用，并且充分发挥贫困群众主体作用和“企业家精神”，激发培育贫困群众内生动力，增强参与发展、共享发展、自主发展的能力。

---

① 党的十八大以来，中央、省、市县财政专项扶贫资金累计投入近1.6万亿元，其中中央财政累计投入6601亿元。打响脱贫攻坚战以来，土地增减挂指标跨省域调剂和省域内流转资金4400多亿元，扶贫小额信贷累计发放7100多亿元，扶贫再贷款累计发放6688亿元，金融精准扶贫贷款发放9.2万亿元，东部9省市共向扶贫协作地区投入财政援助和社会帮扶资金1005多亿元，东部地区企业赴扶贫协作地区累计投资1万多亿元。

② 张晓晶，李成，李育．扭曲、赶超与可持续增长——对政府与市场关系的重新审视[J]．经济研究，2018(1)．

以社会主义公有制为制度基础，形成的经济制度和贫困治理政策体系，坚持将共同富裕作为发展方向，调节和矫正经济利益分配，广泛动员国有经济和市场经济力量，充分发挥政府与市场作用，向贫困地区“逆向”配置资金、技术、劳动力和基础设施等的治理资源和发展要素，培育贫困地区内在可持续发展的能力。

三、制度体系优势：系统治理助推贫困人口融入现代化

“制度构造了人们在政治、社会或经济领域里交换的激励，是一些人为设计的、型塑人们互动关系的约束”①。一项制度会影响社会经济参与者的行为选择，一系列制度形成的治理体系对参与者行为产生复杂的影响结果，可能会相互冲突抵消，也可能会相互协调促进。制度体系的优势体现在制度（或政策）之间全面性、系统性、配套性、协调性，在制度目标的方向上形成合力。

贫困的多维性决定了贫困治理主体和治理手段的多元化，这对贫困治理所需的制度体系提出了更高的要求。在脱贫攻坚实践中，建立了中国特色脱贫攻坚制度体系，加强党对脱贫攻坚工作的全面领导，建立各负其责、各司其职的责任体系，精准识别、精准脱贫的工作体系，上下联动、统一协调的政策体系，保障资金、强化人力的投入体系，因地制宜、因村因户因人施策的帮扶体系，广泛参与、合力攻坚的社会动员体系，多渠道全方位的监督体系和最严格的考核评估体系②。实践证明，在这一制度体系下，中国贫困治理摆脱了贫困政策碎片、割裂且难以长期有效实施的困境。

① 道格拉斯·诺斯．制度、制度变迁与经济绩效[M]．上海：格致出版社，2008.
② 中共中央党史和文献研究院．习近平扶贫论述摘编[M]．北京：中央文献出版社，2018.

（一）组织体系优势可以极大地汇聚系统治理合力

贫困地区发展条件差，贫困人口自我发展能力弱，消除贫困仅仅依靠个体、区域、民间等力量远远不够，全球贫困治理的实践中，通常缺乏顶层设计和战略规划，治理主体多元，治理手段离散，政策措施之间缺乏配合且不稳定。中国的贫困治理打破传统的各国政府、市场主体、社会组织等多元主体参与贫困治理的执行和实施过程中极易产生的相互利益博弈治理的路径依赖，不断推动国家治理体系和治理能力的现代化，将贫困问题和减贫工作及时、有效地纳入国家权力的运转体系并上升到国家层面的集体政治行动，以国家治理能力提升推动贫困人口融入现代化。

在纵向上，政策体系汇聚成的治理合力体现在充分调动中央和地方两个方面积极性。一方面，对于有效治理至关重要的关键信息，大都分散在地方情境，相对于中央政府而言，基层政府组织更易于掌握这些信息，因而将绝大部分扶贫项目的审批权限下放到县，由县级政府因地制宜整合使用，资源使用方式由多头分散转为统筹集中，有利于政策供给对于政策需求的“精准”匹配。另一方面，减贫治理涉及统筹协调各方主体，需要强有力的顶层设计整体谋划，有序推进。如果完全走向地方负责制，可能带来各自为政的战略失序、资源配置的区域失衡。中央掌握超常规扶贫战略的主导权，发挥宏观协调与资源集成配置功能，是克服资源错配、实现战略均衡的基础保障。

在横向上，中国运用好政府、市场与社会共同参与的扶贫格局，为脱贫攻坚凝聚巨大的合力。中国在贫困治理中积极动员、倡导和部署社会力量参与扶贫事业，动员国有企业、民营企业、民间组织等参与扶贫，充分发挥社会力量，构建专项扶贫、行业扶贫、社会扶贫互为补充的大扶贫格局。国家安排财政资金的“专项扶贫”，农业、水利、交通、住建、教育、卫生、社保、民政等行政部门依据职能承担相应扶贫任务的“行业扶贫”，企业、事业单位、社会组织、个人积极参与的“社会扶贫”，形成“三位一体”的扶贫开发格局，形成一个主体多元、社会协同、公众参与、东西部协作的“协同作战”体系，改变了过去依靠政府“单打独斗”的境况。以东西部扶贫协作和党政机关定点扶贫为例，全国17.68万个党政机关、企事业单位参加，帮扶覆盖全国12.8万个建档立卡贫困村；68家中央企业开展“百县万村”行动，全国工商联动员2.65万家民营企业开展“万企帮万村”行动。

（二）政策体系优势为贫困人口融入现代化提供了实现路径

刘易斯的二元经济结构理论从宏观层面很好地解释了中国经济发展的奇迹，发展中国家并存着传统自给自足的农业经济体系和城市现代工业体系两种不同的经济体系，农业剩余劳动力向高生产率的非农部门转移，推动了资本积累和经济的快速发展。由于资源禀赋、文化环境、社会距离等因素影响，仍有部分区域和人口游离在现代化发展体系之外。对于贫困地区和群体尤其是处于深度贫困的村庄和农民而言，现代化和市场经济所带来的不全是发展机遇和机会，客观上也会加剧其在可持续生计、发展机会和能力上的脆弱性，难以被市场经济吸纳，主观上会形成一种对全新发展理念和框架的不适感、无力感和被剥夺感，从而无法融入国家的现代化进程，难以抓住发展机遇，分享发展成果。这是贫困人口无法摆脱贫困的一个重要原因。因此，在微观层面，贫困治理的关键是在外力的帮助下，贫困人口获得发展机会和能力，以及现代的生产和生活条件，能够适应市场经济竞争，成功融入国家的现代化进程。

中国构建起了一整套的贫困治理的方法论体系，例如以“两不愁三保障”为标准，解决好“帮扶四问”，实施“五个一批”，做到“六个精准”，系统规划了贫困人口消除贫困路径，这一清晰路径减少了扶贫参与主体学习成本和决策成本，也提高了贫困人口发展能力和决策能力。

贫困人口融入现代化的路径既要具备多样性，满足贫困户致贫原因和实际情况差异带来的需求异质性，也要具备协同性，不同扶贫路径之间能够相互配合，提高贫困治理成果的稳定性。中国实施了“五个一批”，对于具备发展条件的区域或个人，选择“发展生产脱贫一批”的路径，一方面改善生产条件，通过政策、资金和技术扶持，帮助有劳动能力的贫困群体立足当地特色资源发展特色产业；另一方面培训产业技术，协助有劳动力的贫困人口异地就业。对于缺乏发展条件的区域，因地制宜选择“易地搬迁脱贫一批”“生态补偿一批”的路径，解决生产生活条件极差和生态环境脆弱导致的贫困问题。针对贫困人口教育、医疗等方面的大额支出，选择“发展教育脱贫一批”“社会保障兜底一批”的路径，解决了因病因学治贫返贫的问题，也改善了贫困地区的公共服务，阻碍了贫困人口的代际传递。“五个一批”充分考虑了贫困地区和贫困人口的不同情况，提供了一条摆脱贫困的路径，同时也织成了一张治理网，从外部环境、收入增长和支出保障三个维度形成合力。

帮助贫困人口融入现代化，还需要解决路径中对象瞄准、方案选择和实施成效等环节的问题。中国实施精准扶贫，就是要对扶贫对象实行精细化管理和精准化扶持，对扶贫资源实行精确化配置，确保扶贫资源真正用在扶贫对象身上、真正用在贫困地区[①]。在贫困人口融入现代化路径的关键环节上，提出了“六个精准”。在对象瞄准环节，要求“扶贫对象精准”“措施到户精准”，通过多维评估方法，识别出真正的贫困户和贫困人口，既防止识别疏漏又防止识别偏离，做到一户一策甚至一人一策精准对接，保障真正的贫困户和贫困人口得到精准帮扶，不出现精英俘获、“跑冒滴漏”现象。在方案选择环节，要求“项目安排精准”“资金使用精准”，扶贫资源需要精准对接贫困人口脱贫的多元化需要，针对性实施产业扶贫、就业脱贫、收益扶贫、搬迁脱贫、生态扶贫、教育扶贫、健康扶贫、兜底保障等多元化帮扶，解决“大水漫灌”和扶贫资金使用效率不高的难题。在实施成效环节，要求“因村派人精

① 十八大以来重要文献选编（下册）[M]. 北京：中央文献出版社，2018：58.

准”“脱贫成效精准”，大规模选派优秀干部驻村扶贫大大强化了精准扶贫的组织实施能力，建立脱贫成效精准的评估机制，提高精准扶贫治理成效，规避了履职不力、职责不清及资源浪费等现象。“六个精准”为新时代扶贫工作提供了方法论遵循，其实质是深入分析每一个帮扶对象陷入贫困的原因，制定有针对性的脱贫措施，针对不同的贫困户提出切合实际的扶贫举措，保障了贫困人口顺利步入现代化。

四、制度实施优势：基层治理保障了贫困治理的供需均衡

制度优势可以直观地体现在两个方面，“一是制度供给，二是制度执行，制度供给反映的是规则是否存在以及规则是否合理完善，制度执行反映的是规则实施的状况”[①]。制度体系不仅涵盖了规则和政策供给是否合理，是否完善，更强调了政策规则之间是否协调，是否完备。一系列正式规则和非正式规则构成的制度整体，在实施过程中需要回答两个问题，即制度执行的成本如何，制度实施的效果如何。

贫困人口处于国家治理体系的边缘地带，贫困原因的复杂性导致单一的解决方案无法取得实质效果。边缘地带是指位于国家治理体系末端，自上而下的国家治理行为实施成本高效率低。复杂性在于贫困地区、贫困人口的致贫因素和潜在资源禀赋存在差异。因此在实践层面，提高国家基层治理能力，是增强减贫干预对具体情境的适用性，避免政策资源错配，提升干预成效的关键所在。当然，贫困治理制度实施的场景并不局限于乡村或者基层，但这“最后一公里”无疑是制度实施中最重要的一环。

① 燕继荣．制度、政策与效能：国家治理探源——兼论中国制度优势及效能转化[J]．政治学研究，2020(2)：2-13，124.

（一）基层治理是实现贫困治理的关键所在

贫困治理的实质是国家资源下乡，必须要保证国家资源的安全有效性。与许多国家大量依靠非政府组织和国际援助扶贫不同，中国在精准减贫中依靠各级行政人员持续在一线参与贫困治理与乡村发展，成为“国家治理”与“乡村自治”之间的纽带，上传下达，实现国家资源落地。

加强基层党建，将基层党组织作为脱贫攻坚的战斗堡垒。为有效提高基层贫困治理能力，发挥基层党组织推动贫困人口融入现代化的带动作用，中国一方面积极精准选派贫困村党组织第一书记、驻村工作队作为国家贫困治理向基层治理嵌入的代理人，发挥其人力资本、所在部门行业资源乃至个人社会关系网络等社会资本比较优势，整合和利用好各级扶贫资金和社会群体捐赠，盘活贫困村内原有的人、财、物和自然资源，实现贫困村“资本—资源”内外联动，推动贫困人口融入现代化；另一方面积极把农村致富能手、退役军人、外出务工经商返乡人员、农民合作社负责人、大学生村官、优秀党员等具有奉献精神、吃苦耐劳、勇于创新的群体选配到村党组织、集体经济组织等岗位上，不断增强基层贫困治理战斗力、凝聚力和号召力，带动贫困人口融入现代化。

激发和提高贫困群体参与贫困治理、融入现代化的能动性。通过“智”“志”双扶等多元化方式提升贫困群体自身发展能力，有效减少贫困群体因内生发展动力不足而返贫的现象发生，推动贫困群众共享经济社会现代化发展的减贫溢出效应，打破贫困治理“福利依赖”。同时，中国在贫困治理过程中十分注重发挥基层贫困治理、产业帮扶的带动作用，“依托农民夜校、新时代讲习所等，加强教育培训，提升贫困群众发展生产和务工经商的基本技能”①，积极推进职业农民、家庭农场、农民

① 国务院新闻办公室．白皮书：人类减贫的中国实践[R]．2021．

合作社等新型经营主体的培育和质量提升计划，以贫困群体自身发展能力提升保障贫困群体平等参与发展的权利。

有效的基层治理可以避免精英俘获和“手榴弹炸跳蚤”等问题，提高贫困治理资源的利用效率。基层治理能力提高，可以将解决问题的精度由“厘米”“毫米”提高到“纳米”，使得贫困治理的瞄准对象由县到村最终到户，确保精确识别贫困发生的恶性循环陷阱或其内生的循环反馈机制，找到打破其恶性循环陷阱的突破口，实现“大水漫灌”向“精准滴灌”转变。

（二）基层治理有助于实现贫困治理的供需均衡

贫困地区和人口缺乏足够的发展机会和相应的发展能力，无法融入国家的现代化进程，陷入了“贫困陷阱”。在个体层面，贫困人口缺乏发展必备的生产要素和主观意愿，适应市场的能力和参与市场的机会不足，只能停留在传统的农业生产，无法适应市场竞争。在区域层面，贫困区域的资本、技术匮乏，基础设施、公共服务和市场机制的不健全，导致该区域产业发展的机会和市场竞争的能力不足。

从需求侧看，贫困治理就是贫困人口和贫困地区需要解决上述各种问题，以获得发展的能力和机会，参与市场竞争，融入现代化进程。从供给侧看，政府主导的贫困治理就是向贫困人口和区域倾斜资金、技术等生产要素，提供产业发展项目和就业机会，以及改善基础设施和公共服务，让其获得足够的发展机会和能力。

理想的贫困治理就是发展能力和机会的需求和供给达到均衡。但是在实际中，政府主导下向贫困人口供给的发展机会和能力，既可能出现供给的不足或过量，也可能出现无法适应市场需求的情况，还可能出现供给过程中各环节的损耗。因此，制度的实施优势就体现在能否以较低的成本实现贫困人口和地区发展机会和能力的供需均衡。

中国基层治理的举措极大地推动了贫困治理的供需均衡。有效的基层治理保证了贫困人口识别、致贫因素识别和治贫的精准施策，通过准确地掌握贫困社区和贫困农户层面的基础信息，在科学研判致贫因素的基础上，让贫困治理资源精准对应贫困区域和贫困人口差异化需求。

有效的基层治理可以充分发挥贫困群众主体作用，激发培育贫困群众内生动力，增强参与发展、共享发展、自主发展的能力，使贫困群众不仅成为减贫的受益者，也成为发展的贡献者，解决“福利依赖”的问题。通过扶贫与扶志、扶智相结合，既富口袋，更富脑袋，让贫困群众既有脱贫致富的想法，又有脱贫致富的办法。

中国因其在制度目标、基础、体系和实施四个方面的优势，有效解决了贫困治理实践中的诸多挑战。中国共产党的领导既确保了发展为了人民的政治立场，也保障了社会主义公有制和市场经济的发展环境，形成了有益贫困人群的政策体系，实现了引导贫困治理资源逆向流动。在党的集中统一领导下，中国贫困治理形成了政府、市场和社会共同参与的扶贫格局，充分发挥中央和地方两个积极性，构建了系统的脱贫路径，打破了利益集团博弈带来的贫困政策碎片化、割裂化且频繁更替的问题，丰富了单纯依靠社会保障的治贫路径，实现了多维贫困的有效治理。

在党的领导下，中国的政治经济制度在贫困治理的目标、基础、体系和实施等方面形成了融合贯通、缺一不可的统一体，构建完善的贫困治理体系，实现了脱贫攻坚的全面胜利。中国的制度既为全球贫困治理走出困境贡献了“中国方案”，也充分彰显了中国特色社会主义的制度优势。

第三节 中国农业政策性银行扶贫的制度优势

金融扶贫是国家实施扶贫政策的一个有效手段，在政府引导下，政策性金融机构、商业性金融机构和合作性金融机构面向农村地区和贫困群体提供金融服务，支持低收入和贫困农户生产和经营，帮助其摆脱贫困。自1986年实施大规模扶贫开发计划以来，国家就出台了扶贫贴息贷款政策。《中国农村扶贫开发纲要（2011—2020年）》和2013年中央一号文件均进一步明确，充分发挥商业性金融、政策性金融与合作性金融的作用，加强金融支农力度。同时，中国还积极支持普惠金融和农村小额信贷发展，积极完善农村金融环境，提供政策保障，改善农村金融服务。面对全球贫困治理的困境及其制度症结，中国金融扶贫为全世界探寻了一条“中国道路”。

中国特色社会主义基本制度，在贫困治理的目标选择、资源调配、政策体系设计和供给、政策落地实施上展现了巨大的制度优势。作为金融扶贫的主力军，中国农业政策性银行依托国家的制度优势，在扶贫目标确立、扶贫资源配置、扶贫体系设计和政策实施方面，拥有“第一重来源的制度优势”。农业政策性银行扶贫积极融入国家贫困治理，不仅承接并充分利用国家的制度优势，还充分发挥了自身的独特优势。农业政策性银行具有公共性、政策性和金融性，不以盈利最大化为目标等特征，与贫困地区、贫困人口的特殊发展需求相契合，具有天然的益贫性。与商业性银行相比，农业政策性银行独特的制度设计，为自身的扶贫实践带来了“第二重来源的制度优势”。

一、第一重来源：承接国家制度优势

中国贫困治理的成功实践，根植于中国特色社会主义的制度优势，具体体现在制度目标、制度基础、制度体系和制度实施四个方面。农业政策性银行扶贫的第一重优势，源于融入国家发展的大势大局，充分承接和发挥国家贫困治理的制度优势。在制度目标上，凭借党的领导和党的建设，执行脱贫攻坚的国家意志成为农业政策性银行的思想共识和行动自觉。在制度基础上，按照党和政府的指引，农业政策性银行发挥国有经济主力军作用，向特定领域配置减贫资源，引导其他金融机构和社会资本投入。在制度体系上，农业政策性银行作为国家治理体系的一环，按照国家的系统化治理体系要求，推动自身治理体系建设，有效规范、激励和约束参与贫困治理的各个主体。在制度实施上，为了帮助贫困人口融入现代化轨迹，国家加强了基层治理，农业政策性银行基层主体的活力和执行力也得以提高。

（一）执行国家意志内生为思想共识和行动自觉

在国家贫困治理中，党的领导制度确保中国的各类制度以“发展为了人民”作为出发点，“十三五”时期，打赢脱贫攻坚战成为国家意志。坚持党对金融工作集中统一领导是金融领域党的集中统一领导制度的重要体现。农业政策性银行坚决服从党中央领导，农业政策性银行各级组织坚决服从总行党委的领导，党的“总揽全局”“协调各方”优势得以充分发挥，以较低的交易成本，形成最大范围的共识和利益协调。

引导和规范各参与主体的行为是制度的重要作用，在制度运行中，更加高效地形成一致的目标，这是制度目标优势的重要体现。在党的领导下，农业政策性银行把服务脱贫攻坚作为自身的重大政治任务和历史使命，执行脱贫攻坚的国家意志成为各部门各级机构和全行员工共同的思想共识和行动自觉。农发行始终坚持党的领导，始终紧密围绕党的中心任务，全面贯彻执行党和国家的方针政策，始终坚持“发展为了人民”的根本立场。制度目标优势体现在以下四个方面。

第一，坚决执行国家意志的最大共识。习近平总书记强调“加大对脱贫攻坚的金融支持力度，特别是要重视发挥好政策性金融和开发性金融在脱贫攻坚中的作用”。农发行深入贯彻习近平总书记关于扶贫工作的重要论述和一系列重要指示批示精神，严格落实党中央、国务院决策部署，全力服务国家战略和规划，确立以服务脱贫攻坚统揽业务全局的战略定位，推动各种资源向服务脱贫攻坚聚合。

第二，勇担先锋主力模范的最高标准。在2016年发布的《中国农业发展银行政策性金融扶贫五年规划》中明确提出“政策性金融扶贫的总目标是在打赢脱贫攻坚战中成为金融扶贫的先锋、主力和模范”。脱贫攻坚期间农发行精准扶贫贷款累放额、余额均居金融系统首位，连续5年获得全国脱贫攻坚奖、连续4年在中央单位定点扶贫考核中获得“好”的等次，8个集体和个人在全国脱贫攻坚总结表彰大会上获得表彰。

第三，做到“七个率先”的最快响应。农发行在全国金融系统率先成立扶贫开发事业部，率先投放首笔易地扶贫搬迁贷款，率先向省市县延伸扶贫金融服务机构并实现贫困县全覆盖，率先制定金融扶贫五年规划，率先创建政策性金融扶贫实验示范区，率先发行扶贫专项金融债和普通扶贫债，率先推出专项扶贫信贷产品，奠定了金融扶贫主体和骨干地位。

第四，筑牢精准扶贫生命线的最严落实。精准扶贫精准脱贫是新时期脱贫攻坚的本质特征。农发行围绕“两不愁三保障”，用绣花的功夫做好金融精准扶贫工作，严格扶贫贷款质效管理，切实做到扶持对象精准、帮扶政策精准、资源配置精准、扶贫成效精准，严防贷款被挤占挪用，确保扶真贫、真扶贫、真脱贫、脱真贫。

（二）向贫困区域逆向配置金融资源

资本主义私有制下的市场经济加剧了收入不平等，而中国的社会主义公有制度以共同富裕为方向，这是制度基础优势的集中体现。国家通过制度和政策的改革变迁，引导金融机构向贫困地区配置资源。农业政策性银行本身就是国家配置金融资源的政策工具。国家是农业发展银行的资本所有者，财政部代表国家注资并行使股东权利，是农业发展银行的唯一股东。农发行充分发挥国家所有制的制度优势，依托中国特色社会主义基本经济制度，有效利用国家资源和国家力量，引导各方资源投入脱贫攻坚。

资金投入的优先保障是脱贫攻坚取得胜利的必然要求。在农村发展水平整体滞后、城乡发展不平衡的现实情况下，资本的趋利性和强流动性使农村资金呈现净流出态势，完全市场化的金融资源配置方式不仅难以将资金引向农村，而且强化了资金从欠发达农村地区的流出。从各金融机构县域资金的运用情况看，只有村镇银行县域贷款占县域存款的比例超过70%，农村信用社和农村商业银行这一比例在62%左右，而中国农业银行和邮政储蓄银行这一比例分别为49%和23%[①]。

农村金融资源“抽血式”流向城市，迫切需要建立资源逆向配置机制。国家强调金融机构在脱贫攻坚中的责任和作用，鼓励和引导金融机构将新增金融资金优先满足贫困地区。作为政府的银行，农业政策性银行首当其冲，发挥当先导、补短板的作用，主动将金融资源向贫困地区倾斜，同时引导和推动商业性金融资源、社会资本投入农村贫困地区。为确保向扶贫领域配置的资源“粮多弹足”，农发行从信贷支持、资源保障、定向帮扶等方面出台差异化政策，给予全方位特惠支持[②]。结合贫困地区的实际情况，重点支持贫困地区产业基础相对薄弱，自身发展能力和市场竞争力不足的领域，如粮棉油收储、农业产业化经营、特色产业、新型产业[③]，以及为贫困地区经济发展提供支撑的基础设施领域，如公路、水利等。

政策性银行向特定领域配置资源不是孤立无援的，也不是资源配置的低效扭曲。党的领导打破了政府和市场的二元对立，在党和政府的指引下，社会资本跟随政策性金融流向薄弱区域，在政策性金融协同作用下，共同构建多方参与的扶贫格局。如在产业扶贫领域，建立财政、银行、保险、担保共同参与的风险分担机制，强化利益联结保障机制，既提升农户参与发展和分享红利的可行性，也增加了企业的盈利能力。通过培育发展动力，拓展发展空间，带动贫困人口增收脱贫。

① 程郁. 引导金融资源向农村回流的政策性机制研究[J]. 经济纵横，2019(11)：58-69.

② 详见《关于明确“三区三州”深度贫困地区脱贫攻坚差异化支持政策的通知》(农发银发〔2018〕159号)、《关于进一步加大对“三区三州”等深度贫困地区脱贫攻坚差异化支持力度的通知》(农发银办〔2019〕97号)、《关于进一步加大“三区三州”深度贫困地区金融扶贫工作力度的通知》(农发银办〔2020〕19号)。

③ 详见《关于做好产业扶贫工作的通知》(农发银发〔2016〕296号)。

（三）在国家贫困治理体系中构建政策性银行扶贫体系

贫困具有复杂性、多维性和长期性的基本特征，要求在贫困治理过程中形成一套系统化的治理网络结构和治理运行机制。中国打破了利益集团相互博弈导致的贫困治理政策碎片化、资源分散化、难以长期实施等问题，构建了一套行之有效的贫困治理体系。农业政策性银行在国家贫困治理大格局中规划自身的功能定位，承接国家贫困治理体系特征，对照设计政策性金融扶贫体系，使之内嵌于自身治理架构之中，把国家的制度优势转变为自身的制度优势，有效地规范、激励和约束参与贫困治理的各个主体，在贯彻落实党中央脱贫攻坚决策部署中推进农业政策性银行治理体系和治理能力现代化。

农业政策性银行系统落实国家脱贫攻坚的制度设计，强化政策性金融扶贫顶层设计，构建责任体系、产品体系、定点帮扶体系、精准管理体系等一整套治理体系。对应国家脱贫攻坚规划和行动方案，制订政策性金融扶贫规划和行动方案；对照国家的管理体制和工作机制，构建"四级书记抓扶贫"的责任体制；对接国家精准扶贫"五个一批"脱贫路径和专项扶贫行动，构建扶贫产品体系；对照国家定点扶贫、东西部扶贫协作、万企帮万村等制度安排，构建定点扶贫体系；对标"六个精准"要求，形成精准管理体系。

农业政策性银行按照中央统筹、省负总责、市县抓落实的工作机制，设计了总行统筹、省级分行负总责、总行部室对口联系、市县分行抓落实的扶贫工作机制。总行统筹，做好顶层设计，主要是管两头，一头是在政策、资金等方面为各分支机构服务脱贫攻坚创造条件；另一头是加强扶贫质效监管。省负总责，做到承上启下，把总行的政策转化为实施方案，促进工作落地。市县抓落实，因地制宜，从当地实际出发推动农业政策性银行扶贫各项政策措施落地生根。

中国在贫困治理中实施"五个一批"，启动易地扶贫搬迁、电商扶贫、旅游扶贫、光伏扶贫等精准扶贫工程。农业政策性银行按照国家对贫困人口脱贫的路径设计，创新推出了易地扶贫搬迁、教育扶贫、健康扶贫、贫困村提升工程等10多项专项扶贫信贷产品。同时将原有粮棉油收储、农业产业、水利建设、农村路网等所有贷款产品用于服务脱贫攻坚，形成4大类共计72个扶贫贷款营销产品，全面对接贫困地区和贫困群众的金融需求，有力推动金融活水灌溉贫困地区和贫困人口。

党政军机关、企事业单位开展定点扶贫，是中国特色扶贫开发事业的重要组成部分。按照中央部署安排，农发行定点帮扶吉林大安、云南马关、广西隆林、贵州锦屏4个贫困县。农发行建立定点扶贫工作领导小组统筹、省级分行和对口帮扶部室负总责、东部地区省级分行对口帮扶、市县分支机构和定点扶贫县“三人小组”抓落实的帮扶机制，层层传导帮扶责任。采取超常规信贷政策以加大融资，组织免费培训以实现融智，开展招商引资以推动融商，拓展公益事业以加大融情，构建形成了“四融一体”帮扶格局。积极对接国家扶贫机制安排，开展东西部扶贫协作、“万企帮万村”、消费扶贫等行动，拓展帮扶途径和渠道。在定点扶贫中统筹利用专项扶贫、行业扶贫、社会扶贫的各方优势，共同助力定点扶贫县脱贫摘帽。

农业政策性银行按照精准管理的六个方面要求，主动探索、创新完善以扶贫认定为基础、带贫成效为核心的扶贫贷款精准质效全流程管理体系，把精准方略细化成具体的管理目标措施和要求，落实到扶贫项目营销、资源配置、办贷管贷、考核评价等金融扶贫全过程、各方面，有效引导信贷资源精准聚焦脱贫攻坚重点区域、关键领域，既落实了国家贫困治理中“精准滴灌”的要求，也提高了扶贫贷款的质效，降低了信贷资产的风险。

（四）以治理能力建设强化基层主体活力和执行力

在许多国家，农村处于治理体系的边缘地带，更多地依靠村民自治，国家难以有效干预或管理，因而在贫困治理中只能寄希望于统一的社会福利制度和微观的反贫困项目。中国通过健全基层治理，不断推动社会治理和服务重心向基层下移，把更多资源下沉到基层，更好提供精准化、精细化服务。正是由于社会治理制度的建立健全，中国得以成功实施精准扶贫，有针对性地降低了贫困人口发展的启动成本。制度和政策的落地实施在于基层，实施的成本高低取决于自身的治理能力，这就是制度实施优势的集中体现。

作为农村金融的重要组成部分，农业政策性银行长期服务“三农”这一弱势区域、弱势产业和弱势群体，具有较为完备的基层治理体系和丰富的基层治理实践。一方面，长期根植“三农”、服务“三农”，比较熟悉“三农”、贴近“三农”，拥有一支热爱“三农”工作、了解“三农”需求的员工队伍，具有较强的工作基础和人才基础。另一方面，人员和机构重心都在基层，县级机构覆盖全国832个贫困县的60%以上，在没有设立机构的贫困县派驻了工作组，实现了贫困县全覆盖。

在脱贫攻坚期间，农业政策性银行大力推动《中国农业发展银行改革实施总体方案》落实落地[①]，推动八项重点领域改革，健全完善农发行从严管党、依法治行、合规经营、有效履职的体制机制。通过改革和创新，农业政策性银行完善自身治理体系，提高治理能力，强化基层主体的活力和执行力，显现了农业政策性银行的制度实施优势。

治理体系和治理能力是制度和制度执行力的重要保障与集中体现。农发行按照《中国农业发展银行改革实施总体方案》《中国农业发展银行章程》《中国农业发展银行监督管理办法》以及系列监管规制要求，全面推动自身治理体系变革。围绕全面风险管理、信贷管理、内控合规管理、资产负债管理、以客户为中心的服务管理、财务管理、运营集约化管理、人力资源管理和信息科技等现代银行管理的重要内容，守正创新实施改革。2019年，农发行正式变更为有限责任公司，形成具有中国特

①《中国农业发展银行改革实施总体方案》于2014年9月24日经国务院第63次常务会议审议通过。

色的党委会领导下的董事会、监事会和高级管理层的“两会一层”公司治理结构。

为了充分动员和凝聚各部门、各条线合力，同时保持银行前中后台之间的分离制约关系，更好发挥专业分工的优势，农业政策性银行以扶贫金融事业部为依托，构建了“1+N+M”组织架构和“四级一体”垂直架构①，形成了相关条线横向联合、上中下纵深贯通和内外部协调联动的格局，破解“上热中温下凉”问题。

中央和地方的信息不对称是政府失灵的关键原因，中国采取“试点—推广”渐进改革路径，可以充分发挥地方信息试错和中央信息加总机制，提供充足的决策信息与知识②。农业政策性银行联合国务院扶贫办创建政策性金融扶贫实验示范区，会同地方政府共同创建省级政策性金融扶贫实验示范区，给予示范区客户准入、利率定价、办贷管贷、资源倾斜等一系列特惠政策支持，对创新出台的扶贫信贷产品允许示范区先行先试，在国家政策允许范围内给予实验示范区更大的创新空间，充分发挥政策性金融扶贫实验示范区创新引领作用，为打赢脱贫攻坚战积累经验。

二、第二重来源：发挥农业政策性银行内在优势

农业政策性金融是在农村地区及与农业密切关系的各个领域中，为

① “1”是扶贫综合业务部，重点发挥综合、协调、沟通、督办、考核职能，并牵头全行产业扶贫营销、推动和管理工作，以及国家重大专项扶贫工程信贷支持工作。“1+N”是扶贫金融事业部组成部门，除扶贫综合业务部外，还包括粮棉油扶贫部、基础设施扶贫部、创新扶贫部、扶贫信贷管理部4个一级部。按照职能分工，分别牵头做好本条线扶贫信贷业务推动、扶贫综合信贷政策管理工作等。“1+N+M”是扶贫金融事业部执行委员会成员单位，涵盖战略、资金、信审、风险、内控、财会、人力等7个中后台部门，在强化扶贫资源保障功能基础上，进一步提升对重大扶贫事项的研究决策能力。“四级一体”是指将事业部向下延伸至省分行、市分行、县支行，纵向打造扶贫金融事业部“四级一体”垂直架构，实现全行四级行全面覆盖。

② 黄先海，宋学印．赋能型政府——新一代政府和市场关系的理论建构[J]．管理世界，2021(11)：41-55，4.

了实现国家特定的社会经济政策目标，在政府出资、增信及其他政策支持下，以利率、期限、规模等方面的优惠条件，且不以追求利润最大化为经营目标，对特定产业、地区或群体提供融资支持的资金融通行为[①]。农业政策性银行是农业政策性金融的一种重要形式，具有公共性、政策性、金融性、不以盈利最大化为目标等特征，与贫困地区、贫困人口的特殊发展需求相契合，具有天然的益贫性，是国家层面支持“三农”的重要制度安排，也是国家治贫体系中的关键枢纽。农业政策性银行内在的制度优势体现在四个方面。

（一）追求社会效益最大化的制度导向

农业政策性银行不以盈利最大化为目的，表现为在业务可持续的约束条件下，以追求社会效益最大化为制度导向，实现服务国家战略与遵循银行规律的统一。

不以盈利最大化为目标使得农业政策性银行能够解决农村金融主体在双重目标下遇到的两难选择[②]。由于农业产业、农村基础设施与公共服务的投入具有收益低、风险大、周期长等特点，农村金融机构在追逐利润的目标作用下，更愿意将资金、人力等资源配置到高收益的经济部门和城市地区，降低支农力度。同时，在审慎经营的要求下，农村地方金融机构自身风控能力较弱，只好放弃风险较大的信贷业务，选择性投放农业贷款。因此，资源约束和替代效应“挤出”了农业贷款，农村金融机构难以同时兼顾经营效益最大化和支农力度最大化两个目标。反观农业政策性银行，在以社会效益最大化的制度导向下，可以接受低回报、长周期的项目。这样既克服了政府直接干预市场的缺陷，又解决了利润低、风险大而造成金融供给不足的尴尬境地。

① 中国农业发展银行课题组．农业政策性金融演进与国际比较[M]．北京：中国金融出版社，2020．
② 周月书，彭媛媛．双重目标如何影响了农村商业银行的风险？[J]．中国农村观察，2017(4)．

为了实现社会效益最大化，农业政策性银行在扶贫信贷中坚持“保本微利”的基本原则。“保本微利”的原则本质上是宏观上让利于农、微观上保持财务可持续的有机结合，只有在微观上保持组织的财务可持续，农发行才能筑牢持续健康发展的基础，为更好地让利于农提供条件。在保本微利的经营原则下，农业发展银行要始终保持信贷资金的低利率，降低“三农”企业经营成本。以2020年为例，农发行减费让利优惠力度领先同业，按自身同比口径计算让利约31亿元；低于同业平均利率118个基点，按对比同业利率计算让利约70亿元。在确保财务可持续的前提下，农发行积极对扶贫开发和服务国家重点战略的贷款实行优惠利率，彰显政策优势和社会责任。

（二）连接政府和市场的制度定位

政策性银行介于政府和市场之间的制度定位，是中国特色社会主义经济打破政府和市场的二元对立的具体体现。它将市场化筹集的资金资源定向配置到国家减贫治贫战略最需要的地方，为市场机制在贫困地区配置商业资源创造条件，引导各类社会主体协同参与扶贫，从而有效弥补国家财政支农投入的不足，解决单一财政扶贫可能导致的“福利依赖”及精英俘获问题，推动有为政府和有效市场更好结合，协同运作。

政策性银行的功能作用体现在发挥金融替代、联合保障、衔接引导、弥补市场缺陷、信用增进等方面，可以有效解决市场失灵和政府失灵的问题[①]。贫困地区和贫困人口是“三农”短板中最突出的短板，是弱势领域中最薄弱的环节、最弱势的群体，市场主体缺乏，市场体系不完善，很难在短时间内通过市场发育自行消除或完善。同时地方政府在资源动员能力、决策能力、信息收集与处理能力等方面存在不足，单纯依靠政府财政支持和市场主体自由发展都无力解决贫困问题。商业性金融和合作性金融

① 中国农业发展银行课题组. 农业政策性金融演进与国际比较[M]. 北京：中国金融出版社，2020.

的扶贫对象往往被限定为具备一定的生产经营能力，并且有金融需求的贫困人群。政策性金融提供的信贷产品和金融服务带有准公共物品的性质，具有一定的非排他性，通过产业利益联结机制，帮助贫困人口增强发展能力，以及改善贫困地区的基础设施和公共服务，更广泛地扶持贫困人口。在深度贫困地区，改变贫困人口的发展能力和发展条件更是当务之急，也更需要农业政策性银行。农业政策性银行作为国家职能的延伸，执行政府意图，完善基础设施、导入扶贫产业，为贫困地区发展提供所必需的资金、技术、机会、市场经济意识和管理经验。

（三）依托国家信用的制度保障

农业政策性银行以国家信用为依托，享有国家赋予的最高等级的主权信用，体现在筹资行为中，其风险更小，融资成本更低。同时，国家信用强化其运行的稳定性，为推动可持续发展提供原动力。

在政策性银行扶贫的制度设计中，突出以国家信用为基础筹集资金。国家明确规定“由中国农业发展银行发行政策性金融债，按照微利或保本的原则发放长期贷款，中央财政给予90%的贷款贴息，专项用于易地扶贫搬迁”“中国农业发展银行设立‘扶贫金融事业部’，依法享受税收优惠”[①]。国家信用可以将政治意图、政策导向与经济原则进行巧妙结合，运用其引导性和权威性弥补银行信用的不足。农业政策性银行利用国家信用和市场化手段筹集的资金，以有偿借贷的方式向弱势群体、产业、企业提供资金，是引导和带动社会资本反哺“三农”的主动脉，有效配置和利用社会资源，服务国家战略目标，推动贫困地区的经济发展。

融资难和融资贵是贫困地区和人口面临的两大难题，农业政策性银行执行国家意志，积极向贫困地区“逆向”配置金融资源，可以极大地缓解融资难的问题。由于信息不对称，信息获取成本较高，在市场经济

①《中共中央　国务院关于打赢脱贫攻坚战的决定》。

条件下，贫困人口面临高昂的融资利率。考虑到农业增加值相对有限，一旦融资利率大于收入增长速度，贫困地区随着金融供给的增加，自身债务负担增加。利息在收入分配中占据了大部分，贫富差距也难以缓和。如何依托国家信用，构建风险保障机制，降低贫困地区和人口的贷款利率的风险溢价，成为金融扶贫必须解决的难题。农业政策性银行积极与地方政府、国有担保公司合作，建立各种风险共担机制，如在“政银企风险补偿基金”模式下，针对企业抵押物不足的难题，地方政府牵头并出资，引导符合条件的企业出资共同建立风险基金，专项用于化解贷款损失风险，有利于促进金融扶贫的可持续。

（四）强调为国为民的制度理念

文化也是一种非正式的制度激励和约束。农业政策性银行强调为国为民的制度理念，倡导“家国情怀”，强化责任担当，将其作为特色文化基因融入日常管理和制度建设，成为推动农业政策性银行事业健康发展的强大精神动力。

农业政策性银行为国为民的制度理念来源于体制属性和长期扎根“三农”的实践历程。因农而生、伴农成长、随农壮大，从专司粮棉油收购资金供应和管理到全力服务国家粮食安全、乡村振兴和精准扶贫，农发行形成了“支农为国、立行为民”的崇高使命和“家国情怀、专业素养”的价值追求。在脱贫攻坚中，“为国”就是恪守对党和国家忠诚、对事业忠诚，主动提升站位，树立大局意识，将自身发展置于党和国家事业大局中来认识、谋划和推动。始终胸怀“国之大者”，时刻牢记党中央在关心什么、强调什么，这是党和国家最重要的利益，是最需要坚定维护的立场。“为民”就是以服务“三农”、振兴乡村为己任，把不断推动贫困地区群众脱贫致富，提高农民生活水平，作为个人幸福感、获得感和满足感的重要来源。

“为国为民”的制度理念，外在表现为农业政策性银行高度重视社会责任，把扶贫作为重要职责使命；内在影响着每一个员工的思想意识，内化为员工的行为取向，在脱贫攻坚战中攻坚克难、无私奉献。员工发自内心的认可和遵守，消除了性格、经历、背景的差异而自发团结在价值理念周围，使得员工的行为动机与农业政策性银行的战略目标保持高度一致，凝聚形成强大攻坚合力。农业政策性银行每一个个体以高度的责任感、紧迫的使命感奋力投入脱贫攻坚。“为国为民”的制度理念成为服务脱贫攻坚内生动力的源泉。

三、农业政策性银行制度优势的功能表现

中国农业政策性银行扶贫的制度安排体现了两大制度优势的叠加，即中国贫困治理的制度优势和农业政策性银行自身的制度优势。双重制度优势共同作用，形成叠加效应，进一步放大制度绩效。在双重制度优势共同作用下，农业政策性银行以服务脱贫攻坚统揽全局，全行全力全程扶贫，成为当之无愧的金融扶贫先锋主力模范（见图3-1）。

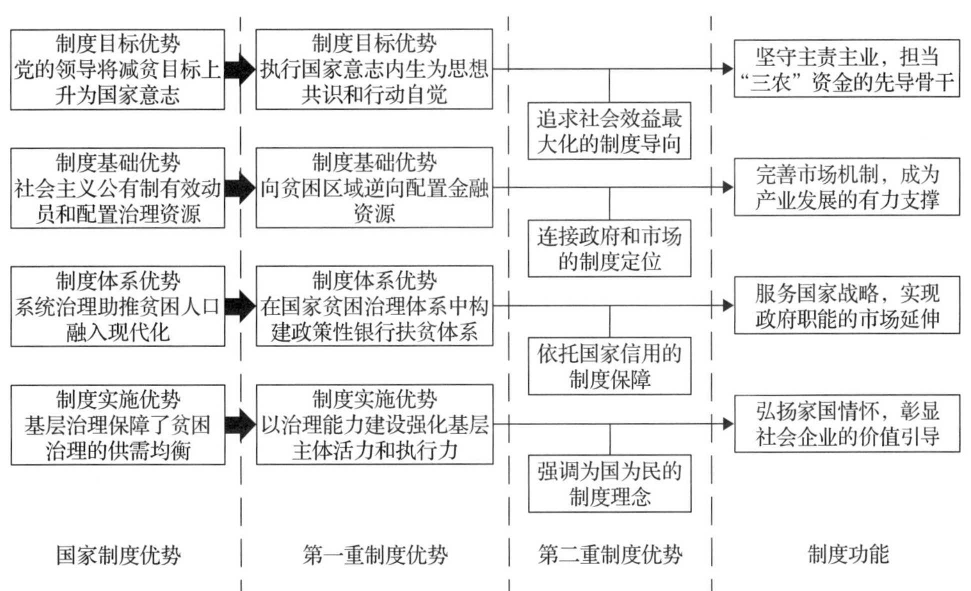

图3-1　中国农业政策性银行扶贫制度优势

（一）坚守主责主业，担当“三农”资金的先导骨干

执行国家意志成为农发行的思想共识和行动自觉，叠加追求社会效益最大化的双重制度优势，使得农业政策性银行始终坚守主责主业，坚持对“三农”的重点领域和薄弱环节加大投入。农业政策性银行将服务脱贫攻坚既作为一项重要的政治任务和战略任务，也作为夯实基础、拓展领域、实现跨越式发展的重要契机，不断提升政策性金融扶贫的质量和效能，让有限的信贷资源发挥最大的带贫效益。

在脱贫攻坚的资金投入体系中，财政、各类金融机构和社会资本相互配合，共同发挥作用。其中，财政为基础保障，农业政策性金融为先导骨干，商业性金融和合作性金融拓宽通道，其他金融组织有效补充，保险再保险适当兜底，广泛引导和汇聚社会资本参与。农业政策性银行坚守主责主业，不发生“使命漂移”，不出现“脱实向虚”，坚决不触碰违规新增地方政府隐性债务、违规支持商业性房地产开发、偏离职能定位三条“红线”，充分发挥了资金支持脱贫攻坚和“三农”发展的先导骨干的职能作用。

在脱贫攻坚战中，先导骨干的职能定位集中体现为金融扶贫的“先锋主力模范”。在服务脱贫攻坚的五年中，农发行形成了全行全力全程扶贫的工作格局，扶贫贷款投放额和余额均居金融同业首位，连续五年获得全国脱贫攻坚奖，连续四年在中央单位定点扶贫工作考核中位列第一梯队，2016年至2020年，农发行扶贫贷款累计发放2.32万亿元，其中深度贫困地区扶贫贷款累计发放4963亿元。

（二）完善市场机制，成为产业发展的有力支撑

通过向特定领域配置资源，叠加连接政府和市场制度定位的双重制度优势，农业政策性银行成为导入并完善市场机制，推动贫困区域经济和产业发展的政策工具。

贫困地区面临发展资源匮乏、基础设施薄弱、市场和法治观念淡薄、市场发育不足等问题。农业政策性银行发挥“当先导”职能，率先

进入贫困区域，积极支持扶贫产业发展，成为中央和地方政府发展区域经济和培育农业产业的政策工具。农业政策性银行向相关领域配置优质优惠的金融资源，如支持企业通过各类“企业+农户”的模式，辐射带动贫困人口，支持农业科技成果推广应用、土地流转和流通体系建设，推动农业产业化经营，引致资本和技术等生产要素，增加贫困地区劳动力和土地的要素报酬。

农业政策性银行连接政府和市场，有效解决产业发展中的市场失灵和政府失灵。一方面，服务政府涉农政策的实施，为政府支持的落后地区和薄弱产业融资，克服贫困地区偏远、产业发展落后、信息不对称和信贷风险过大等问题。另一方面，通过政策性银行采用市场化的运作方式，筛选特色产业和基础设施项目，重视产业和项目的现金流与综合效益，解决了政府可能因缺乏足够的信息和能力而出现的政府失灵，缓解单纯依靠政府财政支持带来的效率损失。

此外，农业政策性银行通过银政企合作，充分发挥自身经营的正外部性。在与政府合作上，主动参与贫困地区脱贫攻坚规划编制，积极为地方政府和有关部门提供系统性融资规划和咨询服务，建立完善银政交流机制。在与企业合作上，充分发挥覆盖全国的系统优势，搭建优质客户与贫困地区结对帮扶平台，鼓励优质企业向贫困地区投资，引导贫困地区承贷主体建立健全治理结构和管理规范，使其发展壮大成合格的市场主体，增强市场融资能力。

（三）服务国家战略，实现政府职能的市场延伸

通过在国家治理体系中构建自身治理体系，叠加依托国家信用制度保障的双重制度优势，农业政策性银行成为国家经济治理体系的重要一环，实现政府职能的市场延伸。

政府主导的贫困治理也面临着政府配置资源低效率的政府失灵问题。根据公共选择理论，政府具有天然的扩张倾向，政府官员的个人目标如薪金、社会名望、权力等，大多与其所在机构的预算规模正相

关[①]。政府官员追求自身利益最大化的结果会导致政府的规模不断扩张，从而导致政府行为中存在干预过度、交叉重复和道德风险。在贫困治理和贫困区域发展过程中，地方政府具有一定“政绩”冲动，容易上马一些超出地方财政状况、不精细测算成本的项目。与无偿、单向支付的财政资金不同，信贷资金是有偿资金，有借有还双向流动。资金使用者（扶贫对象）需要精打细算，合理使用，讲求效益，保证归还。农业政策性银行积极参与脱贫攻坚，支持贫困地区农田水利设施建设、高效节水灌溉设施改善，支持中小河流治理、山洪地质灾害防治及水土流失综合治理，支持贫困村饮水安全、危房改造和环境综合整治，支持农村道路、电网和信息网建设，支持教育和公共卫生设施建设等。对于这些收益低、期限长、自身缺乏稳定现金流的公益性和准公益性项目，农发行采取综合收益模式，完善担保机制，填补公益性资金支持缺口，提高财政资金利用效率，让政府以遵循市场规律的方式实现提供公共服务的职能。

在脱贫攻坚中，农业政策性银行成为国家经济治理体系的重要一环。从国家经济治理来看，解决农村贫困问题，需要健全国家农业支持保护机制，农业政策性银行是国家农业支持保护制度的有机组成部分。国家农业支持政策的形式多样，财政补贴、农业政策性金融是最直接也是力度最大的，构成国家农业支持保护制度的双核心，以利润最大化为目的的商业金融活动不属于严格意义上的支持保护措施。财政补贴支持力度取决于国家的财政实力，还会受到国际贸易规则的限制，一定程度上也不利于支持对象的内生发展。同时，受经济发展水平所限，许多发展中国家财政支农力度不仅远远低于发达国家，而且难以满足农业农村经济发展的需要，政策性金融可以发挥金融杠杆作用，将财政支持力

① Mitchell W C, Niskanen W A. Bureaucracy and Representative Government[J]. American Political Science Association, 1971.

度放大数倍。因此，农业政策性银行往往成为国家农业支持保护体系的主体力量。农业政策性银行作为与财政并行的支农载体，是一种相对间接、缓和且空间弹性较大的支农形式。

从收入分配调节的视角来看，市场机制、政府力量和道德力量是产生和调节收入差距的三种路径[①]。市场可以调动企业和生产者的积极性，及时反映供求变化，提高资源配置的效率，但是市场机制无法解决机会均等的问题，优胜劣汰的市场竞争还会放大和固化收入差距。通常意义上来说，政府通过税收、社会保障、转移支付来平抑初次收入分配的差距和贫富差距的代际传递，但是也会带来福利依赖和精英俘获的问题。道德力量通常与个人的信念、社会责任心或对某种事业的感情有关，个人自愿缴纳或捐献会缩小收入分配差距，调节个人可支配收入的使用方向，随着社会主义精神文明建设的推进，道德力量的作用将逐渐增大。政策性银行在坚持政策性目标的前提下，按照银行规律运营，通过市场化运作和专业化管理，推动实现农业农村和自身的可持续发展，这与政府税收和社会福利等“事后调节”的手段不同，属于在生产和一次分配环节时的“事前调节”，可以说，政策性银行是一种重要的政府调节收入分配的工具。

（四）弘扬家国情怀，彰显社会企业的价值引导

农业政策性银行将基层治理的制度优势，与为国为民的制度理念相互结合，共同发挥作用，锻造了一支情系“三农”和以客户为中心的基层员工队伍。他们秉承农发行“家国情怀，专业素养”的企业文化核心理念，倾心倾力倾情投入脱贫攻坚，彰显了农业政策性银行作为社会企业的责任担当和价值引导。

农发行深厚的家国情怀激发了服务脱贫攻坚强烈的使命感、责任感，也引导了全社会守望相助、扶贫济困的浓厚氛围。农发行人始终坚

① 厉以宁，等. 共同富裕：科学内涵与实现路径[M]. 北京：中信出版社，2022.

守“三农”情怀，牢记初心使命，在长期与“三农”打交道过程中，与农民心连心，与贫困户情相牵，锻造了一支“懂农业、懂金融、爱农村、爱农民”的专业队伍，朴实诚恳、充满热情。在支农工作中，农发行人走千村、访万户，深入田间地头、厂矿企业帮助解决问题；在脱贫攻坚主战场，农发行领导亲自督战，深入“三区三州”等深度贫困地区，摸清致贫症结和扶贫难题，采取针对性措施，集中全行力量支持攻克深度贫困堡垒。在服务客户的过程中，农发行扶贫的使命感和责任感也深深感染着企业，引导企业重视社会责任，关爱贫困群众、关心减贫事业，积极投身扶贫行动。许多企业在农发行的感召下纷纷为贫困地区贫困人口慷慨解囊、落户产业、提供就业，有力带动贫困地区贫困人口脱贫致富。

家国情怀是社会企业的精神内核，重构了企业与群众的紧密联系。贫困人口与普通人拥有着相同的欲望、弱点和理性能力[①]，但在一些社会文化中，贫困人口被贴上懒惰、不求上进等负面标签，扶贫主体往往居高临下，忽视贫困人口的想法、计划和需求，把扶贫异化为对贫困人口的施舍和改造，迫使贫困人口全盘接受企业所制定的脱贫路径。作为社会企业，农发行秉承家国情怀，充分尊重人民群众主体地位和首创精神，努力消除金融服务门第观念，以客观视角看待贫困人口，摆脱常见的偏见，贴心服务农民，把人民群众中蕴藏着的智慧和力量充分激发出来。

农业政策性银行以带领贫困人口走出一条新的现代化道路为己任。现代化让整个社会高效运转，创造出巨量的工作机会，提供空前丰富的物质和文化产品，但是正如马克斯·韦伯“现代的牢笼”描述的那样，一旦过于追求工具理性，忽视价值理性，人会被物化和工具化。在发展经济的过程中，如果一味追求经济利润最大化，贫困区域会承接产业链

① 阿比吉特·班纳吉，埃斯特·迪弗洛．贫穷的本质[M]．景芸，译．北京：中信出版集团，2018.

条中的低端环节，逐步沦为发达区域的原料基地，以牺牲环境换取物质财富。农业政策性银行秉承家国情怀，尊重贫困地区特殊自然禀赋，重视贫困地区的生态涵养功能，强调帮助贫困地区发展生产力，促进贫困人口自由全面的发展，同时坚持绿色的新发展理念，创新有助于生态产品价值实现的金融支持模式。在选择项目时，坚持以环境、社会、治理三个维度评估项目的综合价值，既帮助贫困人口建设金山银山，也守护住了贫困地区的绿水青山。

在党的领导下，中国充分发挥制度优势，脱贫攻坚取得决定性胜利，历史性地解决绝对贫困问题，创造了人类减贫史上的奇迹，为世界反贫困理论与实践创新贡献了中国智慧。农业政策性银行充分发挥“双重制度优势”，为打赢脱贫攻坚战作出不可磨灭的贡献。

中国已经开启全面建设社会主义现代化国家新征程。农业政策性银行肩负着支持乡村振兴、促进共同富裕、推进现代化建设的新使命。实现现代化最艰巨、最繁重的任务依然在农村，需要农业政策性银行继续发挥“双重制度优势”，不断调整优化农业政策性银行功能，走好服务国家战略、支持“三农”发展的未来之路。

第四章
金融扶贫创新

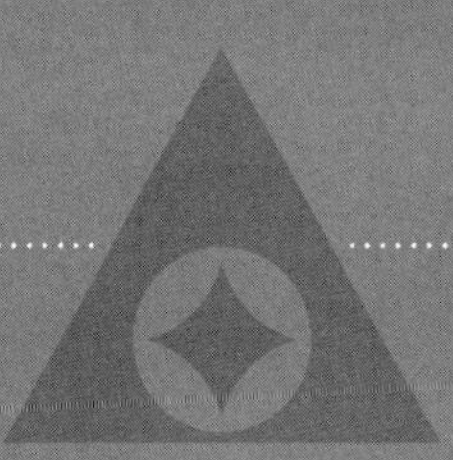

由于贫困人口的弱质性，金融机构不得不面对很高的交易成本，这是金融服务很难以低利率惠及贫困人口的关键原因。国际上小额信贷作为金融扶贫的重要工具，无法破解低利率与可得性的矛盾，以及贫困人口自身经营面临的发展约束。金融创新的本质就是在金融和产业两个方面构建一套运行机制，以破解上述问题。中国农业政策性银行之所以在脱贫攻坚中发挥重要作用，归结于在中国语境和现实条件下，更好地构建了产融结合的利益联结和风险分担机制，同时解决了资金的可得性、资金的低利率、贫困人口发展性等多重难题。为了更好地探索政策性金融扶贫的路径和模式，农发行创新设立政策性金融扶贫实验示范区，设计和实施了一套行之有效的系统化金融扶贫方案。

第一节　金融扶贫的困境与出路

金融日益成为现代社会反贫困的重要工具。国际金融扶贫经历了国际援助贷款、小额信贷、金融扶贫深化、普惠金融四个发展阶段，在部分地区、部分领域取得了显著成效，但同时面临的矛盾问题也愈加突出。传统金融扶贫的运行效率和扶贫效果趋弱，亟待通过制度创新寻求更加有效的金融扶贫路径。

一、国际金融扶贫的发展历程和经验启示

国际金融扶贫经历了不同的发展阶段，注重经营持续性、产品适宜性、人口发展性、运行合法性、组织规范性是国际金融扶贫的重要经验，也为中国金融扶贫体系的建设提供了重要借鉴。

（一）国际金融扶贫的发展历程

自孟加拉国格莱珉银行反贫困实践取得巨大成功后，世界各国开始重视采用金融手段解决贫困问题。在过去的近50年里，金融扶贫在很多

国家的反贫困实践中作出了积极贡献。总体来看，国际金融扶贫的发展历程可大致分为四个阶段。

第一阶段为国际援助阶段。第二次世界大战后，和平与发展成为时代主题。第三次工业革命推动着高新技术时代的到来，欧美等资本主义国家快速发展，实际人均收入大幅提高，逐步消除了绝对贫困。但是大多数发展中国家无法摆脱“中心—外围”的国际分工格局，基本上未享受到繁荣和进步的好处，世界大部分人口的贫困问题仍然存在。这一时期金融扶贫主要以国际援助性贷款为主。两大阵营的核心国家，为了在“冷战”中保持优势，开始进行对外援助。同时，世界银行、亚洲开发银行、非洲开发银行等国际组织登上全球减贫的舞台，设定发展目标，提供援助贷款，积极推动和参与全球减贫。

第二阶段为小额信贷阶段。发展中国家农村人口贫困问题日益成为国际社会普遍关注的核心问题之一。研究发现[①]，贫困人口不仅缺乏衣食等物质资源保障，更面临严重的发展能力限制，其中金融支持不足是约束其发展的重要因素，因此，以适宜的方式缓解贫困地区的金融供给不足成为解决贫困问题的重要途径。20世纪70年代，格莱珉银行针对农村地区及贫困人口实际需求设计了一种借贷金额低、抵押物及担保要求低、还款方式灵活的金融产品。在发展初期，小额信贷服务对象主要是贫困妇女，采取小组成员联合互保无抵押的模式。以格莱珉银行为代表的小额信贷扶贫模式在国际上推广和本土化，成为金融扶贫的重要手段，如印度尼西亚人民银行乡村信贷部模式、玻利维亚的阳光银行模式、拉丁美洲的乌干达国际社区资助基金会模式、墨西哥康帕图银行小额无担保贷款模式等。

① 曾康霖．再论扶贫性金融[J]．金融研究，2007(3)：1-9.

第三阶段为金融扶贫深化阶段。这一时期，发展中国家纷纷开始金融自由化改革，打破金融抑制和信贷配给，增加了贫困人口的信贷可得性。发展中国家的金融机构纷纷开始发展小额信贷业务，随着参与机构的增多，机构之间开始形成以产品设计为主的业务竞争。为了吸引更多客户，农村小额信贷机构的业务范围从最初的贷款向全面金融服务转化，包括贷款、取款、农业保险、汇款、教育和培训等综合化服务。农村贫困群体可以获得的金融服务也更加多样化。

第四阶段为普惠金融阶段。随着金融扶贫作用的进一步显现，包括发达国家在内的世界各国开始高度重视金融在反贫困行动中的作用，并积极引导农村金融体系的建设，扩大金融服务的覆盖广度和深度。2005年，联合国正式提出普惠金融概念，并将其作为全球贫困治理的重要方式。普惠金融体系的服务对象不仅仅限定为农村贫困人口，而是覆盖至有资金需求的个人和小企业。服务产品包括信贷、取款、支付清算、保险、储蓄、汇兑等。服务主体不仅包括传统的农村小额信贷机构，其他商业金融机构的服务重心下沉至乡村，在贫困地区设立分支机构，为农村人口提供金融服务。

（二）国际金融扶贫的经验启示

国际金融扶贫的发展在一定程度上解决了贫困人口的融资困境，提高了金融的公平性和可获得性，为世界减贫事业作出了积极贡献。国际金融的发展历程和实践做法也为中国金融扶贫体系建设提供了重要的经验启示。

1. 机构盈利性是确保金融扶贫作用持续发挥的基本前提。市场化经营和公益性目标结合是金融扶贫运行的重要特征，金融机构的市场化经营是金融扶贫体系持续发挥作用的前提条件。孟加拉国格莱珉银行、印度尼西亚人民银行等金融扶贫机构的发展历程表明，无论是何种类型、何种规模的金融机构，自身的盈利性是机构存续的基础，而机构的存续又决定了其所提供金融服务的时间长度和空间广度。如印度尼西亚人民银行小额信贷业务部在20世纪80年代发生亏损，如果不能在短期内实现盈利，其业务将被停止。世界银行扶贫小组调研发现，金融扶贫的代表性机构普遍具有为低收入群体服务的同时追求保本甚至盈利的“双重目标”①。经验证明，小额信贷机构的商业化和可持续运营是为贫困群体提供金融服务的重要前提。因此，只有实现金融扶贫机构与扶贫对象的双赢发展，金融扶贫才有可持续性，这就要求金融机构必须明确商业利益和社会责任的关系。

2. 适宜性的产品设计确保了金融扶贫的普惠性和益贫性。金融扶贫的服务对象是低收入群体，要兼顾金融扶贫盈利性与公益性双重目标就要根据服务对象的现实情况和实际需求设计信贷产品。贫困群体普遍具有低资产、低发展能力、低风险承受能力的特征，而理论研究和孟加拉等国发展实践表明，贫困人口更加重视自身信用②。根据这一现实特征，孟加拉国等国的金融机构均设计了无抵押、额度小、期限短、灵活偿还及相互担保的金融产品，保证了借款者能够在最小压力下偿还借款，金融机构也能够获得持续利润。同时根据贫困群体面临的短期生活压力和长期发展需求进行一系列制度安排，如设计会员存款基金以帮助贫困家庭渡过暂时性难关，提升了贫困者抗风险能力；通过“借款人+股东”双重身份设计提升客户的荣誉感和责任感。实践证明，根据贫困群体实际设计适宜性金融产品是金融扶贫发挥公益作用、体现普惠特征的关键。

3. 以资金借贷提升贫困人口发展能力是金融扶贫成功的关键。能力不足是个体长期陷入贫困状态的重要原因，获得持续发展能力成为摆脱贫困的关键。金融扶贫以资金借贷为载体，精准识别贫困群体，通过在

① CGAP. Building Inclusive Finacial Systems: Donor Guidelines on Good Practice in Microfinance [J]. Washington, D. C.: CGAP, 2004: 91.

② 张佳栋. 论尤努斯的金融伦理思想[D]. 长沙：中南大学，2009.

金融服务中增加有针对性的帮扶措施，实现贫困群体能力的提升。如格莱珉银行采取差别化利率鼓励贫困人口进行人力资本投资，对于贫困人口因教育发生的贷款给予较低利率。印度尼西亚等国的金融扶贫机构也通过创业辅导等方式提升贫困人口能力，同时降低了因发展能力不足无法还款的风险。通过资金借贷，不仅满足了贫困人口短期的资金需求，而且以教育、社会参与等方式实现了贫困人口发展能力的提升，既体现了金融扶贫的公益性特质，也是金融扶贫帮助贫困人口破解发展约束的重要尝试。

4. 完善的顶层设计是金融扶贫体系规范运行的制度保障。法律规范是开展金融扶贫工作的重要依据，更是政策性金融扶贫模式成功运行的必要条件。世界各国都针对金融扶贫出台了相应的法律规范，通过立法将金融机构、政府职能进行划分，明确政策性银行与商业银行的权利、义务和职能，为金融扶贫顺利运行提供法律保障。目前，孟加拉国、印度尼西亚、玻利维亚等国家都针对金融扶贫制定了相应的法律规范，随着金融扶贫的深入推进，逐步形成了较为完善的金融和扶贫法律体系。

5. 灵活的组织架构是金融扶贫低成本运营的重要载体。金融扶贫面向的客户群体是分布在城市和乡村的贫困人口，服务覆盖范围广而分散，需要设立较多业务办理点位，这就要求金融机构具有规范且灵活的组织结构，以实现内部运行和服务响应的低成本和高效率。格莱珉银行采取总部—大区行—地区行—分行的四层结构进行运营管理，每年召开一到两次大区行经理会议，日常采取分行自主运行方式，在保持信息通畅的同时实现了低成本管理和高效率运行；印度尼西亚人民银行同样采取小额信贷部、地区分行、信贷网点以及村银行的四层管理结构，业务开展以村银行为主体，形成了覆盖印度尼西亚的服务网络。经验证明，金融扶贫机构的业务特征要求构建起科学高效、运转有序的组织机制，才能有效推动金融扶贫工作顺利开展。

二、传统金融扶贫的问题和困境

国际金融扶贫的实践经验对中国金融扶贫具有重要启示。但更需关注的问题是，进入21世纪后，特别是随着2010年以来对尤努斯和格莱珉银行债务危机问题争议的出现，曾被寄以厚望的金融扶贫模式似乎陷入发展困境：印度小额贷款业务与贷款者自杀人数同步增加，非洲、拉美等地甚至出现了大资本进入后引发的贫困者债务危机①。由于无法同时实现贷款的可得性与低利率，传统金融扶贫模式逐渐走向了两个极端：或因追求公益性目标导致盈利性不足而难以为继，或因追求盈利性目标导致经营初衷从帮助贫困者变为剥削贫困者。总体而言，传统金融扶贫的主要问题和困境表现在以下四个方面。

（一）扶贫公益性与金融资本逐利性的矛盾导致扶贫目标偏离

传统金融扶贫的运行逻辑在于通过金融机构对经营利润与社会责任的协调，将扶贫目标植入金融机构经营过程，把政府和社会资金通过金融体系配置给贫困群体，在解决其资金不足问题的同时强化自我发展的意愿和能力。但是，由商业化金融机构为主体实施的金融扶贫本身蕴含扶贫与盈利双重目标，作为公益性的扶贫目标与作为经营性的盈利目标本质上是矛盾的。在金融扶贫发展初期，这一矛盾可能因市场空间的拓展和社会资本的集聚得到缓解，但是随着业务量的增加，盈利性与公益性间的矛盾将日趋激化，最终造成传统金融扶贫偏离原有目标，向两个极端方向发展。

第一种情况是部分机构因缺乏持续运营能力而破产或收缩业务，导致贫困群体金融抑制。金融扶贫体系在建立初期有效发挥了打破金融壁垒、向弱势群体配置资金的作用，通过在乡村、城市贫民窟等大金融资本不愿进入的区域配置金融资源加快发展中国家金融深化进程。但是，

① 印度扶贫贷款成穷人“索命钱” 九个月万人自杀[DB/OL]. www.chinagate.cn，2011-01-04.

随着金融扶贫内在矛盾的显现，部分金融机构因运行成本高、贷款偿还率低等问题导致保本困难，陷入破产或大规模收缩业务，大量基层金融网点消失，贫困群体再次被排除在金融体系之外。

第二种情况是部分机构在逐利动机驱动下异化为剥削贫困群体的资本工具。金融资本的逐利性决定了由私有金融机构作为金融扶贫主体很难持续发挥扶贫助贫的公益性作用。近年来，一些国家和地区的金融扶贫业务已经成为资本获得高额利润的手段，金融扶贫资金被各类私人机构以机会主义行为转变为盘剥穷人的高利贷。如印度的一些非正规借贷公司以低息获得扶贫信贷资金，再以高息转借给穷人收取利差，本应由贫困者享有的政策红利被金融资本家占有，并将金融扶贫转化为剥削贫困者的工具。

（二）财政公共性与机构私有性的矛盾导致金融政策工具有限

金融扶贫的双重性质决定了其持续发展必然需要政府财政和金融政策的共同支持。但是，公共财政主要为社会提供公共服务职能，更多体现公共物品属性，而传统金融扶贫以私有机构作为实施主体，更多体现私有属性，其性质和治理结构决定了政府不能过度介入其经营管理，也不能以政府信誉为机构信用背书，公共财政也无法以更加多样、更加有效的方式与金融结合，导致传统金融扶贫缺少基于政府背书和财政支持的多元化金融产品设计和更加有效的实施模式。由于缺少符合条件的组织载体和政策工具，政府扶贫资源与金融资源缺乏有效的衔接配合，金融机构缺乏相应的激励机制和保障机制，弱化了扶贫资金的政策效果和使用效率。

（三）信用体系滞后性与信用依赖性的矛盾导致交易成本偏高

以信用担保替代资产抵押是金融扶贫发展的实践突破。以信用替代资产作为增信手段可以使资产匮乏的贫困人口更易于获得金融支持，但是这一做法在实践中也存在一定局限性，即很大程度上要求以传统熟人社会结构为基础。在以宗族为基本单位的熟人社会中，信用是决定个体社会地位的重要因素，因此通过联保等方式能够有效降低坏账风险。但是，随着城市化工业化进程的推进，传统社会逐步瓦解，在以原子化个体家庭为基本单位的现代社会中，个体信用的价值取决于社会信用体系的完善程度。因此，金融扶贫中信用担保能否发挥作用，也依赖社会信用体系的建设。从传统金融扶贫的实际情况来看，由于贫困地区和贫困人口信用体系滞后，增加了金融扶贫制度运行中的交易成本，再加上贫困地区经济发展水平较低，农户收入较低、缺少抵押物，容易受到来自正规金融部门的信贷排斥，使“贫困排斥”范围进一步扩大。

（四）金融扶贫有限性与贫困多元性的矛盾导致扶贫质效不高

现代金融体系不足以解决贫困人口面临的前现代化问题。金融体系有效地动员储蓄、合理地配置金融资源，有助于企业家创新，从而更好地促进经济发展。具体而言，有以下两条消除贫困的路径：通过金融服务对象的拓展，缓解农村地区信贷约束并增加贫困农民收入；通过保险产品的普遍应用，提升疾病、灾害和市场价格剧烈波动等风险冲击的抵御能力。客观地说，传统的金融扶贫在这两个方面发挥了理当认可的积极作用，但仅仅只是增加贫困人口信贷可得性，提高风险承受能力，无法彻底解决贫困人口面临的多维贫困和发展能力不足的问题。贫困人口通常缺乏发展必备的生产要素、市场能力、发展机会和主观意愿，很多时候尽管获取了信贷资金，却只能按照传统的低水平的生产方式生产，在市场竞争中处于不利地位，物质资本积累缓慢，难以摆脱贫困。除了生产性用途的借贷外，贫困人口还需要借贷以满足子女教育、家庭医疗大额刚性支出，这些有息债务使得贫困人口更加难以摆脱“贫困陷阱”。

三、中国农业政策性银行的功能与传统金融扶贫困境的破解

综上所述，传统金融扶贫主要存在两个层面的问题。一是难以破解

商业化金融机构盈利性本质与扶贫助困公益性目标之间的根本矛盾，存在无法同时实现贷款的可得性与低利率的两难问题。二是金融扶贫资金转化为产业资本后生产率不高，造成经营者资本积累缓慢、无法扩大再生产、脆弱性强，因而难以脱贫的问题。探索“金融扶贫路在何方”，亟须从上述两方面发力。一方面，在一国贫困治理体系和金融体系中，需要培育出兼具公益性与商业性、战略性与经营性双重目标的金融扶贫组织形式，作为金融扶贫的实施主体。这一组织形式能够通过机制设计降低和分解贫困人口的交易成本，使扶贫贷款低利率成为可能。另一方面，这一金融组织作为政府和市场的桥梁、各扶贫主体利益关系的纽带，能够将财政、金融、产业主体、贫困人口联结在产业模式之内，使金融资金转化为具有较高生产率的产业资本，贫困人口从产业资本的收益中获得稳定收入。由此可见，构建并不断完善这一特殊的金融主体，正是金融扶贫创新的着力点。

习近平总书记强调“加大对脱贫攻坚的金融支持力度，特别是要重视发挥好政策性金融和开发性金融在脱贫攻坚中的作用”。将政策性银行作为金融扶贫的战略力量，既是中国金融扶贫的重要创新，也是一条解决传统金融扶贫困境的可行道路。从国家扶贫体系和农村金融体系出发，中国农业政策性银行扶贫具备了以下两个方面的重要功能，因而能够成为破解上述难题的有效组织形式。

（一）以社会效益为首要目标，能够保障扶贫主体的资金可得性[①]

资本逐利性是商业金融的本质，在金融扶贫领域，其资本增殖功能不仅难以惠及贫困人口，还会因追求利润最大化而无序扩张，造成“脱实向虚”的产业空心化现象，同时为规避监管，金融创新层出不穷，也

① 法律法规对政策性、开发性银行对私金融业务有限制。此处指对贫困人口有带动、惠及作用的产业主体，主要是企业。

会扩大金融系统性风险，使仅有的被商业金融覆盖的贫困群体的脆弱性进一步放大。政策性银行凭借自身独特的制度优势，以及不以盈利最大化为目标的特性，从根本上避免了商业化金融机构盈利性与扶贫助困公益性之间的矛盾，在“保本微利”财务可持续的基础上，向落后地区逆向配置金融资源，把自身利润让渡给扶贫对象，以更好地实现支持落后地区和薄弱产业的政策目标。

（二）以执行政府意志、服务“三农”需求为基本经营理念，能够更好地与贫困地区政府协同，共同构建扶贫贷款低利率的有效机制，同时破解贫困人口产业发展约束

农发行是政府的银行，以执行政府意志、服务“三农”需求、遵循银行规律作为基本经营理念。脱贫攻坚指向现行标准下农村贫困人口脱贫，农发行的宗旨、定位、业务范围、机构布局相比其他政策性银行机构具有独特的优势，往往是贫困地区政府寻求金融资源时首先倚重的对象。在长期服务“三农”的过程中，农发行与贫困地区政府建立了良好的合作关系，在推动建立政府主导、各方参与的利益联结机制时，能够得到政府的大力支持。利益联结机制中各主体对交易成本进行分担，使扶贫贷款的低利率成为可能。如风险补偿和分担机制能够一定程度化解扶贫贷款损失，有效降低了利率定价中的信用风险成本。

在政府、社会、市场协同推进的大扶贫格局中，中国政府主导构建了一整套精准扶贫的治理体系，可以有效解决贫困人口的信息不对称问题和产业发展问题。如政府建立了全国建档立卡贫困人口信息系统，确保扶贫资源真正用在扶贫对象上，使金融机构不用承担“贫困瞄准”的成本，同时弥补了贫困群体信用体系缺失，减少了贫困人口的信息不对称。政府、企业事业单位等选派驻村工作队、第一书记和驻村干部充实一线扶贫力量，帮助贫困村基层党组织建设成为带领群众脱贫致富的坚强战斗堡垒，也使贫困人口可以依靠组织发展产业，不必单打独斗。这些都为农发行金融扶贫提供了便利条件。

第二节　扶贫贷款创新的原理分析[①]

对于贫困人口来说，贷款的可得性与低利率通常无法并存。为打赢脱贫攻坚战，必须投入数量巨大、成本可担的信贷资金。如何破解可得性与低利率的矛盾，关键在于通过一套机制设计，将交易成本内化于组织之内，使各参与主体分担贫困人口的交易成本，银行得以按照较低利率发放贷款，并实现成本与收益的平衡。

一、金融机构与贫困人口的交易成本

交易成本，就是在一定的社会关系中，人们自愿交往、彼此合作达成交易所支付的成本，也即人—人关系成本。从本质上说，有人类交往互换活动，就会有交易成本。现实经济系统的运行是通过各种“交易活动”来得以维系的，而为了使“交易活动”能够有效进行，交易双方就要建立各种契约关系；为了确保契约关系的建立和实施，就需要发生一系列活动、产生一系列费用。如在商品信息和交易对象信息的搜集过程中产生的搜寻成本，为取得交易对象信息以及进行信息交换所需的信息成本，针对契约、价格、品质讨价还价的议价成本，进行相关决策和签订契约所需的决策成本，监督交易对象是否依照契约内容进行交易的监督成本，违约发生时相关主体所需付出的违约成本等。

金融机构向贫困户提供贷款，是伴随着金融资源使用权让渡的交易行为，因此会产生交易成本。从金融机构的视角来看，主要包括签约成本、信息成本和风险损失成本。签约成本的发生与物理空间有关，由于

① 由于国际上对扶贫贷款的讨论，如小额信贷，主要是围绕如何支持贫困人口经营发展产业展开的，为便于国际比较，本节讨论限于产业扶贫类贷款，不包括基础设施扶贫贷款。

贫困人口大多居住在地广人稀、基础设施不发达的边远地区甚至深山老林，金融机构在向其提供金融服务的过程中，无论是初始的签约还是契约持续期间的贷后现场监督，都需要支付较高成本。信息成本即克服信息不对称产生的成本，贫困人口未来收入是否如预期实现，是否有充足的还款意愿，是否会发生不可抗力事件等，都对其最终能否按时还款产生直接影响，要克服这些约束，就要搜寻影响还款的信息并采取必要的应对手段，进而产生信息成本。风险损失成本在违约风险成为或即将成为事实时发生，扶贫贷款一旦不能按期归还产生坏账，就要冲减银行的利润，造成损失。

交易成本是由交易参与者的个体特质及系统环境决定的，既不会凭空产生或增加，也不会凭空消失或减少。只要贫困户所处的地理位置、收入来源、劳动技能、社会关系、信息获取手段等一系列要素保持不变，与贫困户的交易成本就不会有大的出入。因此，贫困人口的高昂交易成本，是任何金融扶贫模式都需要面对的基本问题，也是造成贫困人口融资难、融资贵的根本原因。

二、不同金融扶贫方式的原理

商业银行克服信息不对称的主要方法是抵押担保。由于农产品的易腐特性，一些国家的农村土地产权交易市场不完善，农用设施专用性强不易变现等因素，农村合格的抵押品数量少，导致商业银行不愿进入金融扶贫领域。解决贫困人口信贷需求问题，传统上主要依靠民间高利贷、小额信贷，以及合作社资金互助等方式。中国脱贫攻坚期间，出台和实施了针对建档立卡贫困人口的扶贫小额信贷，以及以提高贫困人口收入为目的的产业扶贫贷款。以上几种方式中，高利贷的利息最高。为了缓解高利贷对贫困人口的盘剥，尤努斯创设了格莱珉乡村银行，以低于高利贷的利率放贷，但利息仍然较高。合作社资金互助的利率较低。

中国扶贫小额信贷采取的是统一的基准利率。中国产业扶贫贷款利率围绕基准利率波动。无论是哪种贷款，面对贫困人口的交易成本都是一样的，放贷者之所以采取不同的利率，是由于参与主体对交易成本进行了不同程度的分担。

（一）高利贷

贫困户高昂的交易成本，决定了放贷者必须收取与之相匹配的高额利息才能实现财务可持续，导致贫困地区高利贷无法杜绝。而其根本原因在于，放贷者已经作了市场调查，了解一类人群的偿还概率，将预期损失计入利息，并采取必要的方法进行控制和监督，几乎承担了所有的交易成本。一项对巴基斯坦农村高利贷的研究发现，平均利率高达78%，而借款者违约率仅为2%[①]。研究同样发现，穷人会向那些一旦违约就会真正伤害他们的人借款，而放贷者无须花太多时间去监督，因为穷人不敢犯错。这时穷人必须用尽各种手段确保还款，因而贷款才会便宜一些[②]。

（二）小额信贷

格莱珉乡村银行等小额信贷机构依靠的是其紧密监督客户的能力。如一些小额信贷机构的做法是：一组借款人为彼此的贷款负责，尽量确保其他人按时还款。同一客户经理管理的借款人每周固定时间召开会议，会上统一还贷，数额固定，从贷款发出一周后算起。在该模式下，借款人必须互保，每周固定时间开会并凑齐还款，承担了主要的交易成本。由于交易非常简单，银行的客户经理每周可收回100~200人的欠款，

① 阿比吉特·班纳吉，埃斯特·迪弗洛. 贫穷的本质[M]. 景芸，译. 北京：中信出版集团，2018：182.

② 20世纪60~70年代，印度加尔各答市，很多放贷人是喀布尔人——阿富汗的高个子男人，为什么当地人不去开展这些业务呢?最有可能的答案就是，这些阿富汗人以凶悍无情著称，他们会杀掉企图欺骗他们的人。阿比吉特·班纳吉，埃斯特·迪弗洛. 贫穷的本质[M]. 北京：中信出版集团，2018：184-185.

而且不需要受过良好的教育或培训[①]。银行承担的交易成本较少，可以以低于高利贷的利率放贷。但借款人承担了较多的交易成本，成本与收益权衡后的结果往往是不选择使用小额信贷[②]。中国最早开展小额信贷扶贫的是非营利组织形式的小额信贷机构，这些机构长期扎根于贫困地区，具有金融扶贫的组织优势和社会优势。比如中国中和农信在全国20个省份建有332家分支机构，主要借鉴格莱珉小额信贷模式，并进行本土化创新，无须抵押，3~5户联保，最高贷款额度为2万元。

（三）合作社资金互助

世界各地的农村地区广泛存在守望相助的传统，邻里之间合作应对个体危机是一种约定俗成，并通过你来我往和“以德报德”，相互之间达到“互不相欠”的长期平衡。所以邻里之间借贷利息很低，有的甚至不支付利息。中国农村地区是典型的“熟人社会”，中国农村民间信用合作有着广泛的群众基础，形成了久远的社会风俗。“熟人社会”信息对称程度高，降低了发放贷款的信息搜寻成本，提高了借款人的违约成本[③]。农民资金互助社根植于农村，贴近农民，能够发挥“熟人社会”的优势，使穷人的交易成本由“熟人”社群整体承担，并在社群内部得到一定程度分担，因而贷款利率较低。为了维系“熟人”社会关系，贫困人口需要接受相同文化、遵循共同习俗和规范，交易成本被分散到了大量的社

① 阿比吉特·班纳吉，埃斯特·迪弗洛．贫穷的本质[M]．景芸，译．北京：中信出版集团，2018：188-189.

② “即使三家或更多的小额信贷机构为海得拉巴市的贫民提供贷款，只有约四分之一的家庭会向其借款，而半数家庭会以更高的利率向放债人借款，他们几乎不会因小额信贷的出现改变主意。或许与之有关系的正是小额信贷的严格规定及其施加于客户的时间成本。贷款支出一周后开始每周还款，对于那些需用钱的人来说并不现实，因为他们不确定自己什么时候能够开始还款。同样的要求还会阻碍人们选择一些赚钱慢的项目，因为他们每周都需要有足够的流动资金按期还款，而前者可能会做更大更冒险的生意，比如买一台缝纫机，而不是仅仅倒卖服装。”阿比吉特·班纳吉，埃斯特·迪弗洛．贫穷的本质[M]．景芸，译．北京：中信出版集团，2018：195-196.

③ 对于有借款有意不还的农户会受到周围邻居以“碎言碎语”方式加以传播，致使其恶劣行径家喻户晓，从而提高了其再次获得邻居帮助的困难程度。有的农民资金互助社规定，对于有意赖账不还的农户，邻居将拒绝参与其家族成员的结婚、生子、丧葬等重大事务。

会交往行为之中。有的国家的互助合作社通过层层持股形成基层、县、省市（州）、中央（联邦）多层架构的信用合作体系，同时作为国家支农战略的工具，承担着农业政策性金融的功能。

（四）中国扶贫小额信贷

为解决贫困农户贷款难、贷款贵、贷款慢的难题，中国在脱贫攻坚期间专门出台了扶贫小额信贷政策，政策要点是“5万元以下、3年期以内、免担保免抵押、基准利率放贷、扶贫资金贴息、县建风险补偿金”。这六大政策要点是根据脱贫攻坚初期贫困农户的家庭状况、发展水平、生产规模、生产周期进行设计的。扶贫小额信贷工作由县党委和政府领导、扶贫部门统筹协调、各部门负责、各金融机构主动参与，包括扶贫办、财政局、人民银行分支机构、银行业监管部门、保险监管部门、驻村第一书记、村“两委”、驻村工作队、妇联等众多主体[①]。正是由于多主体广泛参与、各司其责，有效分担了银行与贫困人口的交易成本，才使免抵押免担保、基准利率的贷款条件成为可能[②]。

① 2014年底，国务院扶贫办、财政部、人民银行、银监会、保监会五部门联合出台《关于创新发展扶贫小额信贷的指导意见》，对参与扶贫小额信贷的各方工作职责作出明确规定。扶贫部门负责做好组织动员、政策协调工作，发挥村“两委”、驻村工作队、妇联等组织的作用，做好信用档案建立、项目咨询、项目指导、宣传培训等方面的工作；各地财政部门做好扶贫小额信贷贴息工作；人民银行各分支机构灵活运用多种货币信贷政策工具，推动相关配套政策落实，提供贷款基础利率数据；银行业监管部门完善银行业金融机构差异化监管政策，提高扶贫小额信贷不良率的容忍度；保险监管部门积极推进农村保险市场建设。各省根据建档立卡贫困农户的扶贫开发工作需要，编制扶贫小额信贷发展规划和年度工作计划。

② 《关于促进扶贫小额信贷健康发展的通知》、《关于进一步规范和完善扶贫小额信贷管理的通知》和《关于进一步完善扶贫小额信贷有关政策的通知》中，对各方的职责作了进一步细化。乡（镇）级扶贫部门要把好项目审核关，做好项目管理服务工作，督促驻村工作队、第一书记和村“两委”全程参与，前期协助开展政策宣传、贫困户评级授信、汇总贫困户贷款需求，中期帮助开展贷款使用监督，后期帮助落实贷款回收。将贫困户使用扶贫小额信贷情况与县级脱贫攻坚项目库建设相结合，加强跟踪指导和技能培训。银保监局督促银行业金融机构落实“包干服务制度”，督促银行机构精准合规发放扶贫小额信贷。进一步提高不良贷款容忍度，对扶贫小额信贷不良率高出银行机构自身各项贷款不良率年度目标3个百分点以内的，不作为监管部门监管评价和银行内部考核评价的扣分因素，加快完善扶贫小额信贷尽职免责制度。各人民银行分支机构要积极发挥金融精准扶贫信息系统作用，加强与扶贫、银保监等部门的信息对接共享，共同做好扶贫小额信贷统计监测分析和评估考核工作。各地财政部门落实好扶贫资金贴息政策，完善风险补偿机制。

1. 分担签约成本。按乡镇明确一家责任银行，由责任银行对建档立卡贫困户实行名单制管理，对贫困户开展逐户走访和信用评定。建立县乡村三级服务体系[①]，扶贫小额信贷实现一站式办公，金融扶贫村村都有办公点、点点都有办事员，与贫困农户面对面办理业务、解决问题、办结手续，提高服务效率。村、乡、县三级服务机构实现一次办公、统一审批，银行网点一次性完成信息采集、征信记录查询、协议签订等业务办理手续。

2. 分担信息成本。（1）协助开展信用评级。基于当地乡村社会特点，发挥乡村"熟人社会"优势，由驻村工作队、第一书记、村"两委"、帮扶责任人、"五老"[②]等协助银行收集贫困户信息，组织进行信用评级，解决银行部门人力不足无法大范围开展信用评级的问题。（2）采取有针对性的信用量化策略。改变传统评级授信中放贷银行主要考虑借款人还贷能力和担保能力的做法，将贫困户的信用资本（诚信评价）、人力资本（劳动力人数）、物质资本（收入）加以量化，综合确定贫困农户的信用评分，以此作为贫困农户获得贷款额度的评价标准[③]。（3）信用信息共建共享。政府部门、基层组织和"熟人社

① 县级金融服务组织：由县金融办、县扶贫办、人民银行县级支行、金融机构等相关单位组成，实行定期联合办公，有条件的可提供一站式服务。主要职责：负责全县信用体系建设，贫困农户贷款申请的受理、审核、批转和督办；负责全县风险防范体系建设和业务运转；负责扶贫小额信贷利息补贴的及时拨付；负责对辖内乡（镇）、村金融服务组织人员进行培训等。
乡（镇）级金融服务组织：由乡（镇）扶贫工作主管领导和扶贫工作人员、银行乡（镇）包片负责人等组成。主要职责：负责政策宣传；建立全乡（镇）贫困农户信用信息电子档案，进行动态管理；受理贷款申请；对县级金融服务组织安排到村级金融服务组织的工作进行督办等。
村级金融服务组织：由村组干部、驻村工作队员、第一书记、党员代表或农村"五老"代表等人员组成。主要职责：负责政策宣传；采集建立贫困农户信用信息档案，并进行属地动态管理；收集贫困农户贷款申请及其他金融服务需求；完成县乡两级金融服务组织安排的其他工作等。

② 指老党员、老模范、老军人、老干部和老农民。

③ 如湖南省麻阳县将上述三项比重分别设为7:2:1；宁夏盐池县设为6:1:3，在信用状况、参保情况及遵纪守法情况的指标中下设二级指标，包括：有无不良贷款，对外担保，有无参加社保医保、农业保险，各种欠账，赌博嗜好，吸毒记录，邪教活动记录，司法诉讼记录，行政处罚记录，聚众上访记录，重大不良影响记录。

会”及时更新完善信用信息[①]，各家银行对基于信用信息作出的评级结果充分信任并认可，根据不同信用等级，对贫困户授予1万~5万元的贷款额度。

3. 分担风险损失成本。县级政府从财政专项扶贫资金或县本级自有财力或社会帮扶资金中安排部分资金，建立扶贫小额信贷风险补偿金。风险补偿金是政府增信的配套措施，扶贫小额信贷一旦发生呆坏账损失，由政府按照事前约定的比例，与银行共同分担风险。对贫困户确无偿还贷款能力、到期未能还款且不符合续贷或展期条件、追索90天以上仍未偿还的扶贫小额信贷，启动风险补偿机制，按规定比例分担损失。

（五）产业精准扶贫贷款[②]

产业精准扶贫贷款是指支持发展产业并对建档立卡贫困人口具有扶贫带动作用的贷款。与扶贫小额信贷贷款对象是贫困人口不同，产业扶贫贷款发放对象是涉农企业或其他符合条件的组织，借款人即承贷主体通过安排建档立卡贫困人口就业，或通过土地托管、牲畜托养、吸收农

① 在实践中，户主和家庭成员的身故、失联信息由村金融服务部负责收集上报；婚姻状况信息由民政部门负责更新；涉及治安、刑事案件信息由公安机关负责更新；逾期不良贷款或家庭财产抵押信息由金融机构负责更新。贫困农户生产经营、创业、生产运输设备、房产、保险等信息也由相关部门或机构及时进行更新。

② 产业精准扶贫贷款是指发放给境内企（事）业法人或国家规定可以作为借款人的其他组织的，用于发展产业并对建档立卡贫困人口具有扶贫带动作用的贷款。扶贫带动作用是指通过安排建档立卡贫困人口就业，或通过土地托管、牲畜托养、吸收农民土地经营入股，或与建档立卡贫困人口签订帮扶协议或交易合同等途径，带动建档立卡贫困人口增收。满足下列条件之一的可认定为具有扶贫带动作用：（1）借款人为微型企业并吸纳建档立卡贫困人口就业1个（含）以上；小型企业吸纳建档立卡贫困人口就业3个（含）以上，或占职工总人数的2%（含）以上；中型企业吸纳建档立卡贫困人口就业5个（含）以上，或占职工总人数的2%（含）以上；大型企业吸纳建档立卡贫困人口就业10个（含）以上，或占职工总人数的2%（含）以上；农民专业合作社吸纳建档立卡贫困人口就业1个（含）以上；其他非企业单位吸纳建档立卡贫困人口就业1个（含）以上。（2）借款人为小型、微型企业或农民专业合作社，并有1个（含）以上建档立卡贫困人口参股。（3）借款人为微型企业、小型企业、中型企业、大型企业、农民专业合作社、其他非企业单位分别与1个（含）以上、3个（含）以上、5个（含）以上、10个（含）、1个（含）以上、1个（含）以上建档立卡贫困人口签订帮扶协议或交易协议。

民土地经营权入股，或与建档立卡贫困人口签订帮扶协议或交易合同等途径，带动建档立卡贫困人口增收，因而对贫困人口是一种间接的信贷支持。在实践中，农发行通过支持承贷主体构建“公司+贫困户”“公司+农民合作社+贫困户”等利益联结机制，将农发行对贫困人口的交易成本，转化为农发行对承贷主体的交易成本和承贷主体对贫困人口的交易成本两部分[①]。由于承贷主体一般是实力较强的公司，信用风险较低，农发行可以实行远低于覆盖贫困人口交易成本所需的利率发放贷款。

对于采取“公司+农民合作社+贫困户”“公司+贫困户”等组织模式的农业产业化联合体，农发行选取参与产业链经营管理的国有实体公司或控股公司、上市民营企业或省级以上产业化龙头企业为承贷主体，综合考虑合作社和贫困户的资金需求，总体解决联合体的产业扶贫资金需求[②]。

为支持扶贫中小企业的发展，农发行与山西省吕梁市政府共同合作开发了产业扶贫的“吕梁模式”。经在吕梁地区试点，农发行不断完善配套支持政策，将“吕梁模式”推广至全国。在“吕梁模式”下，地方政府对产业扶贫企业、项目等建立筛选、推荐机制，建立融资项目库或企业名录。驻村扶贫工作队协助强化产业扶贫项目管理。地方政府与农发行合作建立风险补偿基金，政府出资来源于地方财政专项扶贫资金、财政涉农整合资金、财政转移支付等[③]。对发生实质风险的，先由补偿基金按照贷款到期额的80%进行代偿；剩余部分通过依法处置企业抵押资产和法人及主要股东的个人财产进行偿还，不足部分由农发行承担。在

① 主要包括体系内的管理成本和沟通成本。

② 关于印发《中国农业发展银行产业扶贫流动资金贷款办法》和《中国农业发展银行产业扶贫固定资产贷款办法》的通知（农发银发〔2018〕338号）。

③ 关于推行产业扶贫“吕梁模式”的信贷指导意见（农发银扶贫信〔2018〕1号）。

“吕梁模式”下发放的产业扶贫贷款，执行优惠利率，对带贫效果显著的产业扶贫项目原则上按照基准利率予以支持，不上浮[①]。

在产业扶贫中，农发行创新的实质是构建系统化的交易成本分担机制。通过支持承贷主体构建“公司+贫困户”农业产业化联合体，农发行对贫困户的交易成本经由承贷主体进行分解，充分利用承贷主体植根当地的信息优势和组织约束能力，使交易成本在自身、承贷主体和贫困户之间实现更加合理的分担。同时，农发行充分利用脱贫攻坚全国“一盘棋”的优势，利用国家已经设计完备并实施的多种机制和渠道，协同构建政府部门、其他金融机构和社会组织广泛参与的跨部门、跨地区的金融扶贫工作机制，实现了交易成本在更大范围内的合理分担。

除“吕梁模式”外，农发行还创新了信用保证基金模式、省级实验示范区模式、东西部扶贫协作模式、“万企帮万村”等产业扶贫金融模式。信用保证基金模式的要点是，政府或其指定的投融资主体、企业共同出资，各省自行掌握出资比例，企业按照不低于贷款额的10%缴存信用保证基金。农发行对基金专户管理，按基金总额不超过10倍发放产业扶贫贷款。企业无法偿还时，按照先使用企业信用保证金，再使用县缴存资金、省市配套信用保证基金进行代偿，后再向企业追缴。在省级实验示范区模式下，省级政府相关部门和农发行联合提出脱贫攻坚项目清单，对带贫作用强、落实自有资金并提供财政贴息或获得担保的，资金缺口由农发行优先贷款支持，建立政府主导的政策性银行贷款风险补偿和共担机制。东西部扶贫协作模式是按照中央确定的东西部扶贫协作结对帮扶关系，东部地区企业在中西部贫困地区设立子公司的，可在母公司所在东部地区行申请贷款，用于支持中西部地区。“万企帮万村”精准

① 关于印发《产业扶贫“吕梁模式”推广模版》的通知（农发银扶贫〔2019〕7号）。

扶贫模式是指农发行各级行与当地工商联、扶贫办、光彩会等部门签署合作协议，从工商联“万企帮万村”精准扶贫行动台账管理系统中筛选企业，优先保证信贷规模，适当实行优惠利率。

综上所述，利率水平与交易成本的分担程度成反比。交易成本被分担得越多，金融机构对贫困人口的交易成本被稀释得越多，贷款利率也就越低。相反，如果交易成本完全由金融机构或放贷者承担，利率就不得不设定在非常高的水平上。正规金融机构显然是不允许极高利率的①，但传统抵押担保方式毕竟有限，商业金融因此不愿进入扶贫领域。在政策性金融、合作性金融还无法惠及的地区，就会存在民间高利贷生存的空间。比较上述扶贫贷款方式中贫困人口交易成本的分担，可以得到表4-1。

表4-1　扶贫贷款中的交易成本分担

贷款形式	贫困人口	金融机构或放贷者	政府	农业公司	利率水平
高利贷		****			很高或极高
小额信贷	**	**			较高
合作社资金互助	***	*			较低或很低
中国扶贫小额信贷		*	***		基准利率
产业精准扶贫贷款		*	*	**	基准利率上下
“吕梁模式”		*	**	*	基准利率上下

注：*代表承担交易成本，个数越多代表承担的交易成本越大。

①《民法典》第六百八十条明确禁止高利放贷，借款的利率不得违反国家有关规定。超过中国人民银行公布的金融机构同期、同档次贷款利率（不含浮动）的4倍。超过上述标准的，应界定为高利借贷行为。

三、金融扶贫模式的选择——市场和企业的边界

交易形式取决于交易成本大小。企业与市场之间的替代取决于市场交易成本与企业内部管理成本的比较[①]。这个理论用在贫困人口身上，意味着贫困人口作为独立的个体进行市场交易，还是贫困人口作为企业的一分子并由企业进行市场交易，取决于到底是贫困人口与市场的交易成本大，还是企业内成员之间的管理沟通成本大。现实的情况是，使用扶贫小额信贷的贫困人口可以自主发展，户贷户用户受益，但更多的是他们进入一个企业等组织之内，即由企业组织发挥“带贫作用”，主要包括三种形式：（1）贫困户合伙发展。贫困户与贫困户、一般农户、能人大户等合伙发展，获得生产互助、技术支持、市场服务和销售通道等。（2）贫困户合作发展。贫困户抱团成立扶贫合作社，贫困户为主体。合作社采取一系列风险防控措施，包括对贷款暂未“回笼”、暂时无法还款的贫困户，由合作社统筹使用社员流动资金，先行代偿。（3）贫困户合作社与龙头企业合营发展。贫困户合作社在合营发展中唱主角，起控股和主导作用；龙头企业等新型经营主体占“小头”，主要发挥在生产管理、技术应用、市场营销、信息服务等方面的优势，以此实现龙头企业等新型经营主体支持合作社发展、带动贫困户增收[②]。

综上所述，贫困户个体无论是与金融机构还是与市场实体进行交易，交易成本都由其本身弱质性所决定，他们往往缺乏发展能力，或者不具备参与市场的能力，交易成本大，因而组成一个团体发展是有利选择。这个道理也被脱贫攻坚时期大量存在的扶贫小额信贷“户贷企用”

① 制度经济学家科斯于1937年发表的观点。
② 吴华．扶贫小额信贷——破解贫困人口贷款难题的中国实践[M]．北京：当代世界出版社，2020：92-98.

现象所证实[①]。

高利贷已经存在上千年，尽管利率很高，但能解决弱势群体的信贷可得性问题。即使利率水平比高利贷有了较大改善，以尤努斯的格莱珉乡村银行为代表的小额信贷机制仍然是以较高的利率来确保贫困群体的信贷可得性。之所以比高利贷收取的利息低，是由于贫困户通过互保、定期集中还款等形式承担了部分交易成本。从高利贷、国际小额信贷、中国扶贫小额信贷，再到中国产业精准扶贫贷款，参与交易成本分担的主体依次增加，包括并不限于政府和村级工作人员、金融机构、产业市场主体、贫困人口，从而银行分担的交易成本依次下降，特别是"公司+贫困户"使银行对贫困人口的交易成本分解为银行对公司的交易成本和公司对贫困人口的交易成本，实现了公司信用对贫困人口信用的替代，银行能够以较低利率维持成本收益平衡，企业以较低成本获得贷款并发挥带贫作用，成为金融产业扶贫中最为典型的模式。

第三节　政策性银行扶贫的模式创新

金融扶贫创新的关键在于如何构建联结机制，分担交易成本，从而以较低的利率水平为贫困人口提供贷款。在扶贫实践中，政策性银行面临的问题不止于此。既要以金融手段帮助贫困人口脱贫，也要帮助贫困地区汇聚金融资源；既要解决合理融资成本下的信贷资金可得性的问题，也要确保信贷资金向产业资本顺利转化，提高资本收益水平，实现贫困人口的资本积累。

① 2017年银监会与财政部、人民银行、银保监会和国务院扶贫办联合印发了《关于促进扶贫小额信贷健康发展的通知》，要求"坚持户借户还，切实防范冒名借款、违规用款等问题"，"坚持贫困户自愿和贫困户参与两项基本原则，使贫困户融入产业发展并长期受益"，即不允许"户贷企用"。但还有一些地方变换方式搞"户贷企用"。

一、农业政策性银行扶贫模式的解构

农发行扶贫模式创新的本质就是回答前文提出的两个关键问题：低利率扶贫贷款的可得性，以及扶贫贷款转化为产业资本后实现足够高的生产率。

（一）利率定价、产业资本收益率与贫困地区发展约束

银行的贷款定价主要考虑资金成本、营运成本、信用风险成本和机会成本等因素。要降低利率水平，需从上述因素入手。在资金成本方面，国家通过抵押补充贷款（PSL）和扶贫再贷款等方式降低信贷资金成本。在营运成本方面，银行注重使用金融科技手段提高管理和服务效率，降低营运成本。机会成本取决于无风险利率，银行没有定价权。利率下降的关键在于如何降低信用风险成本，包括为了判断借款人还款能力和还款意愿搜集信息带来的信息成本，以及金融资本转化为产业资本后，由于收益的不确定性产生潜在损失的成本。

因而产业资本的预期收益率很大程度决定了借款者能接受的利率定价水平。农业具有弱质性，农村贫困人口生产方式相对落后，仅靠贫困人口自身，产业资本难以具有高的预期收益率，这是贫困人口经营的事业难以形成积累，进而做大的原因。突破贫困人口的发展约束，现实中有效的途径就是贫困人口进入一个更大的组织体系之内。在民间借贷中，贫困人口自己承担融资成本，独自应对发展约束，贷款利率往往高于资本收益率，导致债务负担沉重，更加难以摆脱贫困。中国的小额扶贫信贷，政府承担了一部分信息成本和损失成本，从而降低了利率定价水平。而获得低成本扶贫小额信贷资金之后的贫困人口不愿独自应对发展约束，更多选择抱团取暖方式，与能人合作，加入合作社，或贫困户合作社与龙头企业联营。政策性银行金融扶贫则不同，通过构建利益联结机制，地方国有企业、产业化龙头企业等市场主体取代了贫困人口成为承贷主体。由于企业实力强，产业资本的预期收益远高于贫困人口经

营收益，打破了发展约束，大大降低了信用风险，在实现低利率扶贫贷款可得性的同时，确保了扶贫贷款转化为产业资本后足够高的生产率。此外，农业政策性银行的基础设施扶贫贷款往往由地方国有企业或产业化龙头企业承贷，贷款投放满足了贫困地区基础设施和公共服务设施的资金需求，改善了水、路、电、网，医疗、教育、养老设施在城乡间的均等化水平，极大地破解了贫困地区和贫困人口的发展约束。

（二）农业政策性银行扶贫模式中各参与主体的功能

农业政策性银行金融扶贫创新的实质在于创造性地构建利益联结和风险分担机制，将原本由贫困人口独自承担的融资成本在政府、银行和承贷主体之间重新分配，原本由贫困人口独自面对的发展约束由上述主体合力破解。

在联结分担机制中，政府通过承担如下功能解决融资成本和发展约束问题。（1）提供财政支持。如对扶贫贷款贴息，财政出资注入承贷主体或项目资本金。（2）改善基础设施。通过提供公共产品，推动扶贫公益性和准公益性基础设施建设，改善贫困地区发展环境。（3）保障项目可行性。将扶贫项目可行性论证导入地方发展规划的前期研究；在发展规划出台后，协调推进扶贫项目实施，统筹解决项目配套问题，强化项目建设和运营管理，降低项目失败风险。（4）提供信息支撑。建设建档立卡贫困人口信息系统，选派驻村工作队、驻村“第一书记”等外来人员为贫困村引入资源人脉、发展意识和创新渠道，提高贫困村的发展能力，也有利于降低银行信息成本。（5）发挥组织优势。通过财政、扶贫、农业、金融、环境等职能部门发挥指导和监管作用，有利于促进区域内重点扶贫企业的经营发展，降低违约风险。

银行作为金融中介和信息中介，是联结分担机制的关键枢纽，主要承担了如下功能。（1）提供信贷资金等基本金融服务，这也是金融机构最传统最核心的功能。（2）构建政金企合作机制。发挥连接政府和市场的桥梁纽带作用，促进信息沟通，引导以防控信用风险为目的的期货、保险、担保机构的介入，推动形成政府、企业、金融机构利益联结和风险分担机制。（3）促进项目合规。通过严格执行银行办贷管贷制度，把合规性要求贯穿于项目建设运营的全过程，降低项目的合规风险，以及由此引发的信用风险；严格资金支付审核，确保不出现扶贫资金违规挪用的情况。（4）培育市场。以市场化的方式运营金融扶贫资金，帮助贫困地区转变长期以来依靠财政资金的惯性思维，通过金融服务为贫困地区培育金融人才、引入发展动力，通过资金支持产业发展提高贫困地区造血能力。

地方国有企业、产业化龙头企业取代了贫困人口，作为承贷主体，具有以下功能。（1）有效解决扶贫委托代理问题。地方国有企业是地方政府的最佳代理人，作为扶贫项目的实施主体，能够准确执行政府扶贫意志；同时接受地方政府划转的资产或收入，增强带贫实力。（2）提升地方发展能力。发挥企业家精神，创新生产要素组合，引入新技术、新市场，不断提高综合生产率，促进当地支柱产业形成和产业链升级。（3）保障贫困人口收入。将贫困人口内化于组织之内。通过签订交易协议、帮扶协议，以及提供就业等形式，与贫困人口建立利益共同体，保障贫困人口通过劳动实现收入。（4）推动知识扩散。在各种利益联结机制中，企业统一提供生产资料、技术支撑和风险保障，贫困人口与企业的互动中，学习到先进的市场理念和工作技能，提高了人力资本水平。

贫困人口是利益联结中扶持的对象和利益的核心。通过投入劳动、土地等生产要素，参与生产经营，获取劳动收入，学习知识技能，提高发展能力。

在联结分担机制中，各参与主体对交易成本的分担部分表现为可以计量的物质投入的费用，部分隐含在无法计量的广大扶贫工作者的无私奉献之中。在党的领导下，金融机构、企业以及个人，将服务脱贫攻坚视为义不容辞的责任，从中实现社会价值、收获精神满足，并不追求经济回报一定能覆盖其实际分担的交易成本。金融机构充分利用国家治贫体系建成的种种便利，使贫困人口过高的交易成本得到分化。

综上所述，农业政策性银行金融扶贫模式，是为服务脱贫攻坚，在产业扶贫、易地扶贫搬迁、“三保障”专项扶贫、基础设施扶贫等领域，与政府、市场主体和贫困人口建立各种各样的利益联结和风险分担机制，从而有效解决合理融资成本下的信贷资金可得性问题，打破贫困人口和贫困地区发展约束，提高其发展能力的金融支持方式的集合。

二、产业扶贫模式

产业发展是贫困地区摆脱贫困状态、实现可持续发展的基础支撑，也是脱贫攻坚战略中最为重要的政策内容。《中共中央　国务院关于打赢脱贫攻坚战的决定》明确指出要发展特色产业脱贫；农业部等九部门出台的《贫困地区发展特色产业促进精准脱贫指导意见》对特色产业扶贫工作进行了专题部署。农业政策性银行立足自身优势和专业经验，以信贷资金投入为主导，主动构建联结分担机制，引导政策、资本、技术等帮扶资源向贫困地区倾斜和聚合，将贫困人口劳动力、土地等生产要素与先进的生产方式相结合，帮助贫困群体打破发展能力不足的制约。

（一）“吕梁模式”

农发行与山西吕梁市政府共同探索建立产业扶贫贷款“吕梁模式”。由地方政府与企业共同出资建立产业扶贫贷款风险补偿基金，其中地方政府出资比例不低于60%，企业按照贷款额度的5%到10%缴纳风险补偿金。农发行按照基金总额的5~10倍对政府主导地方特色产业且纳入风险补偿基金项目库的企业给予信贷支持。“吕梁模式”能有效降低和合理分配产业扶贫贷款的交易成本，并确保扶贫信贷资金能够被用于符合地方发展规划的项目，提升了信贷资金用途的精准性，成为农业政策性金融支持产业扶贫的重要模式创新。

在这一机制中，地方政府负责制订产业扶贫风险补偿方案，明确风险补偿基金的建立、筹资、使用和管理等职责分工，明确基金规模、资金来源渠道、管理流程、使用程序、风险分担和约束机制等，并明确地方政府有关部门在产业扶贫项目管理中的职责、项目管理要点和相关扶植政策。有关责任部门负责组建项目筛选专家团队，明确项目筛选机制和项目库动态调整机制，建立推荐项目库。农发行对项目库内企业给予信贷支持，并针对贷款总额度采取动态调整机制，控制单户企业贷款额度。当承贷主体无法到期偿还贷款本息时，先直接划扣企业自身缴纳的风险补偿金，不足部分则由政府出资部分按应还贷款金额的一定比例进行代偿。

在“吕梁模式”下，地方政府运用财政专项扶贫资金、涉农资金等为企业建立风险补偿基金，这一增信保障和损失分担机制降低了贷款实现财务可持续所需的利率水平，有效撬动金融机构对产业扶贫的信贷支持。地方政府与农发行联合筛选项目，有助于充分发挥地方政府的组织优势，减少金融机构的信息不对称问题，从而降低金融机构的信息成本。同时，通过项目联合筛选机制，保障贷款项目符合地方发展规划，引导企业进行有效投资。农发行发挥专业优势和资金优势，为承贷主体提供信贷资金的同时对项目实施进行监督、监测，处置贷后风险。在政府和金融机构的扶植下，贷款企业发挥产业扶贫的带动作用，增强产业对地方经济的造血能力。

（二）农业产业化联合体模式

农业产业化联合体是按照“龙头企业+合作社+农户和贫困户”的形式打造的产业扶贫组织联盟。在该模式下，地方国有企业、产业化龙头等优质企业主体取代贫困人口作为融资主体，有效解决小生产与大市场的深层次矛盾，并将金融机构对贫困户的交易成本经由承贷主体进行分解，解决了贫困人口自己承担融资成本，独自应对发展约束的问题，健全了贫困户的参与和利益分享机制，多方位提升了贫困人口的收益水平。

在这一模式中，各参与主体通过签订合同、协议等，形成紧密联盟。龙头企业提供管理经验、技术力量和市场销售渠道；合作社发挥在产前、产中、产后环节的组织优势和规模优势，指导农户发展专业化生产；农户负责农业种植、养殖生产经营和服务。各主体间通过资金、技术、品牌、信息等要素融合渗透，开展产品对接、要素联结和服务衔接，形成长期稳定的合作关系。在该模式下，贫困户可以通过多种方式参与利益分享。如贫困户可以在该模式的生产、加工、流通各环节实现就地就近劳动务工，获得稳定的劳务性收入，通过与龙头企业或合作社签订订单协议，获得经营性或生产性收入，还可以以土地、林权等多种要素入股或加入龙头企业、农民合作社，取得分红收益，通过流转土地获得土地流转资产收益等。同时，龙头企业还可以向前端延伸带动合作社、农户和贫困户建立原料基地，形成生产与加工、企业与农户相衔接的上下游产业格局。

在该模式中，政府加大对特色产业、优势产业的政策指导和市场引导，通过制定产业发展规划、完善配套政策、加强资源倾斜和组织保障等有效措施，切实加强对产业联合体组建、生产、经营等各环节的指导、扶持和服务工作，破解发展约束。

农业政策性银行在政府、龙头企业、合作社之间搭建起沟通合作的桥梁，充分发挥资金优势，积极培育市场主体，监督项目的建设与运营，为产业发展保驾护航。

地方国有企业、产业化龙头企业在这一模式下取代贫困人口成为贷款主体，不仅能更好对接贫困人口和市场，降低政策性银行的风险损失成本，还能更好利用扶贫政策，充分发挥自身的规模优势、技术优势和市场优势，带动贫困人口突破原有的产销模式，实现跨越式发展，一定程度上避免了技术水平低、同质化程度高、市场竞争力弱等问题。

农民专业合作社长期扎根农村、植根农业、服务农民，对贫困户的熟悉程度高，是促进小农户和现代农业发展有机衔接的重要载体，作为龙头企业与贫困户之间的纽带，是这一模式中分担信息成本的重要主体。

三、基础设施扶贫模式

基础设施不足是贫困地区经济社会发展的最突出短板，也是实现减贫和增长的基础性工程。实践经验表明，在经济发展落后地区加强基础设施建设会带来显著的益贫效应，对加快贫困地区对外连接、提高公共服务水平、推动产业发展、促进农村劳动力外出就业等均有带动作用。

要在脱贫攻坚时期短短数年内补齐基础设施短板，需要的金融供给量极大。但相对于基础设施建设项目动辄数年、数十年的建设期和受益期，脱贫攻坚短暂窗口期留给筹资环节的压力相当之大。基础设施大多为公益性准公益性项目，收益率较低，财政资金投入贫困地区基础设施建设相对有限，商业性信贷资金不愿介入。农发行通过在基础设施扶贫模式上进行创新，以金融的增殖性和偿还性代替财政的救济性和无偿性，满足贫困地区基础设施建设资金需求，协助完善、做大基础设施承贷主体，为项目还款创造合规稳健的现金流。

（一）易地扶贫搬迁模式

农发行的易地扶贫搬迁模式属于政府主导型的金融扶贫模式。在这一模式下，政府负责易地扶贫搬迁的政策制定、资金筹集、运作方式以及过程和效果评价，并实施全程管控，为易地扶贫搬迁提供政策指引。《中共中央　国务院关于打赢脱贫攻坚战的决定》提出了中央财政给予90%的贷款贴息，专项用于易地扶贫搬迁。2018年中央一号文件释放了“建立高标准农田建设等新增耕地指标和城乡建设用地增减挂钩节余指标跨省域调剂机制，将所得收益通过支出预算全部用于巩固脱贫攻坚成果和支持实施乡村振兴战略”这一重大政策红利。地方政府将在易地扶贫搬迁中形成的城乡建设用地增减挂钩节余指标、补充耕地指标收益，给予项目建设实施主体，作为主要还本付息来源。

农发行作为易地扶贫搬迁主力银行，严格执行易地扶贫搬迁相关政策规定。设立中国农业发展银行专项建设基金支持搬迁项目资本金，弥补财政资金不足。对于中央财政贴息的易地扶贫搬迁贷款，通过统贷的方式向省级投融资主体发放易地扶贫搬迁专项贷款；对同步整村搬迁，按照地方负责筹资、实施的特点，通过分贷的方式，向地方市、县级承贷主体发放易地扶贫搬迁项目贷款，一揽子解决各地易地扶贫搬迁各类资金需求。"十三五"时期，农发行实现了易地扶贫搬迁贷款审批、投放、余额、同业占比"四个第一"，成为易地扶贫搬迁主力银行。

市场化承贷主体作为项目的实施方，通过扶贫搬迁安置房建设，以及配套的水、电、路、气、网等配套基础设施和教育、卫生、文化等公共服务设施建设，为贫困地区群众改善生活条件、创造发展基础，助力贫困地区人民实现"搬得出、稳得住、能发展、可致富"的目标。

（二）准公益性项目模式

公益性项目是为社会公共利益服务、不以盈利为目的的投资项目，如市政建设、公共交通等基础设施项目，以及公共卫生、基础科研、义务教育、保障性安居工程等基本建设项目[①]。将公益性项目进行市场化运作，从而成为准公益性项目，是当前国家提倡的公共服务设施建设新思路。公益性项目市场化运作的实质，就是项目自身收益与外部性收益回流之和大于项目建设成本，满足市场化运作的基本条件。农发行结合自身业务特点，在老旧小区改造、城乡融合发展、水利建设、农村路网建设、改善农村人居环境和生态环境保护等领域，以"一体化"思路创新多种基础设施扶贫模式。

---

① 财政部《地方政府融资平台公司公益性项目债务核算暂行办法》（财会〔2010〕22号）。

“资产一体化”模式。如在某自来水存量资产PPP项目中，通过将已经建成的供水存量资产使用权，采取资产使用权转让及特许经营转让方式移交给贷款主体，从而盘活了水务存量资产，增强了承贷主体实力。

“行业一体化”模式。如在某老旧小区改造暨热力提升项目中，通过贷款提升了承贷主体供热能力，增加了供热收入；贷款主体进行了老旧小区改造后又新增了物业收入，从而使新增物业收入及供热收入都可以用于还款，提升了贷款主体的偿债能力。

“区域一体化”模式。如在某县乡村游“四好农村路”提升改造项目中，以周边景区门票等收费收入、房屋租赁等租金收入及其他收入作为还款来源，贷款支持建设零收益或收益较少的公益性项目，带动周边经济业态持续良性发展。

“客户一体化”模式。如在某水域综合治理项目中，地方政府将辖区内矿产、砂石等资源开采权交予指定企业，增强企业实力。同时让其承建相关公益性项目，以开采资源的销售收入作为还款来源，实现了资源变资产、收益能还款。

“领域一体化”模式。如在某县整县推进村镇污水处理设施建设项目中，贷款支持企业建设污水处理设施及配套项目，实现了当地水力发电和污水处理两大板块业务整合，企业得以归集各方收益偿还银行贷款，解决政府民生项目建设的当务之急。

总的来说，农业政策性银行作为资金提供方，充分发挥自身资源优势和信息优势，在融资的同时提供融智服务，为地方政府和承贷主体提供公益性项目中如何增厚项目自身收益的思路，通过将公益性项目中的建设内容和综合收益统筹一体化，利用其规模效应、外部效应等特点进行多种模式有机组合，达到发现现金流、设计现金流、创造现金流的效果。政府在一体化思维下，通过将有收益的资产划转承贷主体、将临近地区租金收入及其他收入作为承贷主体还款来源、将资源开采权划拨承贷主体等各类方式，做大承贷主体，充实项目还款来源。承贷主体则在接受地方政府划转的资产或收入后，通过不断提升基础设施建设和运营能力，为地区产业培育、人才引入、市场对接等提供重要支撑。

第四节　政策性金融扶贫实验示范区建设

习近平总书记强调，“加大对脱贫攻坚的金融支持力度，特别是要重视发挥好政策性金融和开发性金融在脱贫攻坚中的作用”。如何发挥好金融扶贫作用，全力支持打赢打好精准脱贫攻坚战，迫切需要政策性金融加强路径创新和模式创新实践。农发行与国务院扶贫办、省级政府联合创建政策性金融扶贫实验示范区，旨在发挥实验示范区体制创新“实验田”和自主创新“排头兵”的作用，通过探索政策性金融与地方政府优势互补的扶贫模式，支持地方政府如期完成脱贫攻坚任务，为全国金融扶贫提供可复制、可推广的经验。

一、政策性金融扶贫实验示范区设立的目的

伴随新时期扶贫开发巨大的资金需求，中央和地方不断完善财政专项扶贫资金管理体制，大幅增加投入力度，但由于总体资金有限，金融扶贫尤其是政策性金融在积极配合财政扶贫资金的同时，需要进一步发挥对社会资金的引导作用。另外，贫困地区金融供给严重不足，金融精准扶贫的体制机制缺乏创新，财政扶贫资金与银行信贷资金难以发挥整体合力等问题突出，金融扶贫亟待突破瓶颈制约。为认真贯彻落实党中央、国务院脱贫攻坚战略部署和中央扶贫开发工作会议精神，全面支持贫困地区经济社会发展和贫困人口脱贫，农发行提升站位，主动作为，提出联合国务院扶贫办创建政策性金融扶贫实验示范区，会同地方政府共同创建省级政策性金融扶贫实验示范区，其目的主要体现在以下三个方面：

坚持因地制宜创新引领。《中共中央　国务院关于打赢脱贫攻坚战的决定》把“坚持因地制宜，创新体制机制”作为基本原则，要求积极探索和创新扶贫开发路径与模式、扶贫资源使用方式以及扶贫考评体系。在贫困地区信用环境建设滞后、扶贫配套支持政策尚不完善、金融精准扶贫政策要求高的大背景下，做好新时期金融扶贫工作，必须加大创新力度。通过创建政策性金融扶贫实验示范区，为各地提供一个创新研究的思路，引导和鼓励各地大胆探索创新扶贫的体制机制。

支持地方政府率先探索和加快脱贫攻坚步伐，积累金融扶贫工作经验。《中共中央　国务院关于打赢脱贫攻坚战的决定》明确提出，坚持党的领导、坚持政府主导是打赢脱贫攻坚战的基本原则。地方政府是脱贫攻坚的主体，应发挥好主体和主导作用。政策性金融扶贫实验示范区创建根据自愿原则，由各地政府根据当地实际自愿申报。选择积极性高、脱贫攻坚意识强、扶贫基础较好、有一定代表性的地方政府，作为实验示范合作区域，旨在快速推进政策性金融扶贫实验示范区相关工作开展，进而为推动全国金融扶贫工作积累经验。

发挥政策性金融在金融扶贫中的骨干引领作用。2017年6月23日，习近平总书记在山西太原主持召开深度贫困地区脱贫攻坚座谈会时指出，“要发挥政府投入的主体和主导作用，发挥好金融资金的引导和协同作用”。金融扶贫是脱贫攻坚重点工程，在脱贫攻坚中的作用日益凸显。创建政策性金融扶贫实验示范区，通过探索建立政策性银行与其他金融同业的扶贫合作机制，引导各类金融资本、社会资本加大对脱贫攻坚工程投入，形成金融扶贫合力，解决贫困地区融资难、融资贵问题。

二、政策性金融扶贫实验示范区的做法和经验

从2015年12月起，经国务院扶贫办、农发行批复同意，广西百色、河北保定、贵州毕节、陕西安康相继成立政策性金融扶贫实验示范区。

从2016年7月起，农发行先后与贵州、重庆、江西、安徽、新疆、山西、云南、内蒙古等8个省份相继签订了《与省级人民政府共创省级政策性金融扶贫实验示范区合作协议》，标志着省级实验示范区创建工作全面启动。自实验示范区创建以来，农发行会同国务院扶贫办和地方政府，围绕实验示范目标任务积极探索、大胆实践，推进各项工作开展，探索总结出一些具有推广意义的经验和做法。

推动财政金融政策对接。积极协调地方政府出台加大信贷资金投入的保障机制以及担保机制，探索财政资金与政策性金融扶贫资金协同配合机制，如利用财政专项扶贫资金、涉农资金建立专项风险补偿基金，支持扶贫项目开发建设；出资成立专业担保公司或向国有融资性担保公司注资，为扶贫项目主体提供担保等。协助地方政府打造专门承担扶贫开发任务的投融资主体，用以承接扶贫专项资金、专项建设基金和扶贫开发贷款等扶贫资金。

创新精准扶贫信贷产品。在重点推动易地扶贫搬迁的基础上，创新支持贫困地区基础设施建设、生态保护、特色产业发展，以及教育扶贫、光伏扶贫、旅游扶贫等。研究推动扶贫批发贷款，探索精准支持建档立卡贫困户和小微企业的有效支持模式。积极对接国家专项扶贫行动，加大贫困村提升工程、创业致富带头人、健康扶贫等专项信贷产品支持力度。推动扶贫过桥模式在各个扶贫领域的运用，重点支持了贫困地区教育、健康、农村路网等领域。

探索建立产业扶贫新模式。针对产业扶贫融资难、融资贵等问题，在山西吕梁探索建立了支持产业扶贫的“吕梁模式”，促请地方政府建立扶贫贷款风险补偿基金，农发行单独配套信贷政策、按一定倍数发放贷款，形成政府和银行联合筛选企业，贷款风险政银企三方共担的产业扶贫支持模式。该模式充分整合了政府、银行、企业各方优势，解决了政府、银行各唱各的调，银行、企业之间信息不对称等问题，使政府、银行、企业三方一起形成合力，共谋发展，共担风险。

完善金融扶贫支持政策。在利率优惠上，明确对纳入实验示范区项目清单的扶贫贷款项目实施优惠利率。在区域准入上，取消财政收入准入门槛，明确取消国家扶贫开发工作重点县和集中连片特殊困难地区县公路建设贷款、改善农村人居环境建设贷款关于地方政府财力区域准入的要求。在审批权限上，国家级、省级实验示范区新客户评级审批权下放至省分行；扶贫批发、网络扶贫、教育扶贫贷款省级分行在实验示范区审批权限较一般区域高20%至50%。在资源保障上，对实验示范区的实验示范项目，优先调查评估、审查审议，优先匹配信贷规模和供应资金。

加快金融服务模式创新。加强与实验示范区地方党政的对接沟通，深度介入地方扶贫规划、重大项目设计，及时掌握地方脱贫攻坚政策措施。采取超常营销举措，组织前中后台综合营销团队，对实验示范区的贫困县进行联合走访，实地调查贫困状况和资金需求，逐县开展项目对接。向实验示范区选派优秀挂职干部，协助地方政府加大扶贫工作推进力度，全面提升智力服务水平。发挥系统优势搭建产业合作平台，在实验示范区组织召开产业化龙头企业对接会，邀请优质客户到实验示范区投资创业，带动农民脱贫致富。

加强精准扶贫成效管理。推动实验示范区加快扶贫贷款认定、审核工作，做好与人民银行金融扶贫信息系统的衔接。强化扶贫成效评估，将扶贫成效纳入扶贫项目评估材料，作为项目审查、审议的重要依据。建立精准扶贫贷款台账，以建档立卡贫困人口信息为核心，完善扶贫贷款台账信息，使金融扶贫可识别、可统计、可监测，确保及时、准确、完整反映精准扶贫贷款情况。

三、政策性金融扶贫实验示范区配套支持政策

政策性金融扶贫实验示范区是农发行会同有关部门探索金融扶贫路

径的重要阵地，也是探索推动实施乡村振兴战略的重要平台。农发行引导各部门、各条线优惠支持政策在实验示范区先试先行，推动各项工作、各项资源、各项政策优先向实验示范区聚合、倾斜。地方政府统筹规划好政策性金融扶贫实验示范区的发展规划和实施方案，找出脱贫攻坚突出的短板，协调相关部门与农发行一起研究落实支持政策、创新支持模式，并有效调动包括政策性银行在内的各家金融力量投入扶贫开发工作。

加强各部门工作联动。与国务院扶贫办、省级政府有关部门建立了实验示范区创建联合推动机制，定期组织高层对接、工作调研座谈，加快创新型扶贫信贷产品落地和专项扶贫行动推进，联合开展实验示范成效评估、扶贫干部培训等，加强对实验示范区创建工作的指导与推动。完善农发行总行、省行、市行、县行四级行联动机制，构建了纵向沟通、横向协调工作机制，深化对实验示范区工作指导和政策支持。

给予实验示范项目更大的政策优惠和创新空间。研究建立了实验示范项目标准，对实验示范区范围内的扶贫项目实施单独管理、重点推动，推动信贷规模和各项资源向实验示范区聚合。给予实验示范区更大的创新空间，对“资金使用精准、贷款风险可控”的扶贫项目加大产品创新、模式创新力度，营造有效创新的氛围。对实验示范区相关创新方案报经总行扶贫金融事业部执委会审议通过后先行试点，进一步发挥了实验示范区先行先试、探索路径的作用。

创新完善扶贫贷款风险补偿机制。利用好“允许地方政府结合财力可设立或参股担保公司（含各类融资担保基金公司），构建市场化运作的融资担保体系”的政策，与地方政府在组织增信、风险分担方面加强了合作，有效解决了贫困地区缺少担保主体问题。完善扶贫贷款风险补偿机制，推动地方政府或其指定投融资主体出资成立风险补偿基金，农发行按照补偿基金总额的一定倍数发放产业扶贫贷款。落实2018年中央一号文件“农村承包土地经营权可以依法向金融机构融资担保”政策，会同地方政府探索担保方式创新，把农村承包土地经营权、林权、股权、存货等可确权的权益或物资纳入正常担保物范围，有效解决了担保资源不足的问题。

完善实验示范区考核机制。充分发挥考核指挥棒作用，制定“有进有退、有奖有罚”的实验示范区考核办法，定期通报实验示范区创建工作成效，并纳入扶贫工作年度考核。建立了实验示范区“整改退出”机制和“一把手约谈”机制，对实验示范区实行滚动管理，有力确保了实验示范区实至名归、取得实效。

第五章

中国农业政策性银行精准扶贫

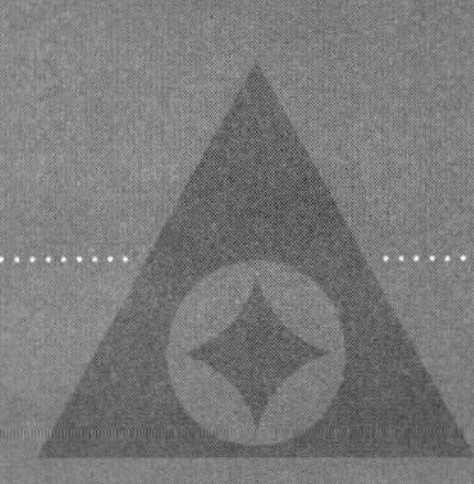

中国精准扶贫是以习近平同志为核心的党中央打赢新时期脱贫攻坚战的伟大工程、伟大创造，体现了实事求是的马克思主义精髓，实现了“扶真贫、真扶贫”战略目标和执行成效的统一。农发行以精准扶贫、精准脱贫为生命线，构建了自上而下，依靠制度优势、政策支持和系统力量支撑的政策性金融扶贫体制、机制和模式，既把自身融入党和国家的战略意图，又高度契合了中国打赢打好脱贫攻坚战的现实需要。

第一节　精准扶贫的原理

扶贫政策的有效性是贫困治理的焦点。实践证明，扶贫政策失败在于忽视了“贫困陷阱”的存在，或者低估了摆脱“贫困陷阱”的艰巨性，未能实现贫困人口从资本积累持续匮乏到投资产出良性循环的“惊险一跳”。中国精准扶贫精准脱贫瞄准贫困人口、针对致贫原因，构建了目标、方略、路径、体制的一整套治贫体系，成功打赢脱贫攻坚战。联合国秘书长古特雷斯明确表示，精准扶贫方略是帮助贫困人口、实现2030年可持续发展议程设定的宏伟目标的唯一途径。

一、“贫困陷阱”及其成因

贫困是难以摆脱的低水平循环状态，国家、地区、组织或个人都可能陷入贫困境地。众多关于解决贫困的经济学理论本质上都可以归纳为如何扩大储蓄投资进而实现经济增长。贫困个体的演进一定程度上是今天收入与未来收入关系的动态变化过程。今天的收入如果更多地用于储蓄，并且成功转化为投资、实现产出价值增加，明天的收入就会更多，未来在消费、储蓄方面的余地就更加宽阔，此时经济主体进入循环上升状态，表现为“发展”。今天的收入如果不足以支持储蓄和投资，甚至难以满足日常消费，明天的收入就将减少，并进一步限制未来的储蓄和投资，此时经济主体进入循环下降状态，表现为“倒退”。

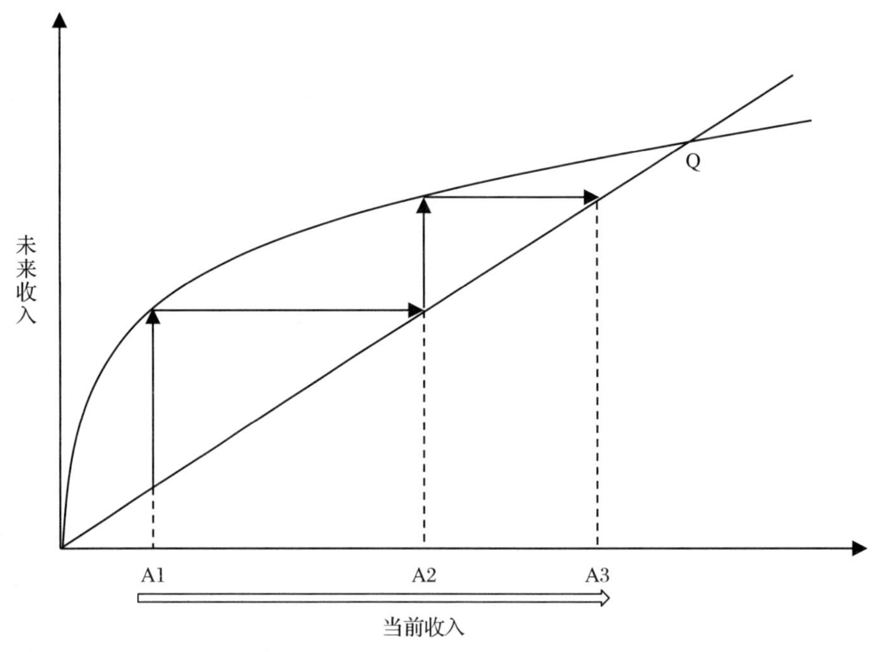

图5-1　投入产出函数

投入产出的经济学分析起点是假设已具备生产条件和生产能力，即投资已形成，此时投入产出曲线是一条边际效应递减的曲线，即倒“L”形曲线（见图5-1）[①]。传统的单一政府模式的扶贫政策往往认为，如果给予一定的推动力，解决一些初始投资不足问题，即提供发展资金或无偿援助，穷人就会自然站在倒“L”形曲线的起点，沿着曲线发展下去，在循环上升中成为一个摆脱贫困走向成功的人士。传统的单一市场模式主义者对于穷人的发展路径持有类似观点，但认为只要有市场需求的激励，穷人就会自发调整自己的行为，使自己站在曲线的起点而无须外界推动。如果不行动，那么陷入贫困状态就是贫困群体自身的消极、懒惰

① 阿比吉特·班纳吉，埃斯特·迪弗洛. 贫穷的本质[M]. 北京：中信出版集团，2018：15.

造成的，穷人应当为自己负责，政府不必过多干预。而经济学家阿比吉特·班纳吉和埃斯特·迪弗洛的分析超越了这两种传统观点，倒“L”形曲线并不是穷人演进的起点，在收入水平较低时存在一个“贫困陷阱”，穷人可能永远困于“贫困陷阱”之内，始终走不到经济学投入产出分析的起点，无法进入自主发展的循环上升路径。也就是说，与一般人不同，穷人走向成功的曲线是“S”形的（见图5-2）①。对处于“贫穷陷阱”的穷人来说，将来的收入低于今天的收入，即曲线低于对角线，这意味着随着时间的流逝将越来越穷，从A1到A2再到A3，如此延续。而一旦跨过“贫穷陷阱”，明天的收入就会高于今天的收入，从B1到B2再到B3，将会越来越富。

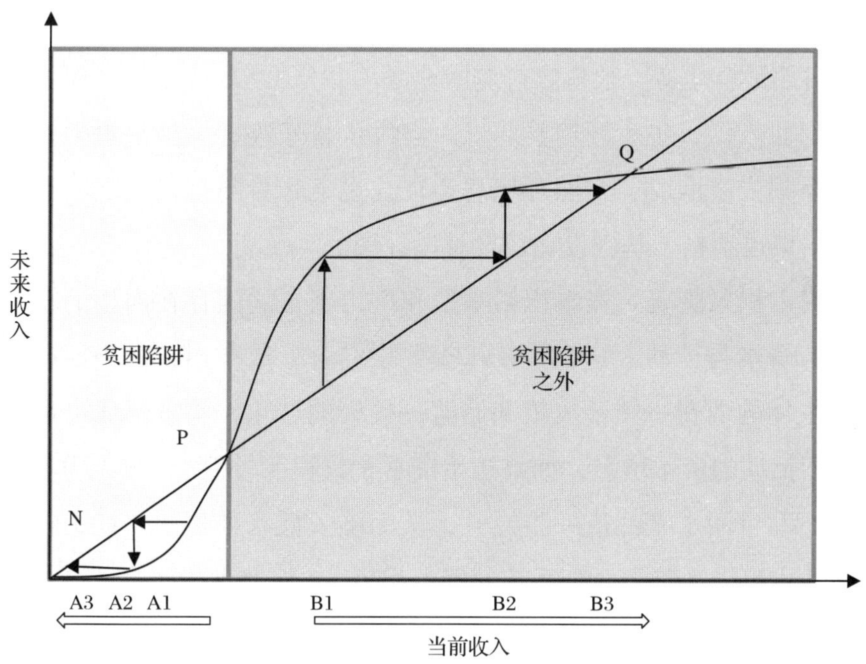

图5-2 贫困人口的投入产出函数

① 阿比吉特·班纳吉，埃斯特·迪弗洛. 贫穷的本质[M]. 景芸，译. 北京：中信出版集团，2018：14.

扶贫政策的根本目标是使穷人摆脱“贫困陷阱”的低水平循环，站到投入产出的起点，按照经济固有规律开展生产、自我发展，最终走向成功。因此，一次性的施舍并不能永久地提高穷人的收入，最多也只能让他们前进得更快一些，但无法改变他们最终前进的方向。只有深入分析“贫困陷阱”的表层原因和底层原因，才能了解贫困的本质，厘清扶贫政策设计的思路，通过缓解特定问题使穷人摆脱贫困，让他们走上一条收入不断提升的良性循环之路。

（一）贫困的表层原因

个体贫困突出的表现是收入短缺，以及在生存、安全、能力等方面的匮乏[①]，包括衣食、饮用水、卫生设施、基础教育、住所等基本保障的欠缺，同时还有参与度、社会关系、心理、文化等精神层面的不足。贫困是一个多维的概念，其形成与持续是多方面因素造成的。

1. 自然环境恶劣。很多农村贫困地区“九分山水一分田”，可耕地不多，务农收入低，生态环境脆弱，一旦发生自然灾害，极易给生产生活造成严重损失。同时，自然环境恶劣往往也意味着与现代化之间存在隔阂，通信渠道不畅，基础设施建设难以开展。

2. 资本积累匮乏。资本积累水平和产出水平之间存在内生的长期循环关系，资本与劳动、知识、技术等要素结合形成产出，而当期产出经过行为主体的消费—储蓄决策和储蓄—投资的转化，将会形成可用于下一期生产活动的资本增量。如果初始资本积累程度较低[②]，将无力实现扩大再生产和生活水平的进一步提升，从而陷入低水平均衡。社会经济的发展固然可以推动整个经济系统的资本积累[③]，但在现代经济社会中，资本的产权属性和代际传承的特点会导致不同个体之间资本积累程度的异

① Asian Development Bank. REDUCING POVERTY: Major Findings and Implications Asian Development Bank[R]. Asian Development Bank Report, 1999.

② 纳尔逊于1956年提出的“低水平均衡陷阱”理论在宏观层面上对这一过程进行了阐述。

③ 可以视为“涓滴效应”的一种宏观体现。

质性。如果没有外部力量干预，资本贫困存在更加严重的倾向。

3. 能力不足。部分贫困个体在基础教育、劳动技能、身体素质、心理状况等方面存在能力缺陷，只能得到门槛较低、收入较低的工作，且往往伴随着劳动时间长、劳动负担重、收入不稳定、生活质量低，一旦出现外部干扰，这类人群从贫困线附近返贫的可能就会增加。如果受教育和医疗条件匮乏影响的对象是孩子，贫困状态还可能产生代际传递，在更长的时期内循环延续下去。

4. 精神动力欠缺。一些贫困个体在法律意识、经济观念、价值追求、人生目标等方面与社会平均水平或共有价值观相比有一定的差距，自身缺乏生产和生活的精神动力或持之以恒的实践态度，甚至产生各类不良行为乃至违法犯罪的潜在风险。部分落后地区由于自然地理条件的客观隔离而不易接受更具现代性的思想和文化，使得精神贫困具有较强的代际传递效应。这些都不利于个体从贫困状态中脱离，反而会形成个人无力改变现状、听天由命的消极思想。

除此之外，科技、制度等因素也会成为贫困现象的原因。它们与资本贫困和能力贫困类似，在决定贫困人群收入水平方面有一定的直接经济效应，同时也在更宏观的层面和时间跨度上发挥着潜移默化的影响。

（二）贫困的深层原因

剥开贫困的表象，还存在一些不容易体察到的深层原因，需要从行为经济学、心理学的视角进行解读。

1. 知识的缺失。投资是增加未来收入的必要条件，但很多穷人由于自身知识积累有限或外部信息渠道不畅，不了解某种投资的好处而不去投资，使未来收入的增长潜力大打折扣。如不了解微量元素的重要性而不摄入碘盐；知道自己无法对疫苗的费用与好处进行评估，不主动配合接种疫苗；不了解预防性医疗可以以小成本弥补未来的大损失，常常把钱花在昂贵的治疗上，而不是廉价的预防上。这些不仅会对穷人的健康带来风险，也造成了长期中的劳动能力下降和生活支出增加。在打赢脱贫攻坚战前，我国贫困地区贫困家庭辍学失学比较多，也正是由于很多家长自身教育程度低，不了解教育对改变命运的重要性，存在“知识无用”的观点。

知识和技能的欠缺也导致穷人只能干不赚钱的小生意，部分原因在于他们所做生意的性质。一个小生意很容易发展起来，但其发展潜力很快就会耗尽。要将生意扩大还需要管理和其他方面的技能，而这是小规模企业所不具备的。因此，同一个小企业主往往会同时经营多种不同的生意，而非努力扩大其中任何一种生意的规模，尽管边际收益高，总收益却仍然很低。总体来看，穷人所做的很多生意都是某些失败的经济模式的重复演绎。他们周旋于这些经济模式之间，努力地付出着，却无力获得更多[①]。

2. 不确定性事件。个体投资行为背后的原因是对未来的乐观预期，相信今天的投资在未来会有更多的回报。阻碍穷人乐观预期的因素是多元的，其中主要是不确定事件的发生。要想摆脱贫穷，首要的步骤就是对长期目标进行思考，并习惯为此作出一些短期的牺牲。对于那些认为自己有机会实现梦想的穷人来说，他们有充分的理由节衣缩食，将省下来的钱用作未来的投资。但事实表明，穷人即使借钱用于经营，通常也会由于灾难等意外情况导致难以独立还清欠款，处于想要摆脱欠款和无法摆脱欠款的矛盾之中。为了规避来自生意的附加风险，宁可不去借贷，因而穷人很难为经营一种合适的生意作出必要投资。同时，突如其来的疾病、灾害等不确定性事件往往会耗尽穷人的积蓄，使其在教育、健康等方面的必要投资得不到满足而陷入能力贫困。不确定性事件对未来乐观预期的显著影响，使穷人普遍存在不愿未雨绸缪的心态。

---

① 阿比吉特·班纳吉，埃斯特·迪弗洛．贫穷的本质[M]．景芸，译．北京：中信出版集团，2018：246.

（1）收入的不确定性。穷人拥有的资金存量较少，收入具有很高的不确定性，同时又几乎无法获取正式的保险、银行服务及其他廉价金融服务，使得为生存奔波占据了穷人极大的时间和精力。而稳定的、工资可观的工作，能够赋予人们足够的心理余暇，让人们有机会去做中产阶级擅长做的事情。研究表明，如果村子附近开了工厂，尽管起步工资较低，而这类工厂就业率的增长所带来的工资增长，甚至超过了由著名的绿色革命引发的农业生产力增长所带来的工资增长。这种工作将为穷人的生活带来巨大的改变。由于穷人知道自己每个月都会得到一份收入，对未来产生了一种控制感，正是这种控制感让贫困家庭妇女注重建立自己与孩子们的事业。一份稳定的工作会通过决定性的方式，改变穷人的生活观念。

世界各地农村穷人都尝试到城市找一份工作，但很多穷人没有采取搬家的策略。临时性迁居的影响之一就是雇主认为没有必要将工人转为固定工，也没有必要提供特殊培训，工人一生都在打零工。因此穷人的家人不会搬到城里住，也不能上城里更好的学校，更无法得到一份固定工作所带来的心灵的宁静。如果还没有一份体面的工作及足够的积蓄，来到城市又不能借助在村子里的关系，穷人不敢轻易拔掉自己在村子里的根。在南非，如果年迈的父母得到一笔养老金，他们的孩子就会永久地离开农村，搬到城市。《贫穷的本质》作者通过随机对照实验发现，教育中有条件的现金转移与无条件的现金转移的效果是相同的。这表明，家长不需要被迫送孩子上学，他们只是需要经济上的援助而已。现金转移可以使家长们摆脱极度贫困的状态，也拓宽了他们的思想空间，让他们拥有更长远的人生观。所有这些都使得收入与教育息息相关。

稳定的工资可以为穷人提供经济资源、心理空间及必要的乐观心态，他们既可以为孩子投资，又可以储存更多的资金。一份稳定的工作可以使穷人更容易获取贷款，如果拥有存款和才华，他们最终能够雇用员工，创立自己的企业，沿着“S”形曲线上半部分的路径，转型为成功人士。

（2）支出的不确定性。穷人很难攒钱，因为总会有用钱的事情出现，生病、教育、招待、礼仪等。在很多情况下，应付眼前的开支，特别是一些预料之外的支出，是穷人最为关注的短期事项，为维持生计而奔波的压力远远超过其他事项。即使一些长期来看更加有益的选择，如增加当期储蓄，或者把一部分当期开支用在教育和健康方面，甚至仅仅是腾出一部分时间精力去改善生产过程，都会被忽视。因而穷人给人的印象是目光短浅，不会长远打算。其实这是一种正常的心理，只是穷人可动用的资源少，呈现出一种更加六神无主的慌乱状态。为避免意料之外的支出，无论是由于灾难，还是由于难以抵抗的“诱惑”，穷人的很多存款方式都是为了保障钱的安全——防别人也防自己，采用一些定期或定额取款的计划。

3. 设施约束。即使穷人处于贫穷状态，几乎在所有方面都和其他人差别不大。穷人所陷入的困境与其他人的困扰是一样的——缺乏信息、信念不坚定、拖延。其他人真正的优势在于，很多东西是在不知不觉中得到的，有消过毒的自来水，硬化路和排水系统不会造成雨天泥泞寸步难行，不会接触到有毒的蚊虫，医生是尽职的，无须担心是否有下一顿饭吃。一般人几乎用不着有限的自控及决断能力，而穷人则需要不断运用这种能力。特别是对于那些生活在富裕国家的人来说，设施的完备会使人们时刻处于一种安宁镇定的状态。而穷人几乎一无所有，为了生存，他们都需要成为精打细算的经济学家，充分发挥自己的才能，为自己和家人的未来提供保障，他们需要拥有更多的技能和更强的意志力，承担更多的义务。大多数人所忽略的小花费、小障碍和小错误，在穷人的生活中却成了尤为突出的问题。因而即使是少量的援助也是有价值的，更不用说完善贫困地区的大型基础设施和公共服务设施的重大意义。

4. 文化心理。从文化心理角度理解穷人的一些不可理喻的行为，恰恰能说明他们具有与一般人一样的心理规律，并渴望精神世界的丰富。在选择食品时，主要考虑的并不是价格是否便宜，也不是有无营养价值，而是食品的口味怎么样。与其他人一样，当心理压力大时，并不想吃乏味的健康食品，而是想吃点味道不错的东西。在穷人的生活中，还有比食物更重要的东西。发展中国家的穷人会花很多钱来置办婚礼、嫁妆、洗礼等。由于村里生活十分乏味，没有剧院，也没有音乐厅，甚至没有坐下来看看行人的地方，穷人在农忙和做零工之余，大量时间花在看电视上。穷人的首要选择显然是让自己的生活少一点乏味。在没有收音机或电视机的情况下，穷人要常常进行某种特别的家庭庆祝，比如说一场宗教仪式，或是为女儿办一场婚礼。有研究表明，在穷人长达10年的极度沮丧期内，所有廉价奢侈品的消费都有所提高。这些“嗜好”并非是因为行为不慎重所带来的冲动消费，而是经过深思熟虑作出的选择。穷人不把买那些东西的钱攒下来，将钱投入到真正能使他们过得更好的地方，主要是因为穷人会怀疑那些想象中的机遇，怀疑其生活产生任何根本改变的可能性。他们的行为常常反映出这样一种想法，即任何值得作出的改变都要花很长时间。这也可以解释，为什么他们只关注当前，尽可能把日子过得愉快，在必要场合参加庆祝活动。

贫穷会使人面临物质和精神双重损失。物质上回到贫困陷阱，精神上会产生一些失去理智的行为。面对风险，不仅包括收入风险，还有死亡或疾病的风险，会使人为此担忧，而担忧会带来压力，产生抑郁情绪。在穷人中，抑郁症更为普遍。尤其值得注意的是，贫穷与身体所分泌的皮质醇水平密切相关。当贫困家庭成员接受某种援助时，他们的皮质醇水平就会有所下降。墨西哥的一项研究表明，与母亲未接受现金转移计划的孩子相比，受益于该计划的孩子的皮质醇水平要低得多。皮质醇会直接损害人的认知及决策能力。印度的一项针对甘蔗种植户的研究表明，部分贫困人群在收入低谷期与高峰期之间有相当于IQ成绩9～10分的差异[①]。因此在压力环境之下、面对不同的经济选择时，穷人不太可能会作出理智的决定[②]。

“贫困陷阱”是自然、资本、能力、精神多方面缺失所造成的，其背后是知识技能的匮乏、不确定事件的发生、设施约束和文化心理的共同作用。贫困的产生并非由于某些“特殊性”的道理，异于其他人的主要就是初始条件造成的限制。破除这些限制，穷人可以像其他人一样走向成功。尤努斯称穷人为“天生的企业家”。经济学家、哲学家、诺贝尔经济学奖得主阿马蒂亚·森认为，贫穷会使人丧失挖掘自身潜力的能力，导致令人难以容忍的人才浪费。减贫政策制定者需要从贫困原因入手设计摆脱“贫困陷阱”的方案。

二、中国精准扶贫体系

对贫困原因进行分析有助于对精准扶贫方略获得更加深刻的认识。习近平总书记2013年11月3日在湖南湘西花垣县十八洞村考察调研时首次提出了“实事求是、因地制宜、分类指导、精准扶贫”的十六字方针[③]。在河北阜平考察时，习近平总书记指出，“扶贫开发要坚持因地制宜、科学规划、分类指导、因势利导的思路。”“到二〇二〇年稳定实现扶贫对象不愁吃、不愁穿，保障其义务教育、基本医疗、住房，是中央确定的目标”“要真真实实把情况摸清楚”“要思考我们这个地方穷在哪里？为什么穷？有哪些优势？哪些可以自力更生完成？哪些需要依靠上面帮

① 塞德希尔·穆来纳森，埃尔德·莎菲尔. 稀缺：我们是如何陷入贫困与忙碌的[M]. 魏薇，龙志勇，译. 杭州：浙江人民出版社，2018.

② 阿比吉特·班纳吉，埃斯特·迪弗洛. 贫穷的本质[M]. 景芸，译. 北京：中信出版集团，2018：160.

③习近平的“扶贫观”：因地制宜“真扶贫　扶真贫”[N/OL]. http://politics.people.com.cn/n/2014/1017/c1001-25854660.html，2014-10-17.

助和支持才能完成？要搞好规划，扬长避短”[①]。在2015年11月27日中央扶贫开发工作会议上，习近平总书记指出要解决好“扶持谁”“谁来扶”“怎么扶”“如何退”的问题，对于“怎么扶”，提出要实施“五个一批”工程。

（一）“五个一批”脱贫路径

“五个一批”是针对贫困原因提出的脱贫路径。“发展生产脱贫一批”，主要是针对在产业型贫困区域生活的贫困人口提出的精准扶贫举措，重点解决贫困人口收入不确定问题，通过发展产业带动贫困人口收入稳定提高，增加储蓄积累，加大能力投资，增强对美好未来的希望。对贫困人口中有劳动能力、有耕地或其他资源，但缺资金、缺产业、缺技能的，从改善生产条件和培训产业技术着手，通过政策、资金和技术扶持，引导、鼓励和支持有劳动能力的贫困群体立足当地特色资源发展特色产业，宜农则农、宜林则林、宜牧则牧、宜商则商、宜游则游，促进当地贫困人口就地实现脱贫致富。对这类贫困地区和贫困人口，把脱贫攻坚重点放在改善生产生活条件上，着重加强农田水利、交通通信等基础设施和教育医疗等公共服务建设，特别是解决入村入户等“最后一公里”问题。支持贫困地区农民在本地或外出务工、创业等短期内增收最直接见效的办法。从扶贫效果看，产业扶贫是最可持续的扶贫方式，“建档立卡贫困人口中，90%以上得到了产业扶贫和就业扶贫支持，三分之二以上主要靠外出务工和产业脱贫”[②]。

“易地搬迁脱贫一批”，主要是针对在“一方水土养不起一方人”的贫困区域生活的贫困群体提出的精准扶贫措施。这类地区生存条件恶劣、自然灾害频发，通水、通路、通电等成本很高，贫困人口很难实现

①《在河北省阜平县考察扶贫开发工作时的讲话》（2012年12月29日、30日），参见习近平. 论“三农”工作[M]. 北京：中央文献出版社，2022.
② 习近平. 在决战决胜脱贫攻坚座谈会上的讲话[EB/OL]. 2020-03-06. http://www.xinhuanet.com/politics/leaders/2020-03/06/c_1125674682.htm.

就地脱贫，需要实施易地搬迁。通过易地搬迁及后续产业扶持，改变贫困人口居住、交通、就业、就医、就学等条件。搬迁安置点根据当地资源条件和环境承载能力科学确定，尽量搬迁到县城和交通便利的乡镇及中心村，促进就近就地转移，可以转为市民的就转为市民。为搬迁人口创造就业机会，保障他们有稳定的收入，同当地群众享受同等的基本公共服务，确保搬得出、稳得住、能致富。

“生态补偿脱贫一批”，是针对生存条件差，但生态系统重要、需要保护修复的地区，结合生态环境保护和治理，探索生态脱贫的方法。对位于重点生态功能区的贫困地区进行生态保护修复的，加大转移支付力度。结合建立国家公园体制，让有劳动能力的贫困人口就地转成护林员等生态保护人员，从生态补偿和生态保护工程资金中拿出一部分，作为他们保护生态的劳动报酬。

“发展教育脱贫一批”，主要针对教育条件极差，义务教育、职业教育和职业培训都很落后的地区提出的扶贫措施。这类地区通常是地处边远山区的农村，交通条件极为不便，教育文化条件相当落后，当地民众的文化水平和学历普遍很低。针对这些情况，通过优化教育政策、加大教育投入、改善教育条件、创新教育帮扶方式，不断改进农村义务教育培养机制、优化职业教育培训体系和完善技能技术培训模式来实现精准扶贫，特别着力破解农村留守儿童的教育教学问题。从长远看，就是通过治愚来治贫、通过扶智来扶贫，最终阻断贫困代际传递。

“社会保障兜底一批”，主要是针对身体残障型贫困群体提出的精准扶贫政策。这部分贫困人口由于身体存在残障，已经完全或部分丧失了劳动能力。有数据显示，“剩余建档立卡贫困人口中，老年人、患病者、残疾人的比例达到45.7%”[①]。对这部分人只能通过社保低保兜底解

① 习近平. 在决战决胜脱贫攻坚座谈会上的讲话[EB/OL]. 2020-03-06. http://www.xinhuanet.com/politics/leaders/2020-03/06/c_1125674682.htm.

决他们的生计问题。在社保政策上，逐步统筹城乡扶贫标准和城乡低保标准，引导和支持社会救助机构、慈善机构和爱心组织参与帮扶，加大社会救助力度。

脱贫攻坚“两不愁三保障”目标、“五个一批”脱贫路径，是针对致贫原因的精准脱贫办法。通过解决贫困人口收入不确定和支出不确定问题，缓解贫困人口面临的风险和设施约束，改变自然贫困、资本贫困、能力贫困和精神贫困，帮助贫困人口摆脱“贫困陷阱”。对标“两不愁三保障”目标和“五个一批”脱贫路径，农发行确定了服务脱贫攻坚的五大领域，通过金融支持易地扶贫搬迁及后续产业发展、产业扶贫、基础设施扶贫、“三保障”及安全饮水、定点扶贫，助力贫困人口走上脱贫致富之路（见图5-3）。

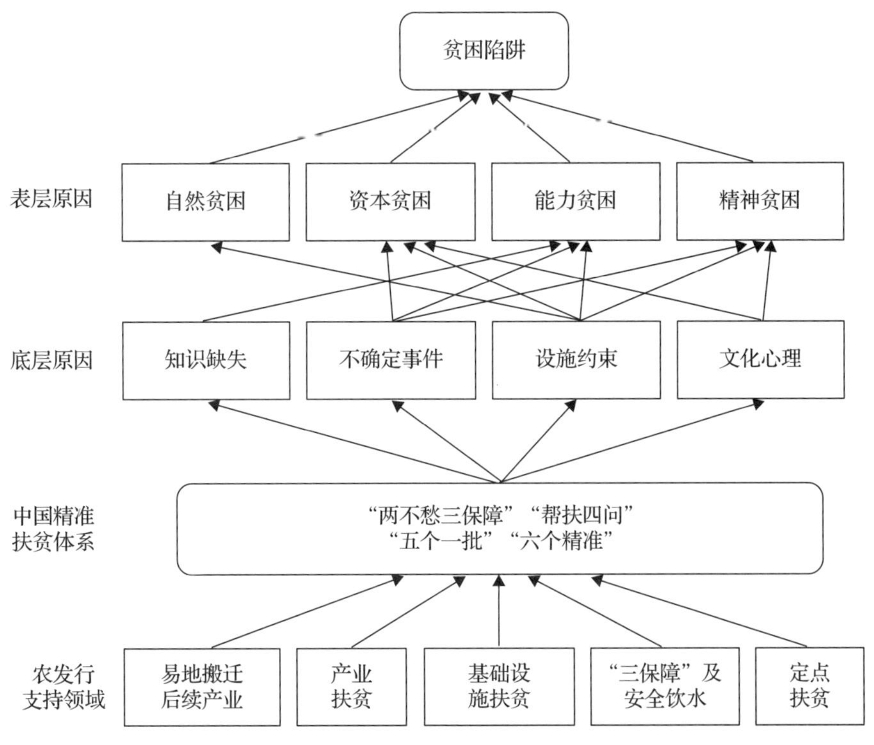

图5-3 贫困原因与精准扶贫路径

（二）“帮扶四问”扶贫体系与“六个精准”扶贫要求

“五个一批”解决的是“怎么扶”问题。“怎么扶”与“扶持谁”“谁来扶”“如何退”，共同构成了精准扶贫精准脱贫基本方略的主要内容。

“扶持谁”就是要把真正的贫困人口识别出来，把致贫原因、贫困程度及资源条件搞清楚。精准扶贫正是通过乡镇干部、村支两委和普通村民共同参与评议，识别出真正的贫困群众，并建立贫困人口档案台账，将家庭信息、收入来源、支出项目、致贫原因和帮扶需求统一录入精准扶贫系统。

“谁来扶”就是要解决扶贫责任主体问题，目的是构建分工明确、责任清晰、任务和考核到人的扶贫主体履责体系。“扶贫开发是全党全社会的共同责任，要动员和凝聚全社会力量广泛参与。”①新时代精准扶贫通过整合各种力量聚焦瞄准贫困对象，构建多元一体合力攻坚的参与机制。

“怎么扶”，即分类施策，精准帮扶。习近平总书记指出：“要坚持因人因地施策，因贫困原因施策，因贫困类型施策，区别不同情况，做到对症下药、精准滴灌、靶向治疗。”②精准施策，就是要按照贫困地区和贫困人口的具体情况，实施“五个一批”工程，把扶贫资源精准落实到最需要帮扶的贫困对象，同时发挥贫困群众的主体作用。

“如何退”，即明确脱贫标准、退出程序和检查要求等，经过严格的脱贫评估和验收，避免出现“被脱贫”“被平均”和边脱贫边返贫现象。习近平总书记强调，全国的贫困户和贫困人口要有序退出，不能拖延耽误，同时，不能搞层层加码，不搞时间进度、不搞冲刺，确保2020年全国人民一道进入全面小康社会。

---

① 习近平. 谋划好“十三五”时期扶贫开发工作　确保农村贫困人口到2020年如期脱贫[N]. 人民日报，2015-06-20.

② 习近平. 在贵州召开部分省区市党委主要负责同志座谈会上的讲话[N]. 人民日报，2015-06-19.

精准扶贫，就是要对扶贫对象实行精细化管理，对扶贫资源实行精确化配置，对扶贫对象实行精准化扶持，确保扶贫资源真正用在扶贫对象身上、真正用在贫困地区[①]。具体落实到六个精准上：扶持对象精准、项目安排精准、资金使用精准、措施到户精准、因村派人（第一书记）精准、脱贫成效精准。

扶贫对象精准。以往扶贫工作主要面向贫困区域、贫困区县或贫困村镇，对贫困户和贫困人口关注度不够，往往存在扶贫对象不确定不精准问题，造成一定的社会矛盾。新时代精准扶贫通过多维评估方法，识别出真正的贫困户和贫困人口，既防止识别疏漏又防止识别偏离，保障真正的贫困户和贫困人口得到精准帮扶。

项目安排精准。以往扶贫的“大水漫灌”政策存在扶贫项目安排不合理不精准问题，耗费很多扶贫资源却没有达到扶贫的效果。新时代精准扶贫精准脱贫基本方略，从宏观、中观和微观层面形成系统化的扶贫政策，精准推进扶贫项目，让党中央的精准扶贫政策直达基层。针对贫困人口多方面的致贫原因，精准对接贫困人口脱贫的多元化需要，建立涵盖产业扶贫、就业脱贫、收益扶贫、搬迁脱贫、生态扶贫、教育扶贫、健康扶贫、兜底保障等多元化帮扶模式。

资金使用精准。以往扶贫也有从上至下划拨的大量扶贫资金，但落到基层后没有按照扶贫专项资金和精准要求规范使用，导致扶贫资金使用效益不高。新时代精准扶贫通过科学整合、合理分配和有效监管扶贫资金，把扶贫资金用在扶真贫真扶贫上，全方位发挥扶贫资金的关键性作用。

措施到户精准。以往扶贫措施不直接到贫困户和贫困人口，“精英俘获”“跑冒滴漏”现象时有发生。新时代精准扶贫建立了差异化的贫困

① 中共中央党史和文献研究院. 十八大以来重要文献选编（下册）[M]. 北京：中央文献出版社，2018：58.

户和贫困人口帮扶机制，做到一户一策甚至一人一策精准对接，确保扶贫政策、扶贫资金、扶贫项目以及其他扶贫资源直接到达贫困户和贫困人口。

因村派人精准。针对部分农村基层党组织弱化、虚化和边缘化，指挥脱贫攻坚战斗力不足的问题，从上级机关安排年轻能干的领导干部到贫困村挂任扶贫第一书记。因村派人机制从政策资源、人才资源、组织资源以及资金支持方面增强村级干部的扶贫能力，并以“不脱贫不收兵”要求压实驻村干部扶贫责任。在安排人选时，把干部实力强项和贫困村弱项精准对接起来，增强精准脱贫工作实效性。大规模选派优秀干部驻村扶贫大大强化了精准扶贫的领导力量。

脱贫成效精准。建立脱贫成效精准的评估机制，形成基于客观成效的扶贫责任追究机制，倒逼扶贫领域存在的履责不力、职责不清及资源浪费现象，促进扶贫资源结构和贫困对象结构精准对接，提高精准扶贫治理成效。新时代精准脱贫以扶贫实效和脱贫标准为参照，健全精准扶贫巡察督导机制，综合运用组织考核、交叉考核、贫困对象考核以及第三方评估，形成自上而下、相互之间、由下而上以及由外至内的全方位立体化考评体系。

农发行系统落实精准扶贫精准脱贫基本方略，构建系统性、全局性、协同性的精准扶贫体系，打出组织保障、产品创新、政策配套、精准认定、资源整合的组合拳，确保优惠举措的精准滴灌，打通政策落地的“最后一公里”。

第二节　助力摆脱“贫困陷阱”的政策性金融扶贫路径

农业政策性银行聚焦建档立卡贫困人口的“两不愁三保障”问题，以易地扶贫搬迁为突破口，统筹支持产业扶贫、教育扶贫、健康扶贫、基础设施扶贫等薄弱环节，构建“四融一体”定点扶贫工作格局，加强基础管理，有效防控风险，实现政策性金融扶贫的高质量发展，有力帮助贫困人口摆脱“贫困陷阱”（见图5-4）。

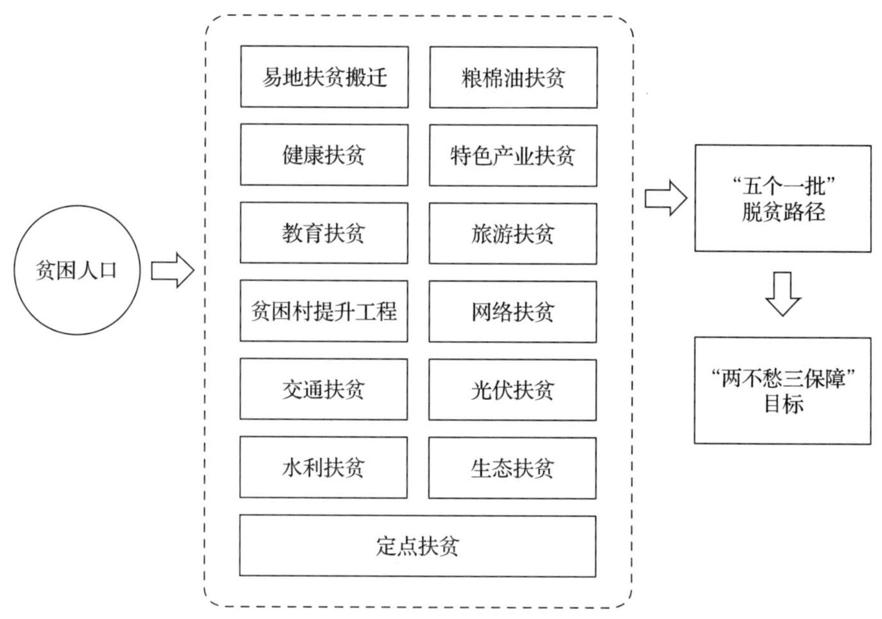

图5-4 农发行精准扶贫贷款与贫困人口精准脱贫路径

一、易地扶贫搬迁①

部分贫困地区存在资源承载力严重不足、公共服务严重滞后且建设成本过高、地质灾害多发易发等问题，“一方水土养不起一方人”。为解决好“怎么扶”问题，中央提出新时期精准扶贫“五个一批”脱贫工程，易地扶贫搬迁是“五个一批”之一，也是从根本上解决“一方水土

① 截至2020年末，全行累计投放易地扶贫搬迁贷款3123.36亿元，贷款余额1709.55亿元，惠及建档立卡搬迁人口492万人，实现了易地扶贫搬迁贷款审批、投放、余额、同业占比以及省级投融资主体在农发行开立基本账户数量“五个第一”，成为易地扶贫搬迁主力银行。农发行围绕搬迁安置点产业发展、配套基础设施及公共服务设施建设，截至2021年末，累计审批易地扶贫搬迁后续扶持贷款项目973个，累计投放贷款1299.70亿元，贷款余额1212.05亿元，较年初增加609.28亿元，增长101.08%。

养不起一方人”地区脱贫问题最直接、最有效的重要举措。易地扶贫搬迁按照“政府主导、群众自愿”原则，将居住在生存条件恶劣、生态环境脆弱、自然灾害频发等地区的农村贫困人口搬迁到生存发展条件较好的地方，通过产业、就业、培训、教育等系列帮扶措施，使其摆脱贫困状况、实现稳定脱贫。

2015年6月3日，时任国务院副总理汪洋同志明确指示要求农发行支持易地扶贫搬迁。农发行第一时间会同国务院扶贫办赴陕西开展联合调研，起草《关于易地扶贫搬迁金融服务问题调研报告》及《易地扶贫搬迁金融服务方案》，提出农发行支持易地扶贫搬迁的基本原则、主要思路、信贷操作模式和配套措施，为国家制订新时期易地扶贫搬迁方案提供决策参考。同时，协助各级政府编制“十三五”易地扶贫搬迁规划，制订融资方案，为易地扶贫搬迁工作提供融智服务。

2015年8月，农发行出台易地扶贫搬迁贷款管理办法等一系列文件，8月14日实现第一笔易地扶贫搬迁贷款投放，标志着农发行易地扶贫搬迁贷款业务正式启动。9月22日印发《中国农业发展银行易地扶贫搬迁地方政府补助资金专项贷款管理办法（试行）》，完善易地扶贫搬迁信贷产品体系。2017年国家“十三五”时期易地扶贫搬迁工作方案和规划正式出台后，农发行及时修订相关贷款办法，按照“中央统筹、省负总责、市县抓落实”的原则，全面构建“整体推进、统分结合、精准落地、封闭运行、保本经营”的易地扶贫搬迁信贷支持模式。

2018年6月以来，财政部、国家发展改革委、国务院扶贫办等部委先后联合下发通知①，对易地扶贫搬迁融资方式作出相应调整，将易地扶贫搬迁贷款融资调整为地方发债解决。农发行贯彻落实国家政策要

① 财政部等五部门印发《财政部、国家发展和改革委员会、国务院扶贫办、自然资源部、人民银行关于调整规范易地扶贫搬迁融资方式的通知》（财农〔2018〕46号）；国家发展改革委等13部门印发《关于印发2020年易地扶贫搬迁后续扶持若干政策措施的通知》（发改振兴〔2020〕244号）。

求，先后下发文件[①]明确不再审批和投放易地扶贫搬迁贷款，积极配合各级地方政府做好易地扶贫搬迁融资方式调整政策衔接工作，有序稳妥收回易地扶贫搬迁存量贷款。

易地扶贫搬迁建设工程基本完成后，后续扶持工作能否做好，决定着易地扶贫搬迁的成败。农发行加强与国家发展改革委[②]、国务院扶贫办等部门对接，对金融服务易地扶贫搬迁后续扶持作出顶层设计[③]，提出农发行未来5年安排1200亿元信贷投放，以专项行动、专项政策、专项额度、多种产品“三专一多”为主要抓手，支持后续产业发展和配套基础设施、公共服务设施建设，力争做到“三个实现”[④]。

二、“三保障”专项扶贫[⑤]

贫困地区自然资源匮乏，物质资本短缺，贫困人口吃不饱、穿不暖现象时有发生，义务教育、基本医疗和住房安全得不到基本保障，基本生活需要无法得到满足。习近平总书记指出，到2020年稳定实现农村贫困人口不愁吃、不愁穿、义务教育、基本医疗、住房安全有保障，是贫困人口脱贫的基本要求和核心指标，直接关系攻坚战质量[⑥]。“两不愁三

① 2018年7月13日，印发《关于坚决贯彻落实财政部等五部委〈关于调整规范易地扶贫搬迁融资方式的通知〉的意见》（农发银发〔2018〕157号）。2018年9月29日，印发《关于贯彻落实财政部等四部委有关进一步做好调整规范易地扶贫搬迁融资方式工作的通知》（农发银发〔2018〕245号）。

② 2020年7月9日，印发《中国农业发展银行　国家发展和改革委员会关于信贷支持易地扶贫搬迁后续扶持的通知》（农发银发〔2020〕92号）。

③ 2020年3月16日，印发《关于开展信贷支持易地扶贫搬迁后续扶持专项行动的通知》（农发银发〔2020〕40号）。

④ “三个实现”即力争实现对搬迁贫困人口超过1万人的集中安置区易地扶贫搬迁后续扶持贷款投放全覆盖；力争实现对搬迁贫困人口超过800人的集中安置区易地扶贫搬迁后续扶持贷款投放覆盖比例不低于50%；有易地扶贫搬迁任务的22个省级分行全部实现易地扶贫搬迁后续扶持贷款投放。

⑤ 2020年7月9日，印发《中国农业发展银行　国家发展和改革委员会关于信贷支持易地扶贫搬迁后续扶持的通知》（农发银发〔2020〕92号）。

⑥ 2019年4月15日至17日，习近平总书记在重庆考察，主持召开解决“两不愁三保障”突出问题座谈会上的讲话。

保障”既着力解决吃饭与穿衣的问题，满足贫困人口的基本生存需要，又着力解决贫困人口的教育、医疗、住房和社会保障等诸多方面的公共服务问题，促进人的全面发展。

农发行围绕建档立卡贫困人口“两不愁三保障”，对接国家重大专项扶贫行动，2017年推出教育①、健康贷款②，2018年推出贫困村提升工程贷款③等专项产品，支持贫困地区基础教育，着力改善基本办学条件，支持农村义务教育学生营养改善计划、职业教育和职业培训；支持贫困地区建设完善医疗卫生设施和提供大病集中诊疗服务等，重点支持列入国家健康扶贫工程的重大项目；支持改善贫困村基础设施建设滞后、公共服务能力不足、产业基础薄弱、人居环境条件相对较差等状况，推动贫困村和贫困人口实现住房安全、饮水安全、出行方便、环境改善、产业发展。出台扶贫过桥信贷产品④，用于特殊时期、特殊区域、特定领域⑤，有效解决有确定、稳定还款来源保障的扶贫项目，满足财政资金投资尚未到位前的建设资金需要，保证了扶贫项目及时启动和不间断实施，避免造成“半拉子”工程。

2020年3月，中央召开决战决胜脱贫攻坚座谈会，明确提出“住房和

① 2017年2月6日，印发《中国农业发展银行教育扶贫贷款办法（试行）》（农发银发〔2017〕21号）。2017年10月27日，印发《关于进一步加大教育扶贫贷款业务支持力度的通知》（农发银扶贫综〔2017〕3号）。

② 2018年5月3日，印发《中国农业发展银行健康扶贫贷款办法（试行）》（农发银发〔2018〕96号）。

③ 2018年5月29日，印发《关于信贷支持贫困村提升工程的意见》（农发银发〔2018〕124号）。

④《中共中央 国务院关于打赢脱贫攻坚战的决定》要求，“对有稳定还款来源的扶贫项目，允许采用过桥贷款方式，撬动信贷资金投入”。人民银行等七部门《关于金融助推脱贫攻坚的实施意见》（银发〔2016〕84号）提出，“国家开发银行、农业发展银行可依法依规发放过桥贷款，有效撬动商业性信贷资金投入”。《中国银监会关于银行业金融机构积极投入脱贫攻坚战的指导意见》（银监发〔2016〕9号）规定，“对有确定、稳定资金来源保障的扶贫项目，可以采用过桥贷款方式，发放特定期限、特定额度的贷款，先期支持项目及时启动”。《中国银保监会办公厅关于进一步加大“三区三州”深度贫困地区银行业保险业扶贫工作力度的通知》（银保监办发〔2020〕24号）提出，“对以财政资金作为还款来源的政府投资扶贫项目，允许采用过桥贷款方式推动项目实施”。

⑤ 特殊时期即脱贫攻坚期，特殊区域即贫困地区特别是深度贫困地区，特定领域即教育、健康、贫困村提升、农村交通、改善农村人居环境等脱贫攻坚重点领域。

饮水安全扫尾工程任务上半年都要完成”“巩固‘两不愁三保障成果’，防止反弹”的目标要求。农发行印发《关于开展信贷支持“三保障”和饮水安全专项行动的通知》，把全力支持贫困地区完成“三保障”和饮水安全清点扫尾作为首要工作，把持续推动贫困地区“三保障”和饮水安全巩固提升作为重要任务，重点瞄向“三区三州”等深度贫困地区和52个未摘帽县，持续加大投入力度。

三、产业扶贫[①]

长期以来，贫困地区以传统农业经济为主，耕作方式落后、经营状态分散、专业人才流失，特别是受思想观念、财力物力限制，政策体系不完善，无法有效开展产业化活动。贫困地区产业发展普遍存在转型升级缓慢、内生发展能力提升缓慢、资源利用不充分、集体经济发展缓慢等困难，为贫困地区脱贫致富带来挑战。产业扶贫是脱贫攻坚的主要途径和长久之策，是在最艰苦的地方、最贫瘠的土地、最薄弱的环节做最精准的事。

农发行设置产业发展扶贫部门[②]，重点对接国家重点产业扶贫工程，提出扶贫业务发展规划、制订产业扶贫年度发展计划以及推动实施产业扶贫业务。出台产业扶贫贷款管理办法[③]和工作意见[④]，对产业扶贫信贷

① 2018年5月29日，印发《关于信贷支持贫困村提升工程的意见》（农发银发〔2018〕124号）。

② 2016年5月16日，农发行总行党委研究决定成立中国农业发展银行扶贫金融事业部，下设产业发展扶贫部，粮棉油部加挂产业发展扶贫部牌子，即粮棉油部/产业发展扶贫部。2018年10月9日，总行印发《关于调整扶贫金融事业部职能部门及其职能的通知》（农发银发〔2018〕287号），决定扶贫综合业务部（易地扶贫搬迁部）加挂产业发展扶贫部牌子，即扶贫综合业务部（易地扶贫搬迁部，产业发展扶贫部）。粮棉油部不再加挂产业发展扶贫部的牌子，专项负责粮棉油产业扶贫工作。

③ 2018年12月14日，印发《中国农业发展银行产业扶贫流动资金贷款办法》和《中国农业发展银行产业扶贫固定资产贷款办法》（农发银发〔2018〕338号）。

④ 2019年3月20日印发《关于全面推动产业扶贫信贷业务发展的工作意见》（农发银发〔2019〕48号）。

政策、评审要点、申报资料清单等进行规范统一，推动形成齐抓共管、优势互补、各计其功的产业扶贫局面。在企业和项目选择上坚持“三个有利于”，即有利于调动贫困群众参与产业发展的积极性，提升发展的意愿和发展能力；有利于突出产业特色，提高产业附加值，缩小收入差距；有利于提高市场对扶贫农产品的接纳度和喜爱度。

农发行全面对接国家产业扶贫规划和工作部署，支持贫困地区发展有市场、有品牌、有效益的特色产品，以及能带动贫困户长期稳定增收的特色优势产业和特色产品品牌；支持旅游扶贫、光伏扶贫、网络扶贫、贫困地区创业致富带头人、优势特色农业提质增效、中医药产业扶贫等国家重点产业扶贫及就业扶贫行动；支持贫困地区一二三产业融合、田园综合体、农业产业园以及新产业新业态发展；支持“东西部协作”，将更多的优质客户、产业项目、资金、担保资源引入西部贫困地区；支持“万企帮万村”精准扶贫行动，深化与全国工商联、国务院扶贫办、中国光彩会等部门沟通合作，打造一批精准扶贫成效显著的示范企业。

农发行始终将带动贫困人口脱贫作为衡量产业扶贫贷款质效的重要考量因素，优先支持带动贫困人口多、内生动力强、示范引领效果好的产业扶贫项目，完善产业扶贫主体与贫困户联动发展的利益联结机制，形成了产业化联合体扶贫模式①、“总部经济”产业扶贫模式②等多个成熟模式，实现扶贫资源精准对接贫困群体。

① 产业化联合体是以龙头企业为引领、农民专业合作社为纽带、贫困户为基础，按照产业联合、要素共享、利益联结、风险分担的原则组建的一体化农业经营组织联盟，在地方政府的主导下，可通过直接带动方式（“农业经营实体企业+贫困户”方式）和间接带动方式（“农业经营实体企业+农业新型经营主体+贫困户”方式）支持建档立卡贫困户脱贫。

② “总部经济”模式按照“资金流向企业、企业发展产业、产业带动农户”的思路，针对贫困地区发展产业资金需求旺、优质客户少的困境，采取围绕项目招客户，跳出贫困地区找客户等办法，对接经济发达地区实力雄厚的央企、省属国企和上市公司，为其量身打造个性化支持方案，引导其作为承贷主体在贫困地区建立生产基地、扶贫车间，通过吸纳就业，收购原材料等方式带动周边农户脱贫致富。

四、基础设施扶贫[①]

基础设施是为社会生产和居民生活提供公共服务的物质工程设施，是用于保证国家或地区社会经济活动正常进行的公共服务系统。由于自然环境、历史文化等原因，贫困地区基础设施普遍存在底子差、规模小、配套不足、管用不善等问题，难以满足当地人民群众日常生产和生活的各方面需要，严重制约了贫困地区发展。习近平总书记指出，要把公共基础设施建设的重点放在农村，推进城乡基础设施共建共享、互联互通，推动农村基础设施建设提档升级，特别是加快道路、农田水利、水利设施建设，完善管护运行机制[②]。

农发行重点围绕城乡发展一体化、人居环境建设等领域，积极支持实施交通扶贫行动，持续加大对“四好农村路”建设的支持力度[③]，支持改造建设贫困地区乡村旅游路、产业路、资源路等。支持实施水利扶贫行动，重点支持贫困地区国家重大水利工程和地方政府规划的重点大中型水利工程，大力支持贫困地区大中型灌区续建配套与节水改造、小型农田水利工程建设等。支持贫困地区开展农村人居环境整治三年行动，重点支持贫困地区农村生活垃圾治理、卫生厕所改造，大力支持有条件的地方逐步开展生活污水治理。大力支持贫困地区危房改造，助推完成建档立卡贫困户等重点对象危房改造任务。

① 截至2020年末，2015年以来全行累计投放基础设施扶贫贷款9688.08亿元，贷款余额6186.06亿元。

②《走中国特色社会主义乡村振兴道路》（2017年12月28日）。

③“四好”即建好、管好、护好、运营好。习近平总书记指出“农村公路建设要因地制宜、以人为本，与优化村镇布局、农村经济发展和广大农民安全便捷出行相适应，要进一步把农村公路建好、管好、护好、运营好，逐步消除制约农村发展的交通瓶颈，为广大农民脱贫致富奔小康提供更好的保障”。

五、定点扶贫

党政军机关、企事业单位开展定点扶贫，是中国特色扶贫开发事业的重要组成部分，也是中国政治优势和制度优势的重要体现。中央单位结合自身优势对定点帮扶的贫困县实施特惠支持政策，是定点单位贴近基层、了解民情、培养干部、转变作风、密切党群干群关系的重要途径，对于确保完成扶贫开发任务，顺利实现全面建成小康社会目标，具有十分重要的意义。

农发行把定点扶贫作为全行扶贫工作的窗口和标志，充分发挥行业、系统、政策、客户优势，积极探索和完善融资、融智、融商、融情“四融一体”帮扶体系，举全行之力帮助贵州省锦屏县、广西壮族自治区隆林县、云南省马关县、吉林省大安市4个县、409个贫困村和25.4万贫困人口全部如期实现脱贫。

农发行健全体制机制，成立由党委书记、董事长任组长的定点扶贫工作领导小组，谋划全行定点扶贫工作。率先制定政策性金融扶贫五年规划和三年行动方案，把定点扶贫作为重要内容进行统筹安排。每年召开定点扶贫工作会议，出台定点扶贫工作意见，按季召开定点扶贫视频会议，及时帮助定点扶贫县解决实际困难。实施“四级书记”抓定点扶贫，总行每年与定点扶贫县所在省级分行党委签订定点扶贫工作责任状，省市县行也逐级签订责任状，强化上下联动和协同配合。建立“总省市县四级行”+“三人小组”工作机制，累计选派24名挂职干部驻县落实帮扶任务。制定专项扶贫绩效考核办法，对定点帮扶实施考核评价。建立常态化督导机制，抽调专人开展专项督导行动，帮助定点扶贫县落实脱贫攻坚主体责任。

农发行紧紧围绕“五个一批”，依托定点扶贫县当地资源禀赋，针对脱贫短板实行“靶向治疗”，重点支持产业扶贫和“三保障”等重点民生工程。支持深度贫困地区59条差异化支持政策同样适用于定点扶贫县。针对隆林县担保资源稀缺的问题，创新“政银企担”合作模式[①]。截至2020年末，累计向定点扶贫县投放贷款109.06亿元，贷款余额88.16亿元，支持定点扶贫县易地扶贫搬迁等项目，新建住房7661套，惠及建档立卡贫困人口36752人；实施危房改造40805户，惠及贫困人口88993人；新建改建学校71所，惠及贫困人口33380人；支持隆林县中医院、马关县中医院等医疗项目，惠及贫困人口104249人。

农发行坚持“志智双扶”，发挥“三人小组”桥梁纽带和战斗堡垒作用，逐县编制政策性金融服务总体方案，逐年制订支持计划和重点项目融资方案。与苏州干部学院合作举办22期扶贫干部培训班，帮助培训扶贫干部和致富带头人1676人，实现县乡村三级干部全覆盖。通过邀请专家教授到田间地头现场授课、开展网络视频培训、印发技术手册等多种形式，对贫困户开展实用技能培训[②]。实施定点扶贫县乡村中小学教学水平提升项目，协调92名定点县教师免费到发达地区培训学习，改善留守儿童生活学习条件，帮助解决贫困大学生4年学费和生活费[③]。

农发行充分调动全系统资源优势和行业客户优势，协调引导各方力量共同帮扶。2017年至2019年连续3年举办定点扶贫县招商引资对接会，帮助定点扶贫县引进资金、人才、技术、管理等资源，引进落地项目33个，实际投资13.34亿元，帮助销售贫困地区农产品96513.78万元，进一步推动优化产业布局，拓展对内对外开放新空间[④]。对东部地区9家省级分行设立“东西部协作”专项考核指标，引领优质开户企业到定点

① 政府实体化国有公司、小微企业、银行、农业担保公司分别承担40%、30%、20%、10%的“4321”风险，涉农小微企业仅需提供30%的抵押给国有公司，由其增信，向农担公司提供100%反担保，农担公司向银行出具100%保函。

② 脱贫攻坚期间，累计培训定点扶贫县“三支队伍”9000多人，培训贫困地区大学生村官800人。

③ 脱贫攻坚期间，为9450名贫困学生提供4946万元用于改善学习生活条件。

④ 在锦屏县，依托幼苗培育、贴树近野生种植、杉木搭架种植“三大抓手”促进铁皮石斛产业发展，实现铁皮石斛种植1.2万亩，成为锦屏县经济转型发展的主导产业。帮助隆林县成功引进北京大北农科技集团股份有限公司到隆林投资建设年出栏50万头生猪生态农业产业链项目，投资额达8.75亿元。

扶贫县投资，协调区域内发达市县与4个定点县构建结对帮扶关系。主动与中央组织部、国务院扶贫办、人民银行等单位对接联系，在项目融资、技术指导、干部培训、捐赠救助等方面开展多种合作[①]。

农发行坚持融情凝心聚力，增强贫困群众获得感。组织总行机关部门、省级分行与定点扶贫县贫困村、特困群众建立帮扶联系，开展支部共建、党员干部结对帮扶贫困户。全行各级机构和员工累计向4个定点县无偿捐赠资金9803万元，广泛动员和引导社会力量捐赠帮扶资金1.13亿元。加强就业帮扶，每年拿出一定比例招聘计划，适当放宽条件定向招收定点县贫困家庭大学生[②]。广泛发动全行机关、干部员工、客户企业等累计购买和帮助销售定点扶贫县产品10.4亿元；上线“农发易购”电商扶贫平台，上架销售包括定点扶贫县在内的45个县的扶贫产品。专门召开定点扶贫县消费扶贫现场推进会，33家企业与4个定点扶贫县签订购买扶贫产品意向书35份，达成意向购买金额1.17亿元，网络直播带货两小时内在线观看人数超过9.7万人，销售金额达94万元。

六、深度贫困地区脱贫攻坚[③]

深度贫困地区多是地形复杂山区、革命老区、民族地区、边疆地区，生产资料匮乏，劳动力资源短缺，农业经营方式落后，社会文明程度较低，贫困人口占比和贫困发生率高，同时基础设施和社会事业发展滞后，生产资料和劳动力有机结合程度不足。众多掣肘严重制约了深度贫困地区

① 累计帮助培训深度贫困地区驻村第一书记334人、大学生村官800人、中央单位定点扶贫县扶贫干部490人。

② 先后为马关县协调整合各类资金3552.75万元，资助建档立卡贫困学生3445名，为隆林考上大学的建档立卡贫困学生提供每人5000元的“圆梦资金”。

③ 2015年至2020年，农业发展银行累计向深度贫困地区投放各项贷款4944.32亿元。2020年末深度贫困地区扶贫贷款余额2980.68亿元。其中，“三区三州”深度贫困地区贷款余额1361.34亿元，增速13.51%，高于全行扶贫贷款增速5.64个百分点。2020年累计向52个未摘帽贫困县投放扶贫贷款239.04亿元，完成全年任务目标的221.33%。

地方经济发展，是脱贫攻坚的坚中之坚。2017年6月，习近平总书记在太原召开深度贫困地区脱贫攻坚座谈会，强调对深度贫困地区必须给予更加集中的支持，采取更有效的举措，开展更有力的工作。2017年11月，中共中央办公室、国务院办公室印发《关于支持深度贫困地区脱贫攻坚的实施意见》，部署深度贫困地区的脱贫攻坚工作。

农发行把支持深度贫困地区脱贫攻坚作为重大政治任务和责任担当，连续3年召开深度贫困地区工作推进会，在金融系统率先出台《关于重点支持深度贫困地区打赢脱贫攻坚战的意见》，提出实现“三个高于”目标①。实行总行行领导对“三区三州”分片包干、对口联系制度。深度贫困地区省级分行党委向总行党委签订脱贫攻坚责任状，省市县行逐级签订责任状，强化上下联动和协同配合。将支持深度贫困地区脱贫攻坚工作作为总行部门、省级分行扶贫工作的重要内容纳入考核评价。

农发行紧密对接国家政策，采取超常举措，在加大信贷政策倾斜②、强化资源保障③、实施定向帮扶④等方面先后分3批出台48条差异化特惠政策用于支持“三区三州”等深度贫困地区脱贫攻坚。

农发行深入贯彻落实习近平总书记关于“对工作难度大的县和村挂牌督战”重要指示精神，对52个未摘帽贫困县分支机构开展挂牌督战⑤，

① “三个高于”即深度贫困地区分支机构“十三五”时期的贷款增速高于所在省农发行“十三五”时期平均贷款增速；高于所在省金融同业“十三五”时期贫困地区贷款平均增速；高于全行“十三五”时期各项贷款平均增速。

② 适当降低贷款准入门槛，下放贷款审批权限，放宽贷款担保要求，优化担保方式，提高不良贷款容忍度等，更好地满足“三区三州”等深度贫困地区融资需求。坚持向“三区三州”让利，扶贫贷款最低可执行人民银行同期贷款基准利率基础上下浮10%，且原则上不上浮。

③ 对“三区三州”等深度贫困地区扶贫贷款“敞口供应”，优先满足深度贫困地区财务费用需求。指导深度贫困地区分支行与东部地区行加强干部交流，增加领导力量和领导职数。在人员招聘、薪酬福利待遇及绩效考核等方面实施全方位倾斜。

④ 开展对“三区三州”等深度贫困地区开展免费培训，组织开展贫困学生公益活动。动员全行系统相关领导干部，每人至少资助1名建档立卡贫困家庭学生。开展以购代捐，组织各级行以略高于市场的价格，长期购买“三区三州”等深度贫困地区的农副产品。

⑤ 2020年2月24日，印发《中国农业发展银行脱贫攻坚挂牌督战工作方案》（农发银发〔2020〕27号）。

建立总行统筹、省级分行负总责、总行部室对口联系、市县分行抓落实的工作机制，总行行领导签订挂牌督战责任书。在适用深度贫困地区48条差异化政策的基础上，进一步出台11条特惠举措，形成全方位、立体式支持未摘帽贫困县的政策体系。不断完善督战台账，健全监测通报和约谈制度，对未摘帽贫困县分支机构扶贫业务发展及督战情况进行单独考核。

七、高质量发展

金融扶贫在坚持社会效益优先的同时，也要遵循银行规律和市场规律，必须夯实管理基础、有效防控风险，才能实现高质量可持续发展，经得起历史检验。农发行按照党中央、国务院关于打赢脱贫攻坚战的决定和人民银行金融精准扶贫贷款专项统计制度等文件要求，先后出台一系列制度文件①，以筑牢精准底线、提升扶贫质效为目标，从制度层面明确精准管理的职责、标准和要求，并嵌入全行扶贫信贷业务流程各环节。实施扶贫贷款带贫成效分类管理，把扶贫成效与信贷资源配置、优惠政策执行进行挂钩，强化扶贫贷款投放的合规性和资金使用的有效性。建立健全扶贫贷款监测督导机制，加强扶贫贷款精准问题监控、带贫成效监管。将精准管理纳入省级分行服务脱贫攻坚工作考核范畴，加大考核权重，发挥考核指挥棒作用。研发扶贫识别信息查询平台、扶贫贷款台账、成效监测统计等系统，将人民银行下发的历年扶贫识别信息纳入数据库管理，实现扶贫贷款数据从业务系统自动采集并同步更新，

① 2016年9月22日，印发《关于做好扶贫贷款认定工作的通知》（农发银发〔2016〕248号）。2019年9月2日，印发《中国农业发展银行扶贫贷款质效全流程管理指引》（农发银规章〔2019〕46号）。2020年2月25日印发《关于加强和完善扶贫贷款认定管理工作的通知》（农发银扶贫〔2020〕1号）。2020年8月10日，印发《关于严格扶贫贷款精准质效管理工作的通知》（农发银扶贫〔2020〕4号）。

为扶贫业务核算、监测、统计和考评等提供管理依据。

农发行不断健全信贷风险防控体系，印发《中国农业发展银行防范化解金融风险攻坚战三年规划》，明确三年内产业扶贫贷款不良率控制在3%以内，其他扶贫贷款不良率控制在全行平均水平以下等具体要求；对押品管理办法作出相应调整，满足扶贫贷款第二还款来源风险防范工作的需要。建立健全精准扶贫贷款台账和监测分析体系，有针对性地开发监测分析报表93套，涉及扶贫信贷基础数据76项。建立扶贫贷款常态化数据核对和清理机制，重点对扶贫贷款数据的准确性和完整性进行核查，切实提高监测数据的质量。建立风险贷款“三清单”[①]管理机制，有重点地开展贷后监控工作。实行信贷风险清单销号管理，监测发现风险事件或风险信号立即开展调查和评估，及时纳入信贷风险跟踪清单，根据风险状况采取相应的风险防控措施，及时消除风险隐患。强化预测分析和政策影响分析，客观全面反映扶贫业务经营成果，为领导决策提供有力支撑。

农发行健全扶贫贷款信贷管理制度，明确扶贫贷后管理职责、贷后管理要求、检查重点等内容，有效防范和控制扶贫贷款贷后环节风险[②]。从扶贫贷款贷后精准性管理、贷款发放与支付、贷后检查监测、贷款风险预警防控、问题整改等方面，进一步规范和加强扶贫信贷业务贷后管理工作[③]。强化制度执行，防止扶贫信贷资金被挤占挪用，狠抓贷款资金支付，防止扶贫信贷资金闲置滞留。落实规范地方政府债务管理各项规定，配合地方政府依法依规开展整改。加强监督检查，开展扶贫贷款贷后管理现场和非现场检查。建立健全常规化整改机制，及时跟

①“三清单”是指信贷风险跟踪清单、贷款逾期欠息清单、信贷风险提示清单。

② 2017年8月8日，印发《中国农业发展银行扶贫贷款贷后管理实施细则》（农发银扶贫信〔2017〕1号）。

③ 2018年6月8日，印发《关于进一步加强扶贫贷款贷后管理工作的通知》（农发银扶贫综〔2018〕3号）。

踪整改进度，将问题整改同健全机制、完善管理紧密结合，提高贷后管理质量。

2018年10月17日至11月30日，中央第十五巡视组对农发行开展了脱贫攻坚专项巡视，2019年12月23日至2020年1月15日，中央第十五巡视组对农发行开展巡视整改“回头看”。农发行党委加强研究部署，推动全行形成上下联动、部门协同、合力整改的工作格局。确定全面彻底整改的工作目标，注重统筹兼顾，提升整改实效，坚持举一反三，建立长效机制。细化、实化整改任务，压实整改责任，从严从实整改。驻行纪检监察组加强巡视整改监督，做到贯通协同，强化监督问责。两轮中央脱贫攻坚专项巡视，有力促进了农发行理论武装明显加强，“两个维护”更加自觉，体制机制更加完备，履职能力有效提升，工作作风更加扎实。巡视组对农发行金融扶贫工作给予了充分肯定，从肯定“坚定金融扶贫先锋主力模范目标”到肯定“发挥了金融扶贫先锋主力模范作用”，为农发行坚定做好金融扶贫工作、继续做强金融扶贫银行注入了强有力的信心和动力。农发行进一步建立健全中央脱贫攻坚专项巡视和“回头看”整改长效机制[①]，推动农发行履职发展和改革创新不断迈上新台阶。

第三节　中国农业政策性银行金融扶贫治理体系建设

农业政策性银行扶贫是中国精准扶贫系统工程中独特的子系统，贯通了中国精准扶贫的意识形态、政治格局、战略构想和实施路径。农发行坚持系统治理、综合治理、社会治理的大扶贫治理思维，建立健全农业政策性银行扶贫治理体系，为发挥金融扶贫先锋主力模范作用提供强有力的支撑（见图5–5）。

① 2020年6月29日，印发《关于健全中央脱贫攻坚专项巡视和“回头看”整改长效机制的通知》（农发银办〔2020〕36号）。

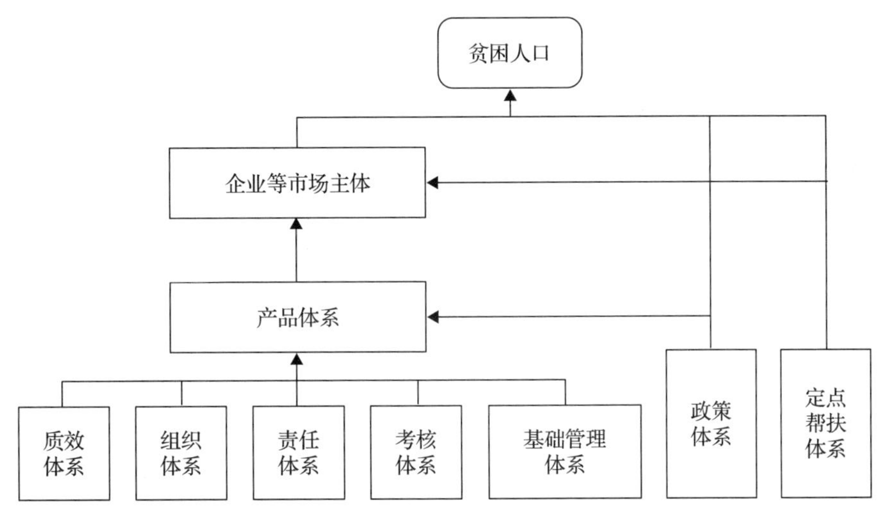

图5-5 农发行精准扶贫“四梁八柱”体系

一、坚持党领导扶贫的制度设计

农发行党委发挥总揽全局、协调各方的作用，切实承担脱贫攻坚的主体责任，党委书记切实承担第一责任人责任，将服务脱贫攻坚提升到增强“四个意识”、坚定“四个自信”、做到“两个维护”的高度进行决策、部署和推动。

（一）顶层设计

及时跟进中央脱贫攻坚决策部署，率先出台农业政策性银行扶贫五年规划和打赢脱贫攻坚战三年行动方案，明确农业政策性银行扶贫总体思路、目标任务和工作措施，提出“在打赢脱贫攻坚战中，成为金融扶贫的先锋、主力和模范”目标。

（二）决策机制

围绕落实党中央脱贫攻坚决策部署，构建响应及时、机构健全、集体议事、科学决策的农业政策性银行扶贫议事决策机制。农发行是国务院扶贫开发领导小组成员单位，党委书记、董事长参加国务院扶贫开发领导小组会议，第一时间学习中央脱贫攻坚最新决策部署，第一时间主持召开党委会传达学习中央精神，研究贯彻落实措施。党委中心组组织习近平总书记关于扶贫工作的重要论述专题学习研讨，强化中国特色扶贫理论武装。建立脱贫攻坚工程领导小组会议、扶贫金融事业部执行委员会、扶贫金融事业部总裁办公会等“一组两会”决策议事机制。脱贫攻坚工程领导小组由党委书记、董事长任组长，扶贫业务分管行领导为成员；扶贫金融事业部由党委副书记、行长任总裁，扶贫业务分管行领导为常务副总裁。明确了各类扶贫会议议事范围和规则。每年召开脱贫攻坚工作会议，适时召开支持深度贫困地区工作会议等全行性会议部署扶贫工作，形成了符合扶贫工作特点的常态化研究部署机制①，并配套建立了扶贫议定事项督办落实机制②。

（三）责任体制

构建总行统筹、省级分行负总责、市县行抓落实的“四级书记抓扶贫”的责任体制。总行统筹，做好顶层设计，主要是管两头：一头是在政策、资金等方面为各分支机构服务脱贫攻坚创造条件，另一头是加强扶贫质效监管。省行负总责，做到承上启下，把总行的政策转化为实施方案，促进工作落地。市县行抓落实，因地制宜，从当地实际出发推动农业政策性银行扶贫各项政策措施落地生根。总行行领导对22个脱贫攻坚重点任务省份、“三区三州”、定点扶贫县实行分片包干。建立约谈制度，压实各级行“一把手”责任。建立脱贫攻坚党建联系行制度，开展党委（支部）抓党建促脱贫攻坚述职与考核。扶贫金融事业部执委会成员部门按照条线职责推进完成脱贫攻坚各项工作目标，研究落实各类扶贫会议议定的专项工作；各省级分行向总行签订服务脱贫攻坚责任书，立下“军令状”，向下层层签订责任书，分解目标任务；省级分行党委

① 形成每年全行工作会议1次，脱贫攻坚领导小组会议2次，扶贫金融事业部执委会4次，总裁办公会（行领导专题会）不定期召开的基本惯例。

② 专门成立扶贫秘书处对议定事项进行定期督办，以督办清单的方式促进各部门按时完成目标任务。

书记切实履行支持当地脱贫攻坚的第一责任人责任，省级分行行领导分片包干负责辖内国家级贫困县和深度贫困县，建立纵横两个方向的工作责任落实和工作推动机制。在脱贫攻坚决战决胜阶段，总行行领导包片对52个未摘帽贫困县相关分支机构的金融支持工作进行挂牌督战①，既要“督”，重点督导责任落实、政策落实、工作落实；又要“战”，带头推进业务发展，统筹整合协调资源，四级机构同时发力，帮助未摘帽贫困县如期实现脱贫攻坚目标。

（四）监督机制

把全面从严治党要求贯穿脱贫攻坚工作全过程和各环节，确保农业政策性银行扶贫务实扎实真实，在实践中形成了中央、有关部委、农发行自身“三个层级”最严格的扶贫监督机制。2018年至2020年，农发行接受中央脱贫攻坚专项巡视②和中央脱贫攻坚专项巡视整改“回头看”，在已有监督检查发现问题的基础上，对问题进行再印证分析，对责任进行再提醒督促，对已有监督成果进行再运用落实。农发行还先后接受国家审计署、银保监会、监事会对农发行扶贫工作的检查。总行党风巡视、审计等监督部门对省级分行开展了扶贫专项巡视和审计。农发行对各类监督检查发现的问题进行整改，特别是对中央脱贫攻坚专项巡视反馈问题高度重视、集中整改、全面落实，有力促进扶贫工作堵漏洞、补短板、强弱项。

二、中国农业政策性银行扶贫的组织体系

农发行以扶贫金融事业部为依托，通过强机制、建架构、明职责，

① 关于印发《中国农业发展银行脱贫攻坚挂牌督战工作方案》的通知（农发银发〔2020〕27号）。

② 是落实脱贫攻坚政治责任的再监督，落实党中央脱贫攻坚方针政策、落实党委（党组）脱贫攻坚主体责任、落实纪委监委（纪检监察组）监督责任和有关职能部门监管责任、落实脱贫攻坚过程中各类监督检查发现问题整改任务等“四个落实”，深入开展监督检查。

打造了纵向延伸至县级支行，横向贯穿到总行职能部门的全行扶贫组织体系，形成条线和分支机构纵横联动的格局。

（一）“四级一体”垂直架构

农发行率先在金融机构中成立扶贫金融事业部，并将事业部向下延伸至省分行、市分行、县支行，纵向打造扶贫金融事业部“四级一体”垂直架构，实现总省市县四级行全面覆盖。22个扶贫业务重点省分行比照总行成立脱贫攻坚领导小组，组建扶贫金融事业部分部，设立扶贫业务处；地市级分行设立扶贫业务部；在529个国家级贫困县设立了县级机构，占国家级贫困县总数的60%以上；国家级贫困县有县级支行的加挂“中国农业发展银行××县（市）扶贫金融事业部”牌子，无机构县派驻扶贫工作组，实现了对832个国家级贫困县金融服务的全覆盖。

（二）“1+N+M”组织架构

农发行将扶贫金融事业部横向平行贯穿到总行各相关职能部门，不断完善形成“1+N+M”格局。“1”是扶贫综合业务部，重点发挥综合、协调、沟通、督办、考核职能，并牵头全行产业扶贫营销、推动和管理工作，以及国家重大专项扶贫工程信贷支持工作。“1+N”是扶贫金融事业部组成部门，除扶贫综合业务部外，还包括粮棉油扶贫部、基础设施扶贫部、创新扶贫部、扶贫信贷管理部4个一级部。按照职能分工，分别牵头做好本条线扶贫信贷业务推动、扶贫综合信贷政策管理工作等。“1+N+M”是扶贫金融事业部执行委员会成员单位，涵盖战略、资金、信审、风险、内控、财会、人力等7个中后台部门，在强化扶贫资源保障功能基础上，进一步提升对重大扶贫事项的研究决策能力。

三、中国农业政策性银行扶贫的制度体系

农发行全面对接精准扶贫精准脱贫基本方略，全方位推进政策性金融扶贫系统工程，构建扶贫产品体系、政策体系、精准管理体系、核

算体系、考核体系、科技支撑体系，为政策性金融精准扶贫提供制度保障。

（一）产品体系

围绕“两不愁三保障”，农发行创新出台易地扶贫搬迁贷款，打响支持脱贫攻坚第一战；制定专门产业扶贫贷款办法，整合规范全行产业扶贫政策，构建覆盖贫困地区传统产业、特色产业、新产业新业态等综合性的产业扶贫政策体系；创新出台教育扶贫、健康扶贫、贫困村提升工程、光伏扶贫、网络扶贫、旅游扶贫等10余个精准扶贫信贷产品，有力支持了国家重大专项扶贫行动；聚焦贫困地区交通、水利、人居环境、安全饮水等重点领域，发挥既有拳头产品优势，积极推广扶贫过桥、PPP、公司自营等新模式新路径，加快推进贫困地区基础设施和公共服务改善。

（二）政策体系

针对“三区三州”深度贫困地区和未摘帽贫困县，农发行先后分4批出台“28+10+10+11”总共59条特惠政策，从信贷支持、资源保障、定向帮扶等方面给予全方位支持。在贷款准入方面，降低客户信用等级准入要求，借款人准入、项目准入按基础产品最低标准执行，执行国家规定的最低资本金比例要求等；在贷款担保方面，对深度贫困地区扶贫龙头企业择优发放信用贷款，推动建立扶贫贷款担保基金和风险补偿基金，着力解决贫困地区担保资源匮乏问题；在实施差异化授权方面，适当下放深度贫困地区企业评级、授信和用信的审批权限，简化、优化办贷流程，完善扶贫贷款办贷绿色通道；在贷款定价方面，扶贫贷款实行“整体优惠+首年再优惠”的组合优惠政策，扶贫贷款“首年优惠100个基点”、未摘帽贫困县贷款“首年优惠120个基点”；在减费让利方面，对扶贫贷款客户减免五大类46项服务收费；提高风险容忍度，在风险可控的前提下，将深度贫困地区扶贫贷款不良率提高至3.5%以内等。

（三）精准管理体系

农发行对接“六个精准”，按照扶贫对象、项目安排、资金使用、脱贫成效的精准要求，以建档立卡贫困户基础信息、扶贫企业信息和扶贫重点项目信息为基础，实施精准扶贫贷款认定管理。开展扶贫贷款成效监测管理，反映扶贫贷款投入产出、带动或服务建档立卡贫困人口数量、增收情况，以及贫困地区基础设施改善、支持产业发展等扶贫成效信息，着重评估扶贫贷款使用效率及扶贫贷款精准度，推动提升扶贫质效。

（四）核算体系

农发行设立单独的扶贫会计科目，实行相对独立的会计核算模式，对精准扶贫贷款、扶贫资金筹集以及相关资产、负债、权益、收入、支出进行核算，编制事业部分部专门财务报告，全面反映扶贫金融事业部财务经营情况。

（五）考核体系

以农发行脱贫攻坚“十三五”规划目标和年度脱贫攻坚任务为引领，设计省级分行、总行部门脱贫攻坚考核办法，发挥政策导向、目标管理、统筹兼顾、突出重点的指挥棒作用。根据各省脱贫攻坚任务量设定综合考核中的权重，最高达到42%①。建立深度贫困地区收益考核还原机制，对实行优惠利率造成的收益损失进行还原②。

（六）科技支撑体系

农发行实现精准扶贫贷款信息在信息生产管理系统的内嵌；开发扶贫台账报表统计系统，实现全行精准扶贫贷款数据集中、查询；研发扶贫识别信息查询平台③，完善扶贫信息共享和数据支撑。

① 按照脱贫攻坚工作目标任务、地区差异等因素分组考核，具体权重分为42%、32%、22%、12%四类。

② 对“三区三州”项目或借款人发放的优惠扶贫贷款，考核计算贷款利息收入时，按照基准利率和系统内借款利率两者之间的较高值进行还原。

③ 2016年至2020年，人民银行每年下发一期扶贫识别信息。扶贫识别信息查询平台按照统一的数据标准，对数据进行梳理和整合，通过贫困县信息查询模块、贫困村信息查询模块和贫困人口信息查询模块提供扶贫信息查询功能。同时，平台支持扩展2021年及以后年度人民银行新下发的脱贫识别有关信息数据。

四、中国农业政策性银行扶贫的综合治理体系

农发行发挥“举行体制”“集中力量办大事”的制度优越性，统筹“政策性”目标和“市场化”手段，兼顾“社会效益”和“经济效益”，调动全行组织、资金、人力等资源支持全国特别是深度贫困地区脱贫攻坚。

（一）信贷资源

保障扶贫信贷规模，对“三区三州”深度贫困地区精准扶贫贷款“敞口供应”，超年度增量计划需求给予全额满足。

（二）财务资源

提高扶贫贷款的财务费用挂钩折算系数至一般贷款的140%[①]，加大扶贫捐赠指标配置力度。优先满足“三区三州”深度贫困地区财务费用需求。

（三）资金保障

巩固和创新扶贫信贷资金筹集途径，发行扶贫专项金融债券、深度扶贫金融债券、精准扶贫金融债券等扶贫债券品种，争取专项扶贫再贷款资金[②]，为全行扶贫信贷业务提供长期、稳定的资金来源。

（四）人力资源

强化脱贫攻坚队伍保障，在人员招聘[③]、干部交流任用[④]、薪酬福利

① 精准扶贫贷款与财务费用挂钩分配，先按其他贷款115%安排，在2020年提高至140%。

② 为充分体现对“三区三州”优惠支持，同时坚持保本微利原则，总行对使用专项扶贫再贷款资金的内外部价格明确如下：专项扶贫再贷款内部资金价格为1.75%，使用专项扶贫再贷款资金的对客贷款利率在2.75%～2.95%的由有关省级分行自主确定。

③ 用工上，对“三区三州”深度贫困地区分支机构给予一定的扶贫特殊政策，积极吸引建档立卡贫困学生到深度贫困地区农发行机构实习；在“三区三州”分支机构校园招聘和社会招聘计划中，招聘建档立卡贫困家庭学生比例不低于10%，学历条件可放宽至大专。

④ 对“三区三州”分支机构实施员工双向交流制度，推动内地发达地区员工交流到“三区三州”工作帮扶，“三区三州”员工交流到内地学习提升，对交流帮扶工作成效显著的，优先予以提拔重用。

待遇[①]等方面实施全方位倾斜。选派精锐力量充实深度贫困地区基层一线，加大干部交流力度，健全双向学习交流任职制度[②]。加强对贫困地区基层行干部员工和驻点扶贫干部教育培训力度，提升扶贫工作能力。

（五）定向帮扶

先后选派党员干部到贫困地区党政部门挂职、参加“博士服务团”、驻村扶贫[③]，组织农业发展银行党支部与贫困村党支部“一对一”结对共建。开展对贫困地区，特别是深度贫困地区的免费培训[④]；组织全系统开展帮扶“三区三州”贫困学生公益活动、以购代捐[⑤]活动，开发电商平台[⑥]，大力促进消费扶贫[⑦]。不断深化定点扶贫县融资、融智、融商、融情“四融一体”帮扶格局，对定点扶贫县给以优惠条件的信贷支持；利用农发行的组织机构优势，搭建银企产业扶贫对接平台，帮助引入符合定点扶贫县实际的企业和产业；为定点扶贫县和其他贫困地区免费培训第一书记、大学生村官、致富带头人等人才队伍；广泛组织社会捐赠用于资助定点扶贫县重点产业和特困家庭，坚持“输血”与“造血”并重，助力定点扶贫县如期脱贫。

（六）作风治理

将扶贫作风治理上升到党委工作层面专题部署，联合中央纪委国家监委驻农业发展银行纪检监察组，连续三年开展扶贫领域腐败和作风问题专项治理行动，对责任落实不到位、工作作风不扎实、资金管理使用

① 在收入上，提高“三区三州”员工收入水平，进一步调整“三区三州”艰苦偏远地区员工津贴标准，对交流到“三区三州”工作的员工同步享受该政策。

② 先后在全系统选拔1495名优秀党员干部到贫困地区交流任职。

③ 先后派出党员干部434名。

④ 农发行拿出近1000万元培训贫困地区党支部书记、大学生村官、乡村教师、致富带头人等2856人，做到扶贫与扶志、扶智相结合。“三区”培训面向主管扶贫或金融的县级领导干部，“三州”培训面向主管扶贫或金融的州、县领导以及县发改局、金融办、财政局等相关部门负责人。

⑤ 组织各级行以略高于市场的价格，长期购买贫困地区的农副产品。

⑥“农发易购”电商平台是专门为定点扶贫县及其他贫困地区特色农副产品线上销售打造的电商平台。平台直接挂在“农发智勤”“智慧党建”App，全行5万多员工可以即时购买。

⑦ 支持贫困地区和东部地区做好农产品产销对接，推广应用有关产销对接模式，购买或帮助销售当地农产品。

不精准等问题进行集中整治，以严肃的态度、严格的标准、严明的纪律，督导各级行把作风治理与脱贫攻坚各项重点工作一体推进、一体落实，推动作风建设贯穿至脱贫攻坚全过程、各环节，持续推进、久久为功，进一步建立扶贫作风建设长效机制，打造了一支“特别能吃苦、特别能战斗、特别能奉献”的战斗团队，以扎实的作风助力打赢打好脱贫攻坚战。

五、中国农业政策性银行扶贫的协同合作体系

农发行在充分挖掘自身潜力的同时，注重加强与外部的协同合作，从更广阔的视角打造农业政策性银行扶贫生态，构建金融与财政、银行与政府、行业与社会协同扶贫的机制。

（一）整区域协同机制

与国务院扶贫办联合创立农业政策性银行扶贫实验示范区①，发挥农业政策性银行扶贫的骨干和引领作用，利用政策性金融特殊融资机制优势和地方政府组织优势，探索财政资金与政策性金融扶贫资金协同配合，财政政策与信贷政策有效对接，政策性金融、财政、社会扶贫三方融合的扶贫机制，通过制度创新、产品创新、管理创新②打开路径，为农业政策性银行扶贫探索可复制、可推广的经验。与省级政府陆续创建省级实验示范区③，创新承贷模式、信贷产品综合支持、风险

① 中国农业发展银行、国务院扶贫开发领导小组办公室关于印发《政策性金融扶贫实验示范区总体工作方案》的通知（农发银发〔2015〕281号）。农业发展银行与国务院扶贫办创立广西百色、贵州毕节、河北保定、陕西安康4个农业政策性银行扶贫实验示范区。

② 包括探索打造承担扶贫开发任务的投融资主体，扶贫资金整合，整区域授信，资产收益扶贫，政策性金融支持扶贫的指标体系，探索商业银行、农村合作银行、农村信用社以及保险、证券、基金等机构金融扶贫合作机制等。

③ 关于印发《中国农业发展银行与省级人民政府共创省级政策性金融扶贫实验示范区方案》的通知（农发银发〔2016〕175号）。贵州、内蒙古、陕西、山西等8省份政府区签订政策性金融扶贫实验示范区合作协议。

补偿机制、贷款优惠政策等，为贫困地区量身定制金融服务方案，产生区域扶贫整体效应。

（二）跨区域协同机制

实施东西部扶贫协作和对口支援，依托行业、系统优势，促进资金、资源、技术、市场在东部地区和西部地区之间的重新配置，通过先富带后富促进区域协调发展。确定了东部省级分行与西部省级分行的结对帮扶关系[①]，通过组织产业对接会为东西部地区合作签约搭建平台，推动东西部比较优势的精准对接，以产业扶贫为支撑，在财政资金、项目合作、劳务派遣和教育培训等方面帮扶西部地区脱贫。定点扶贫成为东西部扶贫协作的典型范例。

（三）政府协同机制

与政府共同设计财政支持下的担保、贴息、保费贴补等事前安排，以及增量激励、风险补偿等事后校正，解决风险分摊、部门合作、信息共享、渠道共享等问题，实现扶贫绩效最大化[②]。

（四）部门协同机制

与原扶贫办、国家发展改革委、人民银行、财政部、银保监会、交通运输部、教育部等部门保持良好沟通，参与各部门扶贫政策的制定，充分利用各部门出台的扶贫政策红利[③]、形成的资源、打造的基础设施平台，增进各方扶贫政策、资金和措施的联动效应。

① 参照国家确定的东西部地区结对帮扶关系。

② 以与各级政府合作，由政府主导出资建立的产业扶贫风险补偿基金为代表，在扶贫模式设计中加入担保、保险等增信和风险化解机制。

③ 2016年至2020年国务院扶贫开发领导小组办公室领导同志连续五年出席农发行年度脱贫攻坚工作会议并讲话。与国家发展改革委签订网络扶贫合作协议。与交通运输部开展农村“四好公路”建设合作。与原卫计委、教育部就政策性金融支持健康扶贫、教育扶贫开展合作。执行人民银行关于精准扶贫贷款统计制度，落实扶贫再贷款、PSL资金支持脱贫攻坚资金政策。就政策性金融精准扶贫贷款与银保监会保持经常性沟通。与财政部就涉及的政府债务问题、税收优惠问题保持沟通。联合印发人民银行、国家发展改革委、财政部、银监会、证监会、保监会、扶贫办《关于金融助推脱贫攻坚的实施意见》（银发〔2016〕84号）《中国人民银行　银监会　证监会　保监会关于金融支持深度贫困地区脱贫攻坚的意见》（银发〔2017〕286号）等文件的出台为政策性金融精准扶贫提供政策支持。

（五）市场协同机制

积极参与"万企帮万村"精准扶贫行动[①]，建立"万企帮万村"精准扶贫行动项目库[②]。通过扶贫批发、支农转贷等模式与面向农村地区的中小金融机构合作，延伸扶贫资金链条。发挥市场影响力，通过发债引导市场资金反哺贫困地区，带动金融同业参与扶贫公益[③]。

① 2016年农发行与全国工商联、国务院扶贫办、中国光彩会签订"万企帮万村"精准扶贫行动协议。农发行进一步完善合作机制。积极搭建省、市、县各级四方合作平台。截至2019年底，全国31个省分行都与当地工商联、扶贫办和光彩会建立了省级合作机制，部分省级分行已实现省、市、县三级合作机制全覆盖。将"万企帮万村"精准扶贫行动与服务民营小微提升工程有机结合，积极运用"万企帮万村"差异化信贷政策、支持小微企业发展的指导意见等一系列文件，不断探索融资模式创新，切实提升民营小微企业服务能力。

② 截至2020年末，农发行"万企帮万村"精准扶贫行动项目库纳入项目库企业共2503家，较2016年增加2161家，覆盖31个省级分行；贷款余额1672.72亿元，较2016年增加1293.62亿元。

③ 比如农发行债券承销商"招商基金"为定点扶贫县捐赠1000万元。

第六章

中国农业政策性银行扶贫的家国情怀

家国情怀是中国文化底蕴中最为浓烈的精神底色，体现了深沉的民族大义和深厚的文化传统。家国情怀在农发行长期支农实践中酝酿产生，于全行首次脱贫攻坚工作会议上一经提出，即得到广大员工的高度认同，之后上升为农发行企业文化的核心理念。经过脱贫攻坚的淬炼洗礼，“秉承家国情怀，强化政治担当”，已深深融入农发行的血脉，成为农发行的特色基因。家国情怀与服务脱贫攻坚实践相结合，锻造了“务实、进取、奉献，先锋、主力、模范”的扶贫精神，与农发行大国重器的角色定位、农村金融主体骨干作用的发挥相辅相承，与农发行社会企业的价值观、扶贫银行的情结相得益彰，深刻表达了农发行的性质宗旨，充分彰显了农发行的价值力量，生动展现了农发行人的意志品质。

第一节　家国情怀与脱贫攻坚精神内涵的高度统一

“家国情怀”是个人对国家和人民所表现出来的深情大爱，是对国家富强、人民幸福所展现出来的理想追求，是对国家高度认同感和归属感、责任感和使命感的体现①。家国情怀支撑着中华民族千百年来对“天下大同”的艰苦求索，所传递的集体主义和利他主义精神顺应了当代社会破解利益失衡矛盾、建设更加和谐美好家园的强烈诉求，是行进在社会主义现代化进程中的中国打赢脱贫攻坚战、全面建成小康社会的强大精神动力。

一、家国情怀表达了中华民族自古以来实现小康社会的美好愿景

中国古代家国同构的社会治理结构，培育了中华民族家国情怀的深

① 余光中.“乡愁”是一种家国情怀[N]. 人民日报（海外版），2010-09-18(001).

厚土壤。在中国古代宗法制的政治治理结构和小农经济模式下，个体家庭是生产、生活乃至社会运行的细胞，国依靠血缘、地缘的联结逐渐成为家的延伸，以家为辐射核心向外扩展而形成无数个体共同的国。由此，治家与治国相通，家不仅是生产生活的基本单位，也是国家治理的基础支点，家庭宗族体系和国家治理组织合而为一，形成了延续千年的家国同构的治理体系。

在家国同构的治理体系下，中华民族形成了家庭和国家是密不可分整体的家国一体观。“一玉口中国，一瓦顶成家，都说国很大，其实一个家。一心装满国，一手撑起家。家是最小国，国是千万家”，这首脍炙人口的《国家》，生动地描述了中华民族的这一观念。在家国同构的治理结构下，家与国贯通，国即是放大的家，家即是缩小的国。“天下之本在国，国之本在家，家之本在身”“一屋不扫，何以扫天下”“一室之不治，何以家国天下为”，这些传统智慧正是家国同治的治理观的集中体现。

民亦劳止，汔可小康。千百年来，中国广大劳苦大众对小康社会、美好家园的向往，早已超越了阶层，成为国家治理的重要目标。孔子提出“仁者爱人”，提倡国家应从仁治、礼治和德治三个方面出发来解决百姓疾苦，也力图使之成为个体道德修养以及人与人之间关系的普遍准则。孟子提出“平治天下”的治国理念，以实现“黎民不饥不寒”。春秋时齐国贤相晏婴提出“古之贤君，饱而知人之饥，温而知人之寒，逸而知人之劳”，表达了国家治理者心系贫苦之人的情怀。中国古代占统治地位的政治学说中蕴含着深刻的民本思想，强调统治者或上层阶级应关注普通百姓，主张通过济贫扶困、扶老慈幼等方式来救助底层的弱势群体，从而使国家长治久安。

在这种“家国一体”的社会观念下，个体将对家的眷恋与对国的热爱联系起来，把对家人的关爱向外延展为对他人乃至对疆土的大爱，把个体对家庭、家族的责任感上升为对国家的责任感与使命感，将个体的自我发展与国家的稳固安宁联结在一起，把“修身、齐家、治国、平天下”作为实现人生理想的实践途径，形成了个人追求与社会目标相统一的价值观。“先天下之忧而忧，后天下之乐而乐”“安得广厦千万间，大庇天下寒士俱欢颜！风雨不动安如山。呜呼！何时眼前突兀见此屋，吾庐独破受冻死亦足！”中国历史上诸多类似名句，表达了“匡时济贫同袍泽，休戚与共谋盛世”的美好愿景，承托着“人人平等、天下大同”的终极追求，支撑起自古至今中华儿女为消除贫困、共同富裕的不懈奋斗。

二、家国情怀是建设和谐现代社会的必然要求

无论是中国社会还是西方世界，将利己与利他相统一、将全社会的共同福祉当作自身最高追求的家国情怀，已成为一种普世的价值观被广泛认同，引导着人们为破解现代社会危机的种种努力。

在现代经济社会，人们首先满足自身的基本需求，关注自身安全和发展利益，西方经济学将利己作为经济人的基本属性，将追求利润最大化作为经济主体的目标。然而经济学从来就不是孤立的学科，人的经济行为产生于政治、社会、文化的具体情境之中，忽视了人与人之间的社会属性，会导致经济理论解释力的孱弱，也将造成经济政策的失效。崇尚个体主义、自由竞争的市场机制成就了工业化的奇迹。然而工业革命以来的市场力量在推动经济快速发展的同时也造成了巨大的负外部性，环境污染、气候变化、生态危机越发严重，低收入国家和人口未能享受全球经济增长的红利，依然被可饮用水和卫生设施不足、教育落后、住房条件差、能源匮乏、养老保障缺失等多方面的问题所困扰。格莱珉乡村银行的创始人尤努斯指出，“我们需要放弃对于市场力量的绝对信念：以个人利益为中心的市场能解决所有问题。承认基于目前的经济结构，不平等问题无法通过经济的自然运行解决；相反，问题很快会变得

越来越尖锐”。

西方经济学的奠基人亚当·斯密在《国富论》中提到，“我们每天所需的食料和饮料，不是出自屠户、酿酒家或烙面师的恩惠，而是出于他们自利的打算。我们不说唤起他们利他心的话，而说唤起他们利己心的话”。但同时，他也在《道德情操论》一书中写到，“人的天赋中存在着关心他人命运以及与他人分享幸福的本性”。忽视人的利他属性，就如同天平失去了一极。家国情怀体现了利他的精神，不仅是个人美好品质的体现，更是维持一个和谐发展的社会所必需的自觉意识，以及解决现代社会失衡问题的本源性精神力量。家国情怀所指向的利他主义、家国为重的观点，指引着现代文明中的人们重新设计社会的经济框架，从纯粹的个人利益驱动的制度转变为承认、促进、鼓励并同时满足个人和集体两者利益的制度。

中国从先秦时代起，两千多年以来一直强调企业家要有正确的义利观，这个“义”，就是广义上讲的企业社会责任。儒家的企业观一直强调“义利合一”“以义制利”，就是要把“义”和“利”统一起来，用“义”来统帅“利”。现代社会将这种概念推及到社会企业。社会企业依据企业战略，目的不是利润最大化，而是实现一定的经济目标和社会目标，具有一种为社会排挤和失业问题带来创新性解决办法的能力[①]。社会企业活跃于社会问题相对突出的领域，致力于社会创新，有效解决公共部门或商业手段单方面难以回应的社会问题，其盈利主要用来投资于企业本身或社会，而非为了替股东或企业持有人谋求最大利益[②]。从这个含义上讲，中国农业发展银行是不折不扣的社会企业，农发行所秉持的价值追求正是当前这个社会看重但又稀缺的品质。

① 王思斌. 中国社会工作研究（第二辑）[M]. 北京：社会科学文献出版社，2004：197-219.
② 王名，朱晓红. 社会企业论纲[J]. 中国非营利评论，2010，6(2)：1-31.

“家国情怀”在当代中国的解读，就是社会主义核心价值观在公民层面的要求，体现着“爱国、敬业、诚信、友善”的伦理准则，指引着公民的经济社会行为向着有利于他人、集体、社会、国家的方向发展。中国社会主义核心价值观是中华民族传统美德在新时代的继承和弘扬。秉承家国情怀，必然要求个体以振兴国家为己任，促进民族团结、维护祖国统一、自觉报效祖国；同时忠于职守、克己奉公，服务人民、服务社会，诚实劳动、信守承诺，诚恳待人、和睦友好，为建立一个和谐、有序、平衡的社会经济秩序而努力，同时也为构建一个合作、共赢的人类命运共同体贡献力量。

三、家国情怀为打赢脱贫攻坚战提供精神动力

党的十八大以来，以习近平同志为核心的党中央把脱贫攻坚放在治国理政的重要位置，作为解决经济社会发展中不平衡不充分矛盾的重大工程，统筹调动全社会的力量投入脱贫攻坚。在政府、市场、社会共同构建的大扶贫格局之中，需要政府发挥主导作用，社会各界广泛支援，更需要市场主体通过产业扶贫等有效手段，培育贫困地区市场建设，激发贫困人口内生动力，形成持续减贫的内生机制。市场主体参与脱贫攻坚，就要从经济效益最大化、充分竞争、优胜劣汰的市场氛围中，转变到让渡自我、放弃小我、成就大我的意识情境中，真心实意帮助贫困群众，将他们对美好生活的向往作为自身的目标追求，充分激发利他、无私、奉献的品质和精神，使脱贫攻坚既成为解决贫困、共同富裕的物质之战，也成为人心所向、众志成城的精神之战。

在这场波澜壮阔的脱贫攻坚战争中，尤其需要上下同心、左右联动、和衷共济、苦干实干，需要尽锐出战，选“精兵”、配“强将”，攻“堡垒”、打“硬仗”，集中优势力量投入脱贫攻坚主战场。面对这场“过隘口”“攻山头”“啃骨头”的脱贫攻坚硬仗，广大扶贫干部必须攻

坚克难、锲而不舍，咬定目标、久久为功，必须精准务实、科学施策，真抓实干、开拓创新，采取一系列具有原创性、独特性的政策和举措，真扶贫、扶真贫、真脱贫，不负党和国家重托、不负人民群众期待，彰显人民至上的家国情怀和责任担当。

农发行是以“支农为国、立行为民”为崇高使命的农业政策性银行。国家支农战略工具的特殊地位，农村金融骨干的特殊作用，长期深耕“三农”的丰富实践，培育了家国情怀的深厚土壤。家国情怀是农发行精神的高度总结，支撑着农发行人以超越职业的情感投入脱贫攻坚，争当金融扶贫的先锋主力模范。在服务脱贫攻坚的过程中，农发行为贫困地区和贫困人口提供脱离“贫困陷阱”所需的信贷资金及各类要素保障，全力满足贫困群众对美好生活的愿望；同时坚决执行国家意志，承担起政府在扶贫领域限于资源和微观机制约束无法完全履行的社会责任，搭建起连接家与国的桥梁。在这一过程中，扶贫既是农业政策性银行对千万小家的责任，也是对泱泱大国的担当，这种对家与国的责任担当，便是农发行“支农为国、立行为民”的家国情怀的本源。

第二节　农业政策性银行扶贫的格局与情怀

农发行的扶贫情怀，与金融重器的角色定位息息相关，与农村金融主体骨干作用、社会企业的价值观、扶贫银行的情结相辅相承、相得益彰。

一、金融重器的担当

农业政策性银行是政府实施特定战略和弥补市场失灵的重要制度设计和策略选择，是政府参与经济活动的市场化手段。作为连接政府和市场的桥梁，通过服务于政府涉农政策的实施，农业政策性银行既满足了政府的需求，也通过市场化的资金配置方式缓解了政府失灵的效率损失。更为重要的是，农业政策性银行积极发挥稳定市场经济信念基础的作用，成为市场机制正常运行的关键性制度保障。

从中国农业农村发展来看，农业政策性金融是党和国家在“三农”领域的重要制度安排，与财政补贴一起构成国家农业支持保护制度的双核心。在现实中，不同国家财政补贴的支农能力会受到经济发展水平、财政实力及国际贸易规则等因素的限制，有时难以满足本国农业农村经济发展的需要。此时，农业政策性金融作为国家的金融工具，以其相对间接、缓和且空间弹性较大的支农形式，成为国家农业支持保护体系的主体力量。农发行把自身的目标愿景融入国家“三农”发展的总体目标，充分发挥“当先导、补短板、逆周期”作用，成为“三农”领域各方面经济政策协调机制的天然载体。农业政策性金融机构在国家治理体系中的角色定位，也决定了农发行是为党工作的，是体现党和国家意志的“国家队”，天然肩负着为国家治理体系和治理能力提升作出贡献的义务责任。

贫困地区和贫困人口是“三农”短板中最突出的短板，是弱势领域中最薄弱的环节、最弱势的群体，服务脱贫攻坚是农发行履行支农职责的重中之重，党中央、国务院对农发行参与扶贫提出明确要求并寄予殷切期望。农发行的天然属性和功能作用与贫困地区、贫困人口的特殊发展需求相契合，具有天然的益贫性，使农发行成为国家治贫体系中不可或缺的重要组成部分。

二、农村金融主体骨干作用的发挥

在现代金融制度下，农村金融体系包括农业政策性金融、商业性金融、合作性金融，以及其他金融组织。党中央、国务院明确要求农发行充分发挥在农村金融体系中的主体和骨干作用，并将其写入了《中国农业发展银行章程》。

农发行在农村金融体系中的不可替代、不可或缺的主体和骨干作用，主要由其独特的功能决定。农业农村地区的发展建设需要大量资源，要求长期持续的资金注入，农发行在商业性金融资金配置缺失、财政又无法兼顾的领域，通过市场化筹资引导社会资金回流；以政策性支农资金投入为纽带，整合各类资源要素，聚合投向农业农村资金洼地；通过自身信贷投放与资本金配套或联合投资等方式，适度放大财政资金的投入规模，有效撬动商业性金融等社会资金，最大限度地满足新时代农村生产经营主体的金融需求。

金融扶贫是新时期党中央扶贫开发的重要制度安排，是我国扶贫开发的重要组成部分。金融扶贫与一般的金融活动不同，具有成本高、风险大、收益低的特征，且是一项需要跨地区、跨部门的多元化机构合作进行的系统工程。农发行长期深耕“三农”领域，具有显著专业优势，且盈利负担更小，引导、协同能力更强，能够通过市场化的方式将金融资源定向、精准地配置到贫困地区和贫困人口，帮助构建长效脱贫机制，实现金融和智力资源的双向集中支持，在反贫困事业中发挥先锋主力模范作用。由于农业政策性银行在国家治理体系和农村金融中的地位使然，党中央、国务院特别强调要发挥好政策性金融在扶贫开发中的导向作用，明确要求农发行成立扶贫金融事业部，发放长期贷款支持扶贫开发。

三、社会企业的价值观

农发行既要履行支持保护“三农”发展的基本职责，承担宏观政策调控的执行和落实，促进经济社会持续健康发展，又要遵循市场化银行规律，保证资金安全，实现稳健发展和持续运营，具有典型的社会企业特征。

农发行社会企业的属性决定其需要通过自身经营性业务的开展，直接或间接承担部分公共产品供给的职责。立足农业政策性金融的基本功能和实践经验，农发行将自身的现实功能提炼为“当先导”“补短板”“逆周期”，并坚持围绕“三农”重点领域、薄弱环节和贫困地区提供长期支持。贫困地区和贫困人口是公益事业的焦点，也是普惠金融的重点服务对象。农发行通过发放精准扶贫贷款、定向供给信贷资源、降低融资成本等方式，不断提升扶贫领域金融资源的可获得性和便利性。

作为政策性银行，农发行业务的开展并非以盈利为首要目标，而是始终坚持最大限度让利“三农”，把党的支农惠农政策落到实处；同时在经营管理中坚持“保本微利”的基本原则，保持财务可持续。这是区别于其他涉农商业性金融机构的重要特征。

在“让利于农、保本微利”经营理念的指导下，农发行通过保持信贷资金的低利率积极缓解涉农企业融资难、融资贵问题，帮助企业降本增效，减费让利优惠力度领先同业。2020年，农发行按自身同比口径计算让利31亿元；低于同业平均利率118个基点，按对比同业利率计算让利70亿元。在脱贫攻坚期间，农发行立足贫困地区产业扶贫的发展需求，大力推进创新产业扶贫系列金融产品，进一步完善产业扶贫贷款与带贫成效的联结机制，减少扶贫主体不愿贷、不敢贷、不会贷的现象。总行每年拿出财政部核定农发行对外捐赠指标的约50%设立农发行专项扶贫捐赠资金，其中大部分用于支持产业扶贫。在定点扶贫县，农发行与当地政府合作设立扶贫专项基金，重点用于公益项目捐助、建档立卡贫困户大病救助，帮助脱贫难度大的贫困县发展教育、修建小型公益性生活设施、贫困村村组道路等，极大地改善了贫困地区的生产生活条件。

四、扶贫银行的情结

农发行成立之初就担负国务院赋予的扶贫职能，扶贫既是农发行的初心，也是农发行履行社会责任、体现家国情怀的最佳事业载体。农发行社会企业的价值观念与国家的扶贫目标高度契合。2016年5月，农发行首次脱贫攻坚工作会议明确提出，“农发行要坚持尽心竭力服务脱贫攻坚。全行上下所有干部员工，都要秉承家国情怀，主动提升站位，深入学习贯彻党中央、国务院战略部署，高度重视脱贫攻坚，深入研究脱贫攻坚，时时上心、处处努力，积极为脱贫攻坚出主意、想办法，敢于担当、积极作为，不负重托、不辱使命、不遗余力地做好工作；要精准精细精心，深入研究和推进精准扶贫、精细管理、精心服务；要创新创造创优，创新产品服务、创造有益经验、争创良好扶贫业绩；要融资融智融力，发挥政策优势，聚合政府、市场和社会力量服务脱贫攻坚”。农发行确立以服务脱贫攻坚统揽支农全局的战略定位，构建全行全力全程扶贫工作格局，发挥金融扶贫先锋主力模范作用，“扶贫银行”形象深入人心。

在长期与“三农”打交道的工作中，农发行人始终坚守“三农”情怀，牢记初心使命，与广大农民心连心，与贫困群众情相牵，在服务中加深对农村的了解、对农民的感情，开发了丰富的金融产品，形成了有效的助农扶贫支持模式，累积了成熟的服务经验，奠定了深厚的感情基础，不断发挥专业所长提升支农功能。在推进精准扶贫精准脱贫中，除了开展基本的扶贫贷款业务，农发行工作人员主动深入贫困县对接项目，帮助缺乏经验的贫困地区承贷主体设计融资方案，手把手教会贷款全流程操作。从全系统选拔1495名干部与老少边穷特别是“三区三州”地区的分支行进行双向交流，选派434名优秀干部到贫困地区党政部门挂职、参加博士团、到定点扶贫县对口扶贫或驻村，带去资源、培训人才、制订方案，帮助他们解决脱贫中实实在在的问题。近年来，农发行一直保持扶贫贷款增速高于全行平均贷款增速。

农发行在服务脱贫攻坚中升华家国情怀，在家国情怀中推进脱贫攻坚。家国情怀与脱贫攻坚达到了物质与精神的高度内在统一。2018年12

月，农发行下发《关于发布中国农业发展银行文化理念体系的通知》，将“家国情怀、专业素养”确定为农发行人的职业精神，上升为农发行的企业文化，凝结着全行员工在服务脱贫攻坚实践中所形成的优良品质和高尚情操。

第三节　农发行服务脱贫攻坚精神

伟大事业孕育伟大精神，伟大精神引领伟大事业。农发行服务脱贫攻坚的光辉实践，锻造形成了“务实进取奉献，先锋主力模范”的脱贫攻坚精神。脱贫攻坚精神是农业政策性银行性质宗旨的深刻表达，是农发行人意志品质的生动写照，是农发行价值和力量的充分彰显，是农发行精神谱系的璀璨光谱。

一、务实、进取、奉献

习近平总书记提出：“要啃骨头，打歼灭战，真扶贫、扶真贫，要雪中送炭，而不是锦上添花。”农发行坚持“真扶贫、扶真贫”，以超越职业的情感投入脱贫攻坚，全心全意为贫困地区谋振兴、为贫困群众谋幸福，精准务实、开拓进取、忘我奉献的精神在脱贫攻坚战场上熠熠生辉。

（一）精准落地的“务实”精神

“务实”，体现了因地制宜、科学施策、精准对接、真抓实干的精神品格和行动路径，是服务脱贫攻坚秉持的科学态度和制胜法宝。

农发行认真落实精准扶贫方略，实事求是制定扶贫规划，科学研究确定服务脱贫攻坚的目标、路径、重点领域，一张蓝图绘到底、不折不扣抓落实。致贫的原因千差万别，贫困的程度各有不同，农发行走访政府企业，深入千家万户，体民之辛，察民之苦，知苦之源，因地施策、因人施策，精准制订金融扶贫方案。健全组织体系，坚持“四级书记抓扶贫”，压实责任、传导压力，推动各项工作、各种资源、各方力量向服务脱贫攻坚聚合，构建全行全程全力扶贫格局。针对深度贫困地区金融意识不足、财政依赖性强，无人才、无经验的困境，出台差异化政策体系，实行降门槛、减利息、保规模、增资源等特惠措施，派出工作组驻扎在政府部门，现场对接诉求、解决问题，全力攻克深度贫困地区堡垒。始终把“精准”作为政策性金融扶贫的生命线，加强扶贫贷款认定管理和质效管理，严格落实信贷投向和资金使用监管，确保支持的扶贫项目经得起内外部检查、经得起历史检验。

无论是在贵州大山还是广西苗寨，在黄土高原还是戈壁边疆，农发行人始终坚持在“实”字上下功夫，不驰于空想、不骛于虚声，脚踏实地、志存高远，制定符合实际的帮扶措施；在“准”字上做文章，调查研究、找准“贫根”，对症下药、精准施策，从根本上解决贫困问题；在“真”字上花力气，弯下身子、撸起袖子，锲而不舍、真抓实干，力争取得实实在在的成效，将源源不断的金融活水持续注入贫困地区。新疆分行打造“访惠聚”驻村扶贫窗口，下派工作组40个，169名干部常年驻村，1800多名干部长期结对认亲1710户，走访入户覆盖群众5224户，帮助当地群众解决了一大批生产、生活中的实际困难。面对2020收官之年凉山州仍有7个县未摘帽的实际，四川分行发出召集令，“一年为期，到大凉山最贫困的地方去，让金融扶贫的关怀温暖大凉山的贫中之贫之地”，组建了脱贫攻坚党员先锋队，历时8个月，跋涉4万公里，调查项目、实地帮扶，有力助推深度贫困县如期脱贫。辖内无国家级贫困县的江苏分行积极探索东西部扶贫协作创新模式，先后创新运用“东贷西用”“村企协作”“用工协作”“采购协作”等帮扶模式，构建了东部优势资源汇聚西部贫困地区的“活水通渠”。副行长、原扶贫综合业务部总经理徐一丁，坚持实事求是、主动作为。2015年6月，农发行扶贫开发事业部筹备组成立之初，他即担任筹备组组长，负责着手研究推动易地扶贫搬迁工作。筹备组成立当天，他就带领不足10人团队深入陕西、甘肃、贵州等10多个省份密集调研，一个多月后完成方案起草，提出的建议成为国家出台易地扶贫搬迁方案的重要参考。面对易地扶贫搬迁非建档立卡贫困人口强烈的突出矛盾，在国家政策还未明确的情况下，他坚持尊重农村实际，充分预判风险，设计出台同步搬迁贷款产品，解决了搬迁中建档立卡贫困户和普通农户政策享用的"悬崖效应"问题，得到了有关部门的高度认可。面对央行精准扶贫贷款认定规则的不同声音，他深入思考，在农村改革40周年论坛上主动发声，坚持认为，金融扶贫与财政扶贫对精准性的要求应该有所区别，厘清了各界对金融精准扶贫的认识，引起了极大的反响。

（二）开拓创新的"进取"精神

"进取"，就是敢为人先、勇创新路、追求卓越，在脱贫攻坚中采取一系列具有原创性、独特性、创新性的政策和举措，是服务脱贫攻坚秉持的创新理念和卓越精神。

农发行坚持把创新作为服务脱贫攻坚的根本动力，敢于突破思维定式，以"超常规办法"破解难题、打开局面。创新构建政策性金融扶贫"四梁八柱"，探索丰富了政策性金融扶贫产品体系、政策体系、精准管理体系、核算体系、考核体系、科技支撑体系，全面对接精准扶贫精准脱贫基本方略。围绕"两不愁三保障"，创新出台易地扶贫搬迁贷款，创新整合产业扶贫贷款，创新出台教育扶贫、健康扶贫、贫困村提升工程、光伏扶贫、网络扶贫、旅游扶贫等10余个精准扶贫信贷产品，有力地支持了国家重大专项扶贫行动。聚焦贫困地区交通、水利、人居环境、安全饮水等重点领域，创新推广扶贫过桥、PPP、公司自营等新模式新路径，加快贫困地区基础设施和公共服务改善。针对"三区三州"深度贫困地区、定点扶贫县和未摘帽贫困县，先后分4批出台"28+10+10+11"共59条特惠政策，从信贷支持、资源保障、定向帮扶等方面给予全方位支持。与国务院扶贫办联合创立农业政策性银行扶贫实验示范区，探索政策性金融、财政、社会三方融合的扶贫机制，通过制度创新、产品创新、管理创新打开路径。主动与政府共同设计财政支持下的担保、贴息、保费贴补等事前安排，以及增量激励、风险补偿等事后校正，解决扶贫风险分摊、部门合作、信息共享、渠道共享等问题，实现扶贫绩效最大化。

扶贫综合业务部扶贫政策与实验示范处承担着制定全行扶贫业务发展规划、出台扶贫信贷政策、设计金融扶贫产品模式等创新职责。他们深入学习领会党中央脱贫攻坚决策部署，广泛开展调查研究，积极与国家有关部门沟通对接，不断探索既贯彻中央意图又对接地方实际，既满足合规要求又破解地方融资约束难题的一系列政策措施、制度办法，持续探索政策性金融资金到达扶贫“最后一公里”的机制和路径。针对深度贫困地区经营主体实力弱、担保资源不足、信息不对称程度高等问题，探索研究产业扶贫风险补偿基金“吕梁模式”，制定相关配套政策，推动“吕梁模式”制度化，成为破解中小扶贫企业不敢贷、不愿贷、不会贷问题的钥匙。农发行与国务院扶贫办联合创立政策性金融扶贫实验示范区的决定形成之后，他们及时研究制订创建工作方案，通过信贷产品、运作模式和风险管控创新，强化项目筛选、企业增信、多方监管、风险补偿、合作共赢机制，充分发挥政策性金融扶贫实验示范区创新引领作用。为解决资金到位时间影响脱贫攻坚进程的问题，他们创新研发扶贫过桥贷款产品，在不增加地方政府债务负担的前提下，对上级安排专项资金支持的扶贫项目，在资金到位前给予过渡性信贷支持，解决时间错配问题。在规范地方政府融资行为的有关政策出台后，他们反复论证、深入研究，及时完善了扶贫过桥贷款办法，成为政府融资新政出台后农发行扶贫贷款的有力抓手。

（三）不负人民的“奉献”精神

“奉献”，就是全心全意为贫困群众服务，把贫困群众对美好生活的向往作为奋斗目标，忘我付出、倾力投入，是服务脱贫攻坚秉持的根本宗旨和终极价值。

在服务脱贫攻坚的过程中，农发行人时刻响应使命的召唤，发扬“孺子牛”“拓荒牛”“老黄牛”精神，默默付出，苦干实干、挥洒汗水、无私奉献，用心用情用力解决好贫困群众急难愁盼问题。他们同贫困群众想在一起、干在一起，以功成不必在我的情怀、以牺牲自我成就他人的胸襟，将最美的年华乃至宝贵生命献给了扶贫事业，用实际行动生动诠释了新时代农发行人的奉献精神。他们当中，有的为了让扶贫项目尽早上马，将年幼的孩子托付给了年迈的父母，自己长期奔波在扶贫一线；有的冒着被新冠病毒感染的风险，为定点帮扶对象送去农发行的温暖；有的拖着生病的身躯，依然坚持用足迹丈量所负责贫困村的每一个角落，坚持倾听每一位贫困群众的心声，切实解决每一家贫困户的实际困难。有的部门全身心投入脱贫攻坚，在严的命令、急的任务如排山倒海般涌来的情况下，每天集中攻关、加班到深夜，常年“五加二”“白加黑”，始终保持战时状态，不计时间、不计代价高质量完成每一个扶贫任务，打造出一支扶贫“铁军”。

农发行派驻贵州省锦屏县敦寨镇龙池村的“第一书记”杨端明，在挨家挨户走访时发现，村里存在严重的水果积压滞销问题。他利用农发行总部基地的优势，亲自押送33吨水果到北京销售，经过两天三夜行程，克服重重困难，为村集体经济挖到了“第一桶金”。此后，杨端明又拓展了电商渠道，获得北京13家客户的长期订货承诺。经过3年的努力，他将龙池村集体经济收入从300元提升到300多万元，修建水渠、产业路、文化广场等民生项目，彻底改变了集体经济空壳村的面貌。他在销售水果时，机缘巧合认识了全球最大的羽毛球供应商亚狮龙的董事长，经过8次不辞辛苦的拜访，用诚心打动亚狮龙于2017年6月落户贵州锦屏。截至2018年12月底，总投资超过1000万元，员工超过100人，其中建档立卡贫困户30人，年销额超过6000万元。羽毛球厂的落地带动了当地一系列产业发展。为满足羽毛球生产对鹅毛的需求，锦屏县发动老百姓养鹅，2018年养殖规模达到20万只，2019年扩大到80多万只，有效带动村民脱贫增收。农发行派驻贵州锦屏县帮扶干部周颖力，作为两个还未上学的孩子的母亲，她带着牵挂扎根贫困县，两年多足迹踏遍锦屏县15个乡镇。作为基金办专职副主任，她帮助财务不规范、不会做可行性研究报告的企业做项目申报，成功推动6个产业子基金项目获银行5亿元审批支持。她利用个人资源向锦屏无偿捐赠120万元用于修建贫困村冷库、特殊学校体育场，建立“立兴助学奖励基金”资助贫困大学生。为帮助龙池村水果在北京销售，她把孩子带到水果摊前帮忙折纸箱装水果，自己做微信订单、发货单、记账对账、查询物流，协调多家企业连续三年定向采购锦屏农产品，累计帮助销售锦屏水果6万余斤。湖南省怀化市分行高级副主管孙俊强，是一个工作上从不怕苦叫累，不分分内分外，没有任何怨言，阳光朝气的“铁人”，常常是第一个到岗，双休日、节假日也坚持学习，20年里工作量是普通人的两倍。工作起来就像一台不知疲倦的机器，是怀化分行的“飞人”，常年在外奔波。一年之中，差不多有一半时间在出差，不是在调查，就是在调查的路上。2015年10月，怀化市分行集中开展易地扶贫搬迁贷款项目营销，他平均每天睡眠时间不足4小时，实在困了累了，就在座位上眯一下，醒来又接着干，连续调查项目15个，涉及贷款金额91亿元。2017年脱贫攻坚进入攻坚拔寨的关键阶段，他开启了“农发行速度”模式，频繁踏足湖南14个地州市，仅基础设施条线的调查项目就有35个，涉及贷款金额116亿元。2017年11月21日在沅陵县开展扶贫过桥贷款和棚户区改造贷款项目调查中，因过度劳累，突发脑干出血，经抢救无效，于11月24日因公殉职，年仅43岁，用宝贵的生命诠释了一名共产党人对扶贫事业的追求。

二、先锋、主力、模范

在首次脱贫攻坚工作会议上，农发行提出服务脱贫攻坚工作的总目标，就是要在打赢脱贫攻坚战中成为金融扶贫的先锋、主力和模范。具体来说，就是向中央签署脱贫攻坚责任书的22个省份的省级分行、832个国家级贫困县中有机构的县支行要成为当地脱贫攻坚先进单位。农发行以咬定青山不放松的信念、不破楼兰终不还的斗志，攻坚克难、奋力进取，得到了社会各界的高度评价。中央脱贫攻坚专项巡视和巡视整改“回头看”对农发行作出这样的评价：“农发行及时学习贯彻习近平总书记关于扶贫工作重要论述和中央脱贫攻坚决策部署，坚定金融扶贫先锋主力目标”，“发挥了金融扶贫先锋主力模范作用”。

（一）“先锋”：争当金融扶贫排头兵

“先锋”，就是要走在前、闯在先，坚持创新驱动，通过创新机制、创新手段、创新模式，不断探索既有力支持脱贫攻坚又有效控制信贷风险的成功道路，引领社会资金持续加大投入。

在服务脱贫攻坚的过程中，农发行始终紧跟习近平总书记关于脱贫攻坚的最新指示和党中央关于脱贫攻坚的决策部署，持续增强政治判断力、政治领悟力、政治执行力，把握时势，创造历史。在了解到中央层面的脱贫攻坚决策部署即将出台时，时任董事长解学智、时任行长祝树民积极与国务院扶贫办对接会谈，表达了农发行将全力服务脱贫攻坚的愿望。在中央扶贫开发工作会议结束后仅隔一天，农发行即召开精神动员会，部署举全行之力支持打赢脱贫攻坚战。中央扶贫开发工作会议结束后的第一年，农发行就已经实现了在全国金融系统的“七个率先”：率先成立扶贫金融事业部，率先投放首笔易地扶贫搬迁贷款，率先制定金融扶贫五年规划，率先在银行间债券市场成功发行扶贫专项金融债和普通扶贫债，率先创建政策性金融扶贫实验示范区，率先向省市县延伸扶贫金融服务机构并实现贫困县全覆盖，率先推出扶贫过桥、教育扶贫等10余项专项扶贫信贷产品。在中央脱贫攻坚重点向深度贫困地区聚焦的政策出台之前，农发行提前部署支持新疆、四省藏区等重点区域脱贫攻坚，支持新疆特别是南疆四地州如期脱贫。在中央政策出台之后，即在金融系统率先出台了重点支持深度贫困地区打赢脱贫攻坚战的意见，明确提出“三个高于”的目标。

农发行多年来的扶贫工作历程证明，先锋是排在第一位的、最主要的，是最体现担当的。敢为人先，已经成为政策性金融扶贫的特征乃至品格。

（二）“主力”：彰显大行担当

“主力”，就是要讲政治、敢担当，围绕脱贫攻坚重点领域和薄弱环节，持续精准发力，发挥好资金主渠道和主力军作用，成为执行国家意志的国之重器。

农发行坚持以服务脱贫攻坚统揽业务全局，构建全行全力全程扶贫格局。积极融入国家战略、对接政府需求、深化银政合作，发挥熟悉“三农”、组织网络健全、资金期限长、利率低等优势，引领市场、社会协同发力。聚焦易地扶贫搬迁头号工程“挪穷窝”，迅速出台办法，启动贷款支持，准确把握国家精准扶贫政策，不断加强和完善信贷政策。聚焦产业扶贫治本之策“拔穷根”，立足粮棉油主场主业，推动农业产业化链条融合发展，积极推动产业扶贫信贷产品和模式创新落地，不断拓展贫困人口的增收渠道。聚焦农业农村基础设施扶贫“补短板”，围绕贫困地区水、路、住房、环境治理、公共服务等重点领域加大信贷投放，极大改善了贫困地区发展环境。聚焦“三保障”和饮水安全“强弱项”，对接国家重大专项扶贫行动，创新出台扶贫过桥、贫困村提升工程、教育扶贫、健康扶贫等贷款产品，巩固了脱贫的薄弱领域。聚焦深度贫困地区“攻堡垒”，推动实现目标任务、工作重点、优惠政策、资源配置“四个聚焦”，助力深度贫困地区的融资格局、整体面貌发生了翻天覆地的变化。

脱贫攻坚期间，农发行累计投放精准扶贫贷款2.32万亿元，余额1.5万亿元，均居金融系统首位，投放额占金融系统全部投放额的四分之一以上。投放易地扶贫搬迁贷款3139亿元，惠及搬迁人口768万人，其中建档立卡贫困人口524万人，占比为68%；其中中央财政贴息专项贷款份额占比为52.4%，始终保持同业领先。发行各类扶贫债券累计超7000亿元，占我国扶贫债券发行量一半以上，居金融机构之首，成为名副其实的金融扶贫主力军。

（三）“模范”：树立扶贫银行品牌

“模范”，就是要当标杆、作表率，坚守精准方略，引领和推动金融扶贫高质量发展，确保经得起历史和实践的检验，得到社会各界广泛认可。

农发行在坚持社会效益优先的同时，遵循银行规律和市场规律，夯实管理基础，有效防控风险，实现金融扶贫高质量可持续发展。以筑牢精准底线、提升扶贫质效为目标，先后出台一系列制度文件，明确精准管理的职责、标准和要求，并嵌入全行扶贫信贷业务流程各环节。不断健全信贷风险防控体系，建立扶贫贷款常态化数据核对和清理机制，实行信贷风险清单销号管理。明确扶贫贷后管理职责要求，强化制度执行，防止扶贫信贷资金被挤占挪用、闲置滞留。加强监督检查，建立健全常规化整改机制，持续提升扶贫贷款的质量和效率。

脱贫攻坚以来，全体农发行人以舍我其谁的使命感、务实担当的责任感、时不我待的紧迫感、积极作为的时代感投身服务脱贫攻坚的伟大事业，为实现现行标准下农村贫困人口全部脱贫、贫困县全部摘帽，不断提升脱贫群众的获得感、幸福感、安全感这一目标努力奋斗。2016年到2020年脱贫攻坚期间，农发行连续5年荣获全国脱贫攻坚奖，连续4年在中央单位定点扶贫工作考核中获得“好”的评价，共有8个先进集体和个人在全国脱贫攻坚总结表彰大会上获得表彰，先后有80多个集体和个人获得省部级表彰。先后荣膺年度“最佳社会责任实践案例奖”和“最佳脱贫攻坚银行”称号，中央电视台等多家主流媒体多次报道农发行服务脱贫攻坚的经验和做法，农发行“扶贫银行”的品牌形象深入人心。

第七章

坚持以党建促扶贫

消除贫困、改善民生、逐步实现共同富裕，是社会主义的本质要求，是中国共产党的初心使命。在脱贫攻坚的伟大征程中，中国共产党团结带领人民攻坚克难、开拓进取，战胜前进道路上一个又一个艰难险阻。农发行始终坚持党的领导，为服务脱贫攻坚提供坚强思想、政治、组织、作风和纪律保证。各级党组织不断增强领导力、组织力、执行力，把党的政治优势和组织优势转化为制胜优势。

第一节 强化理论武装，筑牢思想政治根基

习近平总书记指出："一个民族要走在时代前列，就一刻不能没有理论思维，一刻不能没有思想指引"[①]"中国共产党之所以能够历经艰难困苦而不断发展壮大，很重要的一个原因就是我们党始终重视思想建党、理论强党，使全党始终保持统一的思想、坚定的意志、协调的行动、强大的战斗力"[②]。中国共产党始终坚持把马克思主义作为指导思想，始终坚持用马克思主义及其中国化创新理论武装全党、教育人民，凝聚意志、引领前行。理论武装是党加强意识形态领域领导的根本途径。有了理论武装，就能为个人赋予信仰，为民族带来希望，为国家汇聚力量。强化理论武装为农发行服务脱贫攻坚提供了坚强思想保障，指引激励着农发行高扬信仰旗帜，坚定理想信念，在攻坚克难中从胜利走向胜利。

一、坚持运用新时代党的创新理论成果指导扶贫实践

理论的生命力在于不断创新，推动马克思主义不断发展是中国共产党人的神圣职责。中国共产党把马克思主义基本原理同中国具体实际相

① 习近平．在党史学习教育动员大会上的重要讲话[J]．求是，2021(7)．
② 习近平．在纪念马克思诞辰200周年大会上的讲话[M]．北京：人民出版社，2018．

结合、同中华优秀传统文化相结合，不断推进理论创新，实现了马克思主义中国化的三次飞跃，为党和人民事业发展提供了科学理论指导。理论武装不是教条，不是具体问题的现成答案，而是马克思主义的立场、观点、方法，是分析和解决问题的武器。坚持党的领导，具体表现为坚持不懈用党的创新理论最新成果武装头脑、指导实践、推动工作。

（一）坚持将习近平总书记关于扶贫工作重要论述作为服务脱贫攻坚的根本遵循和行动指南

脱贫攻坚是中国共产党在新时代领导和发动的一场伟大战争，指导这场战争的根本思想是习近平新时代中国特色社会主义思想。党的十八大以来，以习近平同志为核心的党中央把扶贫开发工作摆在治国理政的突出位置，坚持将马克思主义的普遍原理与中国国情、与扶贫开发工作实际相结合，制定了一系列新决策新部署，为扶贫事业开辟了一条前景光明的新路径，形成了一系列扶贫战略思想，丰富和发展了马克思主义贫困理论，创造性地拓展了中国特色社会主义反贫困理论。农发行坚持以习近平新时代中国特色社会主义思想为指导，认真学习领会习近平总书记关于扶贫工作的重要论述，持续强化服务脱贫攻坚的理论武装。建立党委会首议题学习制度，全面深入学习领会习近平总书记重要讲话和指示批示精神，党中央、国务院脱贫攻坚战略部署。将学习《习近平扶贫论述摘编》纳入各级行理论学习中心组学习计划，以及党员干部和广大员工教育培训的重点书目。在“不忘初心、牢记使命”主题教育期间，将《习近平扶贫论述摘编》作为重要选读书目，组织全行员工集中学习。通过不断强化理论武装，深入理解中国扶贫开发工作的基本特征和科学规律、现阶段扶贫开发工作的目标方向和实现途径，有力指导农业政策性金融服务脱贫攻坚各项工作，努力做到真学真懂真信真用、学深悟透笃行。

（二）坚持党的人民立场，强化责任担当

人民立场是中国共产党的根本政治立场，中国共产党根基在人民、血

脉在人民、力量在人民。脱贫攻坚是党心所向、民心所依。党的十八大以来，习近平总书记以“我将无我，不负人民”的情怀担当，亲自挂帅、亲自出征、亲自督战，走遍了全国14个集中连片特困地区，对脱贫攻坚工作作出一系列重要部署。从深入地方考察到召开重要会议，提出了“下一番‘绣花’功夫”的“精准扶贫”思想和策略。习近平总书记身先士卒、作出表率，农发行对标对表、狠抓落实。总书记最牵挂的是贫困群众，花的精力最多的是扶贫工作。作为“扶贫银行”，农发行全力以赴投入脱贫攻坚，做到真扶贫、扶真贫。总书记要求“脱贫攻坚任务重的地区党委和政府要把脱贫攻坚作为‘十三五’期间头等大事和第一民生工程来抓，坚持以脱贫攻坚统揽经济社会发展全局。”农发行确立“以服务脱贫攻坚统揽全局”的战略定位，构建全行全力全程大扶贫格局。总书记指出“脱贫攻坚，资金投入是保障”，强调“加大对脱贫攻坚的金融支持力度，特别是要重视发挥好政策性金融和开发性金融在脱贫攻坚中的作用”。农发行牢记习近平总书记重托，构建一整套服务脱贫攻坚的制度体系、政策体系、工作体系，打出一系列“组合拳”。面对脱贫攻坚中一系列重大困难和挑战，农发行按照习近平总书记提出的“超常规举措”的要求，坚持解放思想、实事求是，敢于突破原有政策、模式和流程把事情办成办好。“只有理论上清醒才能有政治上清醒，只有理论上坚定才能有政治上坚定”。总书记的精准扶贫思想是最高“上位法”，是农发行服务脱贫攻坚最大的理论自信。

（三）牢牢把握我国社会主要矛盾变化，以新发展理念指引履职重点方向

党的十九大报告指出，新时代我国社会主要矛盾是人民日益增长的美好生活需要和不平衡不充分的发展之间的矛盾。不平衡主要是城市与农村的失衡、东部发达地区与西部欠发达地区的失衡、农业等低收入行业与互联网、房地产等高收入行业发展的失衡等。相应地，失衡中的弱势一方表现出发展不充分的特征，即农村发展的不充分、西部落后地区

发展的不充分、农业发展的不充分。归结起来，中西部贫困地区农业农村农民是失衡矛盾的集中所在和不充分发展的最突出之处。习近平总书记指出“着力提高发展的协调性和平衡性”[①]，发展必须是遵循经济规律的科学发展，必须是遵循自然规律的可持续发展，必须是遵循社会规律的包容性发展。农发行深入领会中国社会主要矛盾变化的深刻含义，坚持以新发展理念为指导，聚焦不平衡不充分发展的关键领域和薄弱环节持续发力。将支持中西部地区脱贫攻坚作为化解社会主要矛盾的主战场，加大向贫困地区的资金投入力度，促进贫困地区生产力水平的跃升，借脱贫攻坚大势，跨越式提升发展质量和效益。促进贫困地区产业发展，增加贫困人口收入；推进贫困地区基础设施和公共服务设施建设，为产业跃迁升级创造条件；助力贫困地区产业结构、需求结构、收入结构、发展动力的转变升级，走上脱贫致富和可持续高质量发展并行的道路，帮助贫困群众共享改革发展成果。

二、坚持运用马克思主义方法论解决实际问题

中国共产党历来重视学习、掌握和运用马克思主义工作方法来研究和解决中国实际问题。政策性金融扶贫工作坚持马克思主义方法论，深入研究和把握脱贫攻坚规律，从实际出发制定政策、推动工作。

（一）坚持系统思维，协同推进脱贫攻坚各项工作

扶贫是一个复杂的系统工程，需要正确处理、统筹协调各类帮扶主体、扶贫资源之间的关系。农发行坚持在国家脱贫攻坚一盘棋下找准自己的定位和作用，充分利用国家脱贫攻坚系统优势，发挥自身国有大行和政策性金融业务优势，充分动员群众力量，整合社会资源参与扶贫，

① 习近平. 关于《中共中央关于制定国民经济和社会发展第十三个五年规划的建议》的说明[EB/OL]. http://jhsjk.people.cn/article/27773638, 2015-11-04.

构建政府、企业、金融机构、市场主体、贫困人口共同参与，跨部门、跨单位等多元主体有机协同的扶贫体系，在定点扶贫工作中构建“四融一体”帮扶格局。既注重整体规划，又注重具体问题具体分析，创新推出破解贫困地区、扶贫产业主体融资难融资贵问题的方案，因地制宜探索创新产业扶贫的“吕梁模式”、湖南“总部经济+扶贫基地+贫困农户”产业扶贫贷款模式等一系列地方性实践样板。坚持立足当下，放眼长远，注重金融扶贫对实体成效的可持续性，在支持易地扶贫搬迁中强调对搬迁后续产业扶贫一并支持，确保搬迁群众搬得出、稳得住、能致富。在脱贫攻坚取得决定性胜利后，着力服务巩固拓展脱贫攻坚成果与乡村振兴有机衔接，促进脱贫地区长远发展和脱贫人口可持续生计改善。

（二）坚守底线思维，统筹推进精准脱贫与防范化解重大风险两大战役

党的十九大报告指出“全面建成小康社会决胜期，要突出抓重点、补短板、强弱项，特别是要坚决打好防范重大风险、精准脱贫、污染防治的攻坚战，使全面建成小康社会得到人民认可、经得起历史检验。”新时代金融扶贫，必须遵循市场规律，坚持风险可控、业务可持续。金融既要大力支持打赢打好脱贫攻坚战，同时也要重点防控金融风险，确保扶贫贷款质量安全，不越新增地方政府隐性债务红线。农发行坚持底线思维，加强风险研判，把扶贫贷款风险防控摆在突出位置，将扶贫贷款纳入全行全面风险管理体系和内控合规管理体系，加强全流程管理、全方位监控。截至2020年末，农发行不良贷款率为0.36%，资产质量处于全国性银行业金融机构最好水平，其中扶贫贷款不良率为0.12%，低于全行总体水平。

（三）坚持实事求是，确保各项工作经得起检验

坚持一切从实际出发，遵循实践活动规律，从实践中寻找解决问题的方法，是马克思主义的精髓，是中国共产党的优良传统和制胜法宝。

精准扶贫思想的实质就是实事求是。农发行注重深入调研，弄清摸透关键问题，拿出有底气、接地气的政策意见和实施方案。在制定政策性金融扶贫五年规划、打赢脱贫攻坚战三年行动方案等顶层规划的过程中，注重调研先行，广泛征求意见，将具有前瞻性的发展规划同具有可行性的具体措施相结合。始终将调查研究作为看家本领，走到扶贫一线、贫困群众中去，了解他们所思所盼，拿出“沾泥土、带露珠”的金融扶贫方案，切实打通扶贫政策落地的“最后一公里”。将精准扶贫精准脱贫作为生命线，始终坚持扶真贫、真扶贫，坚决不搞不符合实际的“面子工程”，反对形式主义、官僚主义，把一切工作落实到为贫困群众解决实际问题上，确保扶贫工作开展的务实性、帮扶的扎实性、结果的真实性，使扶贫成效经得起群众和历史的检验。

三、坚决贯彻落实党中央对脱贫攻坚的决策部署

党的十八大以来，以习近平同志为核心的党中央把脱贫攻坚纳入“五位一体”总体布局和“四个全面”战略布局，摆到治国理政的突出位置。金融扶贫是国家层面的重要制度安排，党中央、国务院对金融扶贫特别是政策性银行扶贫作出了明确部署和要求。农发行主动提升站位，强化政治担当，不断增强政治判断力、政治领悟力、政治执行力，确保党中央的各项决策部署得到不折不扣的贯彻落实。

（一）健全决策机制，加强扶贫工作统筹

农发行把服务脱贫攻坚作为增强“四个意识”、坚定“四个自信”、做到“两个维护”的具体行动，作为自身履行职责使命的必然要求。围绕落实党中央脱贫攻坚决策部署，构建响应及时、机构健全、集体议事、科学决策的农业政策性银行扶贫议事决策机制。作为国务院扶贫开发领导小组成员单位，农发行及时了解学习中央脱贫攻坚最新决策部署，第一时间召开党委会传达学习中央精神，研究贯彻落实措施。建立

脱贫攻坚工程领导小组会议、扶贫金融事业部执行委员会、扶贫金融事业部总裁办公会“一组两会”决策议事机制，明确各类扶贫会议议事范围和规则。每年召开脱贫攻坚工作会议，适时召开支持深度贫困地区工作会议等全行性会议，形成了符合扶贫工作特点的常态化研究部署机制[①]。

（二）层层传导责任，推动任务落实

对标对表党中央对脱贫攻坚的组织架构和责任体制的系统设计，农发行构建横向到边、纵向到底的工作传导落实体系，建立总行统筹、省级分行负总责、市县行抓落实的“四级书记抓扶贫”责任体制。总行党委统筹，做好顶层设计，为各分支机构服务脱贫攻坚创造条件。省行党委负总责，做到承上启下，把总行的政策转化为实施方案。市县行党组织抓落实，因地制宜，从当地实际出发推动各项政策措施落地生根。总行党委班子成员对22个脱贫攻坚重点任务省份、“三区三州”深度贫困地区、定点扶贫县实行分片包干。建立约谈制度，压实各级行“一把手”责任。建立脱贫攻坚党建联系行制度，开展党委（支部）抓党建促脱贫攻坚述职与考核。扶贫金融事业部执委会组成部门在各自条线职责内执行扶贫工作任务。各省级分行向总行签订服务脱贫攻坚责任书，立下“军令状”，向下层层签订责任书，分解目标任务。在脱贫攻坚决战决胜阶段，总行党委班子成员包片对52个未摘帽贫困县相关分支机构的金融扶贫工作进行挂牌督战[②]，统筹整合协调资源，四级机构同时发力，帮助未摘帽贫困县如期实现脱贫攻坚目标。

（三）健全治理体系，打通扶贫政策落地“最后一公里”

按照党中央确定的脱贫攻坚“两不愁三保障”“帮扶四问”“五个一

①形成每年全行工作会议1次，脱贫攻坚领导小组会议2次，扶贫金融事业部执委会4次，总裁办公会（行领导专题会）不定期召开的基本惯例。

②关于印发《中国农业发展银行脱贫攻坚挂牌督战工作方案》的通知（农发银发〔2020〕27号）。

批”“六个精准”，着力构建政策性金融扶贫的“四梁八柱”，形成系统的扶贫治理框架。由顶层设计引路，对内建立扶贫质效管理体系、组织体系、责任体系、考核体系、基础管理体系，共同支撑产品体系对接脱贫攻坚薄弱领域和关键环节的资金需求，构建政策体系和定点帮扶体系提供内外部扶贫资源配置和特惠扶贫措施的一揽子组合方案，使党中央脱贫攻坚决策部署、各部门扶贫政策措施、政策性金融扶贫资金经由政策性金融扶贫体系传导至贫困人口，实现“精准滴灌”。

第二节　加强组织建设，充分发挥基层党组织的战斗堡垒作用

习近平总书记指出，“党的力量来自组织。党的全面领导、党的全部工作要靠党的坚强组织体系去实现”[①]“只有党的各级组织都健全、都过硬，形成上下贯通、执行有力的严密组织体系，党的领导才能‘如身使臂、如臂使指’”[②]。党通过各级组织充分发挥政治领导力、思想引领力、群众组织力、社会号召力，把党员组织起来，把人才凝聚起来，把群众动员起来，使党的领导能够纵到底、横到边、全覆盖。正是由于严密的组织体系，党中央决策部署得以及时贯彻落实，做到有令即行、有禁即止，在危难时刻和急难险重任务中，群众有了主心骨和贴心人。

一、建强基层党组织

基层党组织是党的执政基础和力量源泉，脱贫攻坚中基层党组织在基层社会组织中发挥了政治核心和带领群众脱贫致富的战斗堡垒作用，

① 切实贯彻落实党的组织路线　全党努力把党建设得更加坚强有力[N]. 人民日报，2018-07-05(01).

② 习近平.贯彻落实新时代党的组织路线，不断把党建设得更加坚强有力[EB/OL]. http://www.qstheory.cn/dukan/qs/2020-07/31/C_1126305988.htm，2020-07-31.

将党的政治优势、组织优势和群众优势转化为脱贫攻坚的重要力量。农发行基层党组织建设以支部建设为重点，健全组织体系，完善组织制度，强化政治功能，提升组织力，加强党员教育管理，把党员和职工紧紧团结凝聚起来，齐心协力干事创业，充分发挥基层党组织战斗堡垒和党员先锋模范作用。

（一）抓党建促脱贫攻坚

农发行始终坚持党对扶贫工作的全面领导，将支持打赢脱贫攻坚战作为农发行政治建设的重要内容，统筹推进党建和扶贫工作，将二者同部署、同推动、同落实、同考核，两项工作互相促进、互为支撑。

围绕提高组织力、增强政治功能，着力加强党支部建设。总行行领导、省级分行班子成员分别确定1个贫困地区分支行，统筹指导党建和扶贫工作，省市县三级行开展党建共建工作。稳妥推进支行支部换届选举，选优配强支部班子，坚决调整软弱涣散党支部，支部的战斗堡垒作用明显加强。深入开展支部标准化、规范化建设，指导贫困地区分支行认真落实总行党委《党支部标准化规范化建设意见》，系统推进支部班子、党员队伍、基本制度、活动场所建设，实行党员积分管理和党支部工作量化考核，加强“智慧党建”App的建设、管理和使用，夯实基层党建组织基础。扎实落实“三会一课”，坚持“两学一做”学习教育常态化、制度化，积极引导党员进一步强化“四个意识”，不断增强政治担当、责任担当和行动自觉。将服务脱贫攻坚作为“不忘初心、牢记使命”主题教育的实践载体，围绕服务脱贫攻坚讲党课、开展党日活动等，促进党建与扶贫工作深度融合。强化扶贫领域党建工作责任落实，在每年开展的各级书记抓党建述职评议考核中，把抓党建促脱贫作为重要内容，对重视不够、措施不力的组织及时提醒，促进脱贫攻坚职能作用有效发挥。

农发行广西隆林各族自治县支行坚持党建引领，凝心聚力开展扶贫工作，荣获“全国脱贫攻坚先进集体”称号。隆林县支行加强组织领导，召开支委会、党员大会理清扶贫思路，共谋攻坚良策。坚持书记带头，挂图作战，建立高效快捷的工作机制。支部书记向自治区分行党委签订《脱贫攻坚责任书》、立下军令状，保证坚决完成扶贫贷款投放、落实定点帮扶举措等目标任务。以提升支部组织力为重点，以“党建链”为轴心，把资源、人力、物力凝聚在助力脱贫的“业务链”“服务链”“经营链”上。支行组建了以党员为核心的业务攻坚团队，设立了基础设施党小组、产业带富党小组、红色引擎党小组。党小组紧盯时间节点，根据需要选派优秀党员干部到各项目驻地、企业和村屯，积极推进项目融资和项目实施的衔接。同时，建立“党员+建档立卡贫困户”一对一帮扶机制，在定点帮扶村与21个贫困户结对子、认亲戚，利用周末时间开展扶贫加强日活动，为贫困户宣讲帮扶政策、提供免费技术培训，激发贫困群众的内生动力，打通金融扶贫的神经末梢，将组织优势转化为推动隆林县脱贫攻坚的强大动力。

（二）深化结对共建

农发行推动各分支机构与贫困村党支部开展结对共建，积极推进组织联建、发展联促、党员联育、服务联动等共建工作，促进贫困村党建工作水平整体提高。各省级分行、二级分行机关党支部和县级支行党支部采取“一对一”方式与当地国家级贫困县、省级贫困县等贫困地区农村党支部开展结对共建，在扶贫工作组成立党组织，协助帮扶地区选好建强党支部，帮助贫困村管好用好扶贫贷款，协助其引进发展项目和资金。指导抓好定点帮扶和对口支援县支行党支部标准化规范化建设，划拨专项党费1250万元，用于党员教育培训和党组织活动，全面夯实脱贫攻坚的组织基础。例如，为加强贫困地区基层党组织建设，深入拓展信贷支农工作，四川分行实施党建结对共建的创新举措。自2017年起，四川分行行领导、省行机关各处室党支部连续四年与“三州”分行党委以及金融扶贫成效有待提升的16个贫困地区县支行党支部开展党建结对共建，坚持每季度至少一次到基层行现场督导，以党建促发展，用发展强党建。通过这一举措，既帮助基层行解决工作中遇到的困难和问题，又加强了机关党支部和基层行党支部的沟通联系，提升了基层行党组织服务脱贫攻坚的信心和决心。脱贫攻坚期间，农发行1098个党支部与全国22个省份的1112个贫困村党支部结对共建，开展3361次共建活动，有效协助贫困村完善党组织建设。

（三）凝聚党群合力

农发行坚持党建带群建，加强对群团组织的领导和指导，鼓励和支持工青妇组织积极投入脱贫攻坚，凝聚服务脱贫攻坚的合力。组织全行青年、女职工到贫困地区实地调研，帮助解决困难问题。整合工青妇等群团组织力量积极开展“农发巾帼助脱贫　爱心开启幸福路”“学习点亮梦想　农发伴你成长”青年扶贫志愿活动、“巾帼生态林”建设等系列公益活动。多次组织员工看望英烈母亲、贫困母亲、聋哑学生，帮扶贫困儿童、留守儿童，慰问驻村扶贫干部，开展到贫困县送文化下基层等活动，有力引导推动了全行员工积极投入脱贫攻坚。近年来，全行动员工青妇组织捐款150余万元，捐物5100余套。

二、打造高素质的干部队伍

农发行把脱贫攻坚战场作为培养锻炼干部的重要阵地，按照“讲政治、讲奉献，懂金融、懂农业，爱农村、爱农民”的要求，不断强化脱贫攻坚队伍建设，打造形成了一支懂扶贫、会帮扶、作风硬的政策性金融扶贫干部队伍。

（一）为贫困地区选优配强干部

建立定期向贫困地区选派挂职干部制度，选派业务骨干到国家机关工委、国务院扶贫办等国家部委工作，组织发达地区与贫困地区分支行进行双向交流，与贫困地区党政机关推行干部交流，建立轮岗制度加强多岗位锻炼，为服务脱贫攻坚提供有力人才保障。脱贫攻坚期间，总行选派22名同志到定点扶贫县、革命老区、老工业基地挂职，遴选5名优秀处级干部赴藏交流。全行选拔1495名干部与老少边穷特别是“三区三州”深度贫困地区分支行双向交流。大力开展支部建在项目上、党员先锋岗、攻坚先锋队等活动，党员冲在金融扶贫第一线，驻村第一书记和驻村工作队员蹲点帮扶，攻坚力量有效下沉，更多能力突出的干部配备到服务脱贫攻坚战场上。

（二）强化支部书记队伍建设

加强基层党组织建设，需要一支精干高效的党务干部队伍，党委（支部）书记是第一责任人，是起决定性作用的“关键”。实践反复证明，书记的优秀与否是决定党的基层组织能否充满活力的重要因素。农发行在服务脱贫攻坚中高度重视支部书记队伍建设。将能力素质强、群众认可度高的党员干部选拔到书记岗位上，对有党组织书记岗位经历的优秀干部，实行优先提拔使用。大力提升支部书记能力素质，每年举办支部书记示范培训班，在省市两级行开展全员轮训，采取多岗位锻炼、交流任职、行外挂职等多种形式，有计划地安排基层党组织书记在历练摔打中增长才干。

（三）开展脱贫攻坚专题培训

农发行坚持把教育培训放在重要位置，既注重培养好选派的扶贫干部，也注重培养好当地干部，采取多元举措为扶贫干部全面赋能，努力解决贫困地区干部人才匮乏的问题。将扶贫培训列入全系统教育培训发展规划纲要，坚持每年对总行干部开展脱贫攻坚专题讲座，对全系统选派的干部和贫困地区县支行支部书记进行全员培训。总行每年举办示范培训班，省级分行开展轮训，并将总行井冈山党校作为脱贫攻坚培训的重要基地，系统制定教学规划，设立专项课程，定期举办专题培训班。加强对贫困地区乡村干部培训，宣传党的脱贫政策，提供金融服务指导。如与苏州干部学院签订贫困地区干部培训长期协议，培训定点帮扶及对口支援地区的扶贫干部，举办新疆南疆四地州县支行行长及骨干人员专项培训班等，有效帮助干部开拓工作视野，增强干事能力。总行战略规划部党支部把贫困地区作为干部教育培训基地，在青海玉树藏族自治州建立党建活动联系点，开展“走进贫困、感受贫困、分析贫困、扶持贫困、情系贫困”主题党建活动，通过现场教育培训，促进党员干部增进对贫困群众的感情，增强做好脱贫攻坚工作的责任感紧迫感。脱贫攻坚期间，农发行累计帮助贫困地区培训各类人员1.2万人次，捐赠助学资金4946万元，向中国金融教育发展基金会捐款60万元。与苏州干部学院合作举办培训班20期，帮助农发行定点扶贫县培训扶贫干部和致富带头人1455人、其他中央单位定点扶贫县扶贫干部490人；帮助深度贫困地区培训驻村第一书记334人、大学生村官800人，有效增强贫困地区基层组织内生发展能力。

（四）加强对扶贫一线干部的关爱激励

农发行注重在脱贫攻坚一线考察识别干部，落实表彰、奖励、干部选拔任用等激励政策。根据中央《关于适应新时代要求大力发展培养选拔优秀年轻干部的意见》，把定点扶贫“三人小组”作为总行机关、省级分行培养优秀年轻干部的重要途径，有计划地选派优秀年轻干部到扶贫地区淬火蹲苗。对在挂职期间工作出色、作出贡献、得到地方党政好评、连续2年考核评价为优秀的干部，在职务晋升和职称评审时优先考虑，优先安排参加总行和省级分行组织的境内外培训。同时，重视对挂职干部的关心关爱，定期召开定点扶贫县挂职干部视频座谈会，向其家属发放慰问金和物资，帮助扶贫干部解决实际困难。

（五）树立先进典型示范引领

榜样是无声的号令，典型有无穷的力量。农发行坚持用身边事教育身边人，由宣传部门专门制订服务脱贫攻坚工作宣传方案，制作扶贫专题宣传片，利用宣传阵地报道脱贫攻坚工作，在全系统开展“扶贫路上的农发行人”故事征集活动，举办“凉山情·中国梦”青少年夏令营。每年评选表彰“最美农发行人”和脱贫攻坚先进单位、优秀个人，通报表彰模范践行“新时代新担当新作为”的“最美农发行人”“五一劳动奖章”“十佳杰出青年”等荣誉获得者，展现扶贫工作生动实践和一线干部员工担当作为的感人事迹，大力选树先进典型，发挥激励带动作用，确立新时代新担当新作为的标杆，营造服务脱贫攻坚的浓厚氛围。此外，农发行注重推广先进党支部的做法，尊重基层首创精神，开展优秀支部工作法和典型案例评选表彰，收集整理全行党建工作典型案例和特色支部工作法，将这些典型经验编印成册，供基层支部学习借鉴。

第三节　勇于自我革命，狠抓扶贫作风与纪律建设

习近平总书记指出：“勇于自我革命，是我们党最鲜明的品格，也是我们党最大的优势”①“在进行社会革命的同时不断进行自我革命，是我们党区别于其他政党最显著的标志，也是我们党不断从胜利走向新的胜利的关键所在”②。党的自我革命不断给党和人民的事业注入生机活力，使党组织始终保持先进性和纯洁性。习近平总书记高度重视扶贫领域腐败和作风问题，多次作出重要指示批示。农发行认真贯彻落实习近平总书记相关指示精神，始终保持严的主基调，深入开展扶贫领域腐败和作风问题专项治理，组织开展巡视督察，加强问题整改，主动接受群众和社会全方位监督。

一、开展扶贫领域腐败和作风治理

中国共产党以刀刃向内的决心推进自我革命，敢于正视问题、直面矛盾，勇于刮骨疗毒、去腐生肌，通过自我革命统一全党思想，规范全

① 习近平：以解决突出问题为突破口和主抓手，推动党的十八届六中全会精神落到实处[EB/OL]. www.moj.gov.cn/pub/sfbgw/jgsz/gjjwzsfbjjzyw/202102/t20210223_175887.html，2018-06-11.

② 2019年1月11日，在十九届中央纪委三次全会上，习近平总书记发表重要讲话。

党行为，集中全党力量，把党中央确定的路线、方针、政策迅速有效地贯彻落实。农发行深入开展扶贫领域腐败和作风问题专项治理，通过开展专项整治、加强作风建设、深化问题落实，着力清除作风问题形成根源，铲除作风问题滋生土壤，推动扶贫领域作风明显改善，促进脱贫攻坚各项政策措施全面落实，确保如期完成脱贫攻坚目标任务。

全行先后出台了扶贫领域腐败和作风治理工作方案和实施方案，重点聚焦整治履行主体责任、监督责任不力等问题；扶贫领域贪污侵占、行贿受贿、吃拿卡要，以及扶贫信贷客户准入、调查评估、审查审议、贷后管理违规操作等问题；脱贫攻坚工作中搞形式主义、官僚主义、弄虚作假、数字脱贫，以及扶持对象、措施到户、脱贫成效不精准等问题。在专项治理行动中，全行统筹力量针对7大方面85类问题组织开展专项检查，做到治理对象、治理内容全覆盖；加强督查问责，对不严不实、弄虚作假、违规违纪的行为严肃处理；坚持扶贫领域问题线索单独台账管理，实行优先受理、优先处置、优先办结。各级行、各部门按照总行统一部署，扎实推进专项治理工作落实。各部门分工协作，由总行、省级分行派出联合检查组进行督导抽查，审计部门组织开展脱贫攻坚专项审计，各级纪委全面履行监督、执纪、问责职责。联合检查组采取不打招呼、直奔现场的方式，对重点省分行开展突击检查，对发现的腐败和作风问题进行严肃处理。总行和各分支行多次开展防腐倡廉专题会议，穿插正反两方面案例教育，绷紧员工反腐这根弦，增强员工反腐、防腐的自觉性。积极关注群众舆论和网络媒体的相关报道，寻找其中有关企业廉洁作风问题的线索，以内外监督相结合的形式，对企业廉洁问题进行整治，进一步筑牢员工“不敢腐、不能腐、不想腐”的思想防线。

二、接受中央专项巡视

农发行接受中央脱贫攻坚专项巡视和巡视整改“回头看”两次大检

阅。农发行把巡视反馈问题整改作为重大政治任务和政治责任，总行党委负总责，党委书记履行第一责任人责任。第一时间召开整改动员会议部署整改工作。对照巡视反馈的问题，逐条制定整改措施，建立整改台账，明确责任人和整改时限，认真抓好整改。借助巡视有利契机，进一步广泛征求各方面意见建议，深挖问题，充分、深入、准确研判问题，坚持边查边改、立行立改。坚决落实整改措施，全力推进整改取得实效，推动服务脱贫攻坚工作全面提升，整改工作得到中央巡视组的肯定。同时，把“当下改”与“长久立”结合起来，把问题治理与建章立制统筹起来，推动堵漏洞、补短板、强弱项，先后制定和修订金融扶贫政策制度46项，优化业务流程38项，推动老问题、新问题一并解决。

三、强化内部巡视和整改

农发行高度重视巡视监督在打赢脱贫攻坚战中的保障和推动作用，坚决贯彻落实中央巡视工作方针和巡视工作新部署、新要求，把准政治定位，聚焦职能责任，突出监督重点，强化巡视“再监督”职能作用，有力助推脱贫攻坚决战决胜。以中央脱贫攻坚专项巡视整改为切入点开展脱贫攻坚专项巡视，以贯彻落实习近平总书记在脱贫攻坚座谈会上的重要讲话精神为监督重点开展常规巡视，将党中央脱贫攻坚战略部署贯穿巡视监督全过程。持续强化巡视与中央纪委国家监委驻农发行纪检监察组、组织人事、审计及业务监督的有效衔接，紧盯脱贫攻坚职责，有效提升联动监督质效。建立巡视反馈机制，督促压实整改责任。健全完善巡视整改督办台账，严格限时督办、销号管理。将问题整改作为巡视监督重点，强化“回头看”再监督力度。健全完善考核评价机制，将巡视整改纳入政治生态分析评价、年度绩效考核和党风廉政建设责任制考核，以多种监督联动促改，助推脱贫攻坚提质增效。

四、接受全方位监督

接受党和群众全方位监督是农发行脱贫攻坚工作有效开展的重要保证。农发行统筹多层次多角度的监督，突出政治监督，落实行业监督，强化内部监督，接受群众监督，注重抓“长”抓“常”，聚焦金融扶贫重点行、重点环节和关键少数，强化监督检查和调研督导，督促发现问题整改，全力保障脱贫攻坚决战决胜。在督查工作中，农发行党委和驻农发行纪检监察组贯通协同，积极探索建立并不断完善联合监督机制。出台派驻监督与行内外各项监督贯通融合办法，建立扶贫领域线索排查和移交机制及协作处理机制，不断强化扶贫领域信息共享和沟通协作，有效形成监督合力。主动配合纪检监察组开展监督，接受审计署检查和银保监会的行业监督，强化自身内部合规检查、县级支行“三合一”专员①、审计等内部监督。持续加强扶贫资金监管，规范资金使用管理，盯紧扶贫资金使用全过程，持续跟进贷款使用和回收情况，确保贷款资金用途合规、程序合规、使用高效，严防私占挪用，做到廉洁扶贫。高度重视群众监督和舆论监督，坚持阳光透明，畅通问题发现和举报渠道，对整改过程中群众反映强烈的突出问题，及时认真组织核查和研究解决，回应社会关切，切实为服务脱贫攻坚保驾护航。

---

① 2019年，为贯彻落实全面从严治党要求，大力推进内控合规垂直管理，农发行在全国1700余个县级支行设立集纪检、内控合规、风险管理等监督职能于一身的“三合一”专员，同时担任支行党支部委员、纪检委员。

第八章 未来展望

凡是过往，皆为序章。中国打赢脱贫攻坚战，解决了1亿人口的绝对贫困问题，向世界展示了中国力量和中国智慧。中国农业政策性银行是中国特色减贫道路的践行者，中国农业政策性银行扶贫具有中国特色和政策性金融特征，在世界贫困治理领域中具有一定的独特性，而其内核和精神具有普适的启发性和借鉴性。中国已经全面消除绝对贫困，但解决相对贫困的任务依然艰巨。当前，中国正处在“两个一百年”奋斗目标历史交汇期，“三农”工作重心发生历史性转移，需要农业政策性银行充分总结前期实践，持续强化功能定位，合理调整目标路径，不断优化工作方式，推进巩固拓展脱贫攻坚成果与乡村振兴有效衔接，为推动全面建设社会主义现代化国家、实现中华民族伟大复兴的中国梦继续努力奋斗。

第一节　中国农业政策性银行扶贫的经验

脱贫攻坚期间，农发行认真贯彻落实习近平总书记关于脱贫攻坚的指示要求和党中央脱贫攻坚决策部署，立足农业政策性银行职能定位，确定服务脱贫攻坚的战略目标，构建服务脱贫攻坚的治理体系，创新服务脱贫攻坚的政策举措，走出了中国特色农业政策性银行扶贫道路。

一、坚持党的领导，为服务脱贫攻坚提供坚强政治和组织保证

坚持党的领导是中国赢得脱贫攻坚胜利的首要经验。中国特色社会主义最本质的特征是中国共产党的领导，中国特色社会主义制度的最大优势是中国共产党的领导。中国共产党是中国根本制度、基本制度、重要制度的制定者，是中国最广大人民根本利益的代表者，是中国改革开放和社会主义现代化建设的设计者。脱贫攻坚是中国共产党的庄严承诺，党统领下的脱贫攻坚战，承载了中国国家制度、中国人民利益、中

国发展责任，是中国特色社会主义道路、理论、制度、文化的集中体现。在脱贫攻坚中，中国共产党是最高政治力量，总揽全局，协调各方，统筹谋划，强力推进，统合各主体的认识、实践、诉求和利益，形成脱贫攻坚的共同意志、共同行动。

农发行始终把坚持党的领导、加强党的建设作为首要任务。持续强化党的理论武装，坚持学懂弄通做实习近平新时代中国特色社会主义思想、习近平扶贫重要论述，准确理解把握马克思主义关于共同富裕的理论精髓。充分保障党的政治核心地位，在思想上行动上同以习近平同志为核心的党中央保持高度一致，不断强化脱贫攻坚的政治判断力、政治领悟力、政治执行力。农发行各级行党委充分发挥把方向、管大局、保落实的作用，建立顶层规划及配套制度政策体系，构建全行全力全程扶贫工作格局，推动扶贫各项工作部署有效落实。基层党组织充分发挥战斗堡垒作用，主动担当压实责任，组织带领广大党员和群众投入脱贫攻坚战。广大党员充分发挥先锋模范作用，求真务实、较真碰硬，在脱贫攻坚摧城拔寨中彰显担当作为。党领导下的政策性银行扶贫，综合了党的理论优势、政治优势、组织优势和群众优势，并将其成功转化为攻坚优势。党的领导是未来农业政策性银行一切工作的首要制胜法宝。

二、坚持“双重制度优势”，强化服务脱贫攻坚的定位和功能

制度是现代社会贫困产生的根源。私有制下，“发展为了资本”具有经济理性，但也不可避免地形成了自下而上的负向涓滴路径，最终拉大贫富差距。要从根本上消除贫困，必须从国家基本制度上给予保障。中国将公有制为主体、多种所有制经济共同发展，按劳分配为主体、多种分配方式并存以及社会主义市场经济体制上升为国家的基本经济制度。社会主义市场经济体制，强调市场在资源配置中起决定性作用，承认市场机制是资源配置最有效的方式。坚持公有制为主体，从制度上防止财

产权向少数人集中。坚持按劳分配为主体，始终尊重劳动是价值产生的主要因素，引导人们将劳动作为财富积累的主要途径。明确提出居民收入增长和经济增长同步、劳动报酬提高和劳动生产率提高基本同步，将资本收入的增长限制在经济增长范围之内。以基本经济制度为经济最高准则，指导经济资源配置和经济利益分配，必将成为纠正资本逐利性造成的财富积累失衡的根本力量。中国充分发挥制度优势，将消除贫困上升为国家意志和社会主义经济理性，向贫困地区"逆向"配置资源、配套政策措施、营造发展环境，彻底改变了贫困地区和贫困人口的发展路径。

农业政策性银行具有"双重制度优势"。一方面，党中央将农业政策性银行纳入国家治贫体系的重要制度安排，对农发行服务脱贫攻坚提出明确要求，农发行得以充分承接并有效利用国家的制度优势和体系资源。另一方面，源于其自身独特的宗旨定位、功能作用的制度设计，农发行与脱贫攻坚高度契合，使以服务脱贫攻坚统揽业务全局的战略定位、争当金融扶贫先锋主力的目标、全行全力全程的大扶贫格局从一开始就得到确定，并得到广泛认同和有力实施，成功将"双重制度优势"转化为贫困治理效能，成为引导各方资源向贫困地区贫困人口倾斜配置的先导和骨干，有力改善了贫困地区发展条件，提高了贫困人口发展能力，成为消除不平等的战略性金融力量。"双重制度优势"是未来改革优化农业政策性银行功能的根本依托。

三、坚持创新引领，为贫困人口发展打造多方协同格局

金融扶贫的根本目的在于帮助贫困人口走上储蓄—投资—产出的良性循环。而这一路径的关键在于贫困人口能够成功将金融资本转化为收益率较高的产业资本，在收支抵补后有足够的盈余持续增加财富积累。因而金融的可得性、低利率和产业资本的发展性，三者共同构成贫困人

口积累财富的必要条件。金融扶贫的困境在于扶贫信贷资金的可得性与低利率的矛盾，以及贫困人口产业发展能力不足的约束。要保证扶贫贷款的可持续性，就要使利率覆盖金融机构自身运营成本和对贫困人口的交易成本。由于贫困人口信息搜寻成本和贷款损失不确定性高，金融机构需以较高利率保持财务可持续，因而国际上扶贫小额信贷的可得性是建立在高利率基础上的。发达国家视为具有政策性金融功能的合作金融体系商业化趋势愈加明显，是否还将保持互助传统下的低利率有待观察。中国扶贫小额信贷兼顾了低利率与可得性，但未能有效解决贫困户的发展约束。金融扶贫创新的本质就是破解上述两大问题，构建以贫困人口为中心，有效分担贫困人口交易成本并突破贫困人口产业发展约束的机制。

农业政策性银行创新构建贫困人口、地方政府、产业主体、金融机构共同参与的利益联结和风险分担机制，将贫困人口的交易成本内化于金融产业联盟之内，由各参与主体分担。同时产业主体通过交易协议、就业协议保障贫困人口实现稳定收入，通过知识传播、技能培训提高贫困人口发展能力。在实践中，农发行向产业主体发放产业扶贫贷款，实现了企业信用对贫困人口信用的替代；与政府共建风险补偿基金，与保险、担保、期货等金融机构共同提供增信措施，有效降低了贷款损失成本，实现了扶贫贷款低利率基础上的可得性。产业主体带动贫困人口发展的方式，实现了产业主体高效产业资本对贫困人口低效产业资本的替代，解决了贫困人口的发展性问题。以扶持对象为中心构建产融结合的利益联结和风险分担机制，是未来农业政策性银行创新服务相对贫困人口的根本范式。

四、坚持系统治理，建立服务贫困人口脱贫的完备支撑体系

贫困人口的致贫原因是多方面的，主要表现为自然条件恶劣、资本

积累匮乏、能力不足、精神动力欠缺，而这些原因的背后又是知识缺失、不确定性事件、设施约束和文化心理共同作用的结果。存在一个“贫困陷阱”，贫困人口在其中陷入低水平均衡甚至愈加恶化的状态。扶贫政策的失效在于忽略了“贫困陷阱”的存在，以及摆脱“贫困陷阱”的艰巨性。在习近平总书记精准扶贫思想的引领下，中国构建了一整套行之有效的政策体系、工作体系和制度体系，加大资源配置力度，推动生产要素向贫困地区流动，改善贫困地区基础设施和公共服务，增强产业发展基础，为贫困人口创造更多发展机会，有效破解造成“贫困陷阱”的深层次原因。

农业政策性银行坚持系统化治理，向上对接国家精准扶贫体系，向下对接贫困人口和贫困地区的多维脱贫需求，构建了“一套规划+九大体系”的总体框架，与国家推进减贫的各项任务、政策、措施形成高度协同和相互支撑关系。聚焦建档立卡贫困人口的“两不愁三保障”问题，以易地扶贫搬迁为突破口，统筹支持产业扶贫、教育扶贫、健康扶贫、基础设施扶贫等薄弱环节，构建“四融一体”定点扶贫工作格局，为贫困人口和贫困地区提供系统化的金融服务方案。将服务脱贫攻坚战略部署贯彻落实到农发行改革创新、业务发展、履行职能的全过程和各方面。各产品部门都在自身业务领域内，积极研究和落实精准扶贫脱贫的方法措施；前中后台各条线，都结合各自职责，积极主动为脱贫攻坚贡献力量；各级行研究谋划工作、出台管理制度、开展检查考评、推进队伍建设和党建工作，都向服务脱贫攻坚聚焦发力；全行各类资源的配置，都优先考虑脱贫攻坚的需要；利率优惠、期限延长等扶持政策，都优先向服务脱贫攻坚倾斜；全行业务流程、管理流程和决策流程，都适应金融扶贫的需要进行科学设置、不断优化，提高效率、形成合力，全流程服务脱贫攻坚。系统化治理体系支撑的精准扶贫精准脱贫方略，是帮助贫困人口彻底走出“贫困陷阱”的唯一路径。

五、坚持秉承家国情怀，凝聚服务脱贫攻坚的强大精神动力

家国情怀是中国两千多年来大一统治理架构下，支撑政治、经济、社会运行的底层精神，与传统文化利己与利他相互关系的哲学辩证、士人追求经世济民的价值观、老百姓对乡土社会的情感依托一脉相承，与建立在个体自治基础上的资本主义民主制度、建立在经济理性基础上的资本主义市场经济在精神本源上显著不同。工业革命以来，个体无限追求最大私利的经济导向拉大了不平等的鸿沟，造成了政治动荡、社会撕裂和环境危机，引发了有识之士对“利润最大化”的理性经济人的深刻批判。家国情怀内含于新时代社会主义核心价值观在公民层面的价值表达，所传递的集体主义利他主义精神顺应了当代社会破解利益失衡矛盾、建设更加和谐美好家园的强烈诉求。家国情怀突破了市场经济仅依靠激励与监督的驱动方式，达到了为实现更高精神追求的自我驱动。家国情怀是行进在社会主义现代化进程中的中国打赢脱贫攻坚战、全面建成小康社会的强大精神动力。

农发行是以“支农为国、立行为民”为崇高使命的农业政策性银行，不以盈利最大化为目标，以社会价值为首要目标。国家支农战略工具的特殊地位，农村金融骨干的特殊作用，长期深耕“三农”的丰厚实践，培育了家国情怀的深厚土壤。“家国情怀”在农发行服务脱贫攻坚初期一经提出，即得到广大员工的高度认同，之后上升为农发行企业文化的核心理念。农发行人“秉承家国情怀，强化政治担当”，以超越职业的情感投入脱贫攻坚，上下同心、左右联动、和衷共济、苦干实干，攻坚克难、锲而不舍、咬定目标、久久为功，精准务实、科学施策、真抓实干、开拓创新，采取一系列具有原创性、独特性的政策和举措，真扶贫、扶真贫、真脱贫，锻造了“务实、进取、奉献，先锋、主力、模范”的扶贫精神。家国情怀是未来农业政策性银行服务乡村振兴、促进共同富裕、推动国家现代化建设更高目标、更重使命必须坚持的

精神传承、动力延续。

第二节　新时代农业政策性银行减贫新任务

随着脱贫攻坚战取得决定性胜利，中国全面建成小康社会，迈上了建设社会主义现代化国家的新征程。脱贫摘帽不是终点，而是新生活、新奋斗的起点。农发行将持续服务未来的减贫事业，围绕乡村振兴、共同富裕、国家现代化建设的新目标，不断改革和优化农业政策性银行功能，更好服务现代化建设和高质量发展。

一、服务巩固拓展脱贫攻坚成果同乡村振兴有效衔接

脱贫攻坚极大地改善了农村贫困地区的面貌。解决绝对贫困后，脱贫地区和脱贫群众仍然面临脱贫基础还不稳固、产业持续性有待加强、内生动力还需提升等一系列问题。服务巩固拓展脱贫攻坚成果同乡村振兴有效衔接，是五年过渡期内农发行的重点工作任务。

（一）中国脱贫攻坚的重大成就

经过8年持续奋斗，2020年底中国如期完成新时代脱贫攻坚目标任务，现行标准下9899万农村贫困人口全部脱贫，832个贫困县全部摘帽，12.8万个贫困村全部出列，区域性整体贫困得到解决，完成了消除绝对贫困的艰巨任务，创造了人类减贫史上的奇迹。

脱贫攻坚战对中国农村的改变是历史性的、全方位的。经过脱贫攻坚战，农村贫困人口生活水平显著提升，工资性收入和经营性收入占比逐年上升，自主增收脱贫能力稳步提高。贫困地区农村居民人均可支配收入从2013年的6079元增加到2020年的12588元，年均增长11.6%，高于GDP增速。“两不愁三保障”全面实现，教育、医疗、住房、饮水等条件明显改善。农村贫困家庭子女义务教育阶段辍学问题实现动态清零，

99.9%以上的贫困人口参加了基本医疗保险。通过实施农村危房改造、农村饮水安全和巩固提升工程，全面实现贫困人口住房安全有保障，累计解决2889万贫困人口的饮水安全问题，3.82亿农村人口受益。

经过脱贫攻坚战，中国贫困地区落后面貌发生了根本性改变：基础设施显著改善，出行难、用电难、用水难、通信难等长期以来制约贫困地区发展的瓶颈问题得到解决，畅通了贫困地区与外界的人流、物流、知识流和信息流。贫困地区教育、医疗、文化、社会保障等基本公共服务水平不断提升，实现了贫困人口学有所教、病有所医、老有所养、弱有所扶，为贫困地区发展夯实了基础、积蓄了后劲。贫困地区产业结构显著改善，特色优势产业不断发展，电子商务、光伏、旅游等新产业新业态蓬勃兴起，推动了贫困地区经济多元化发展，扩大了市场有效供给，厚植了经济发展基础。贫困地区传统文化、特色文化、民族文化得到了保护、传承和弘扬，优秀文化不断繁荣发展，既促进了贫困群众增收致富，也延续了文脉、留住了乡愁。通过生态扶贫、农村人居环境整治、生态脆弱地区易地扶贫搬迁等措施，贫困地区生态保护水平明显改善，守护了绿水青山，换来了金山银山。

经过脱贫攻坚战，脱贫群众精神风貌焕然一新。脱贫攻坚既是一场深刻的物质革命，也是一场深刻的思想革命。脱贫攻坚战让贫困群众脱贫致富的热情愈发高涨，主人翁意识显著提升，现代观念不断增强，文明新风广泛弘扬，贫困群众的精神世界在脱贫攻坚中得到充实和升华，信心更坚、脑子更活、心气更足，发生了从内而外的深刻改变。

经过脱贫攻坚战，贫困地区的基层治理能力显著提升。脱贫攻坚战使基层党组织的战斗堡垒作用不断增强，凝聚力、战斗力、领导力、号召力明显提高，党群干群关系更加密切，贫困地区群众对党和政府的信赖、信任、信心进一步增强。脱贫攻坚推动了贫困地区基层民主政治建设，使基层治理更具活力。通过累计选派300多万名第一书记和驻村干部开展精准帮扶，懂农业、爱农村、爱农民的“三农”工作队伍不断壮大，为贫困地区带来了先进发展理念、现代科技手段、科学管理模式，显著提升了贫困地区的社会治理水平。

（二）脱贫摘帽后仍面临的问题

1. 脱贫基础不够牢固，脱贫群众存在返贫风险。在脱贫攻坚强大合力形成的大扶贫格局下，中国集中各种人力、物力和资金资源，动员全社会力量集中投入，贫困地区的产业、教育、健康、社会保障等方面获得了前所未有的外部支持。随着脱贫攻坚战的结束，大规模“政策性脱贫”的超常规措施将逐步递减，脱贫的稳定性和可持续性面临挑战。刚实现脱贫的群众往往比较脆弱，抵御风险的能力较低，脱贫基础还不够牢固，产业发展或就业形势的波动、家庭内部的变故、外部环境的不可抗因素造成不确定性上升，都容易导致支出增加和收入下降，进而重返贫困。

2. 内生动力和自我发展能力尚有不足。贫困人口是脱贫致富的主体，只有激发贫困群众的内生动力，有效发挥贫困群众的主观能动性，才能从根本上消除贫困。尽管解决了绝对贫困，很多脱贫人口生产生活资源仍相对匮乏，受教育程度较低、技能素质不高。很多脱贫地区产业基础尚不牢固，产业链条、市场主体还没有完全形成，贫困人口长期稳定增收的机制尚未完全建立，脱贫地区和脱贫人口的内生动力和自身发展能力尚有不足。

3. 融入城市化、现代化尚有许多问题亟待解决。城市化是现代化的必由之路，是推进解决农业、农村、农民问题的重要途径。在人口大规模流动、区域一体化不断推进、产业转型升级等大背景下，越来越多的农村脱贫人口走进城市，但仅仅是“农民进城”，尚未真正实现市民化。农民在基本公共服务权益等方面与一般市民还有差别，在意识形态、生活习惯、行为方式方面尚未融入城市，仍须通过不断破解体制机制约束，加强思想教育引导等多种方式加快脱贫人口的现代化进程。

（三）农发行支持巩固拓展脱贫攻坚成果同乡村振兴有效衔接

习近平总书记在中央农村工作会议上指出，“脱贫攻坚取得胜利后，要全面推进乡村振兴，这是‘三农’工作重心的历史性转移”。2021年中央一号文件把实现巩固拓展脱贫攻坚成果同乡村振兴有效衔接作为首要任务进行部署，并设立5年过渡期。农发行将全力服务巩固拓展脱贫攻坚成果，继续保持帮扶工作格局总体稳定，坚持扶持政策不减少，帮扶工作责任、工作质量、工作效能继续保持脱贫攻坚期的总体水平。进一步加大对832个脱贫县、乡村振兴重点帮扶县的信贷支持，优化贷款支持投向，重点支持预防低收入人口返贫，持续巩固“两不愁三保障”成果。大力推进易地扶贫搬迁后续产业扶持，助力搬迁群众稳得住、有就业、逐步能致富。继续做好定点帮扶、驻村帮扶和对口支援工作，持续深化融资、融智、融商、融情“四融一体”帮扶体系。持续强化帮扶成效管理，继续发挥农发行产业类、项目类贷款利益联结机制作用，重点通过支持产业发展带动脱贫不稳定户和边缘易致贫户就业增收。

农发行将全力服务脱贫地区接续推进乡村振兴，持续提升脱贫地区自我造血能力。进一步加大对脱贫地区产业长期培育的支持力度，支持脱贫地区依托资源禀赋，因地制宜发展特色产业，提高产业附加值，尽可能把产业链条留在当地。发挥粮棉油收购信贷资金供应“主渠道”作用，加大粮食全产业链支持力度，支持脱贫地区重要农副产品稳产保供。充分发挥“农地银行”品牌优势，重点支持高标准农田建设、农村土地流转和适度规模化经营，推进农村土地提升品质和集约化水平，助力脱贫地区小农户和现代农业的有机衔接。充分发挥农发行支持农业农村基础设施建设的专业优势，为区域性和跨区域重大基础设施建设提供资金，为脱贫地区产业发展提供支撑。加大金融产品模式创新，引导优质企业带动脱贫地区新型经营主体发展，持续提升产业贷款帮扶成效。

二、助力乡村振兴、促进共同富裕、推动实现现代化

乡村振兴、共同富裕和现代化，定义了中国未来的发展目标，明确了中国未来的发展路径，为农发行在新时代履行农业政策性银行职能指明了方向。

（一）乡村振兴、共同富裕、现代化的形势和任务

一百年来，中国共产党带领全国各族人民在现代化道路上艰辛探索，成功走出了一条中国式现代化的新道路。中国式现代化道路既遵循世界各国现代化的普遍规律，又立足于中国国情，坚持中国特色，切合中国实际。具体而言，中国式现代化是人口规模巨大的现代化，是全体人民共同富裕的现代化，是物质文明和精神文明相协调的现代化，是人与自然和谐共生的现代化，是走和平发展道路的现代化。在一个超大规模社会实现共同富裕是“中国式现代化”的一个重要特征。改革开放四十多年来，中国经济飞速发展，人均国民收入大幅提升，基本实现了富起来的目标，中国社会主要矛盾已经转化为人民日益增长的美好生活需要和不平衡不充分的发展之间的矛盾。脱贫攻坚为农村带来了翻天覆地的变化，但“三农”仍是现代化最突出的短板，农民是中等收入群体的最大空缺，也是中等收入群体的最大潜力。习近平总书记指出：“共同富裕是社会主义的本质要求，是中国式现代化的重要特征，要坚持以人民为中心的发展思想，在高质量发展中促进共同富裕”。党中央将乡村振兴作为新时代党和国家“三农”工作的总抓手，将乡村振兴的阶段目标与国家现代化的阶段目标保持同步，凸显了乡村振兴在实现共同富裕、推进国家现代化中的重要地位。从脱贫攻坚到乡村振兴，地区之间、城乡之间和居民之间的收入差距正在逐步减小，公共服务均等化水平显著提高。在解决绝对贫困问题之后，农业政策性银行要在助力解决相对贫困问题上重点发力，为同步推进、协调促进乡村振兴、共同富裕和国家现代化努力奋斗。

（二）以服务乡村振兴统揽支农业务全局

进入“十四五”时期，“三农”工作重心转向全面推进乡村振兴。农发行确立了以服务乡村振兴统揽支农业务全局的战略定位，全力服务乡村产业兴旺、生态宜居、乡风文明、治理有效、生活富裕。

促进乡村产业兴旺，筑牢乡村振兴的经济基础。农发行将着力推进现代农业产业体系、生产体系、经营体系的建构与完善，推动发展功能多样、质量取胜的现代农业产业。持续加强农业科技创新的支持力度，重点支持农业科技创新平台、科技园区建设，大力支持现代种业、高端农机装备、智慧农业、生态环保等领域的科技成果转化和产业化，促进农业生产从传统向现代转型。大力支持农业农村现代流通体系建设、农村一二三产业融合发展，支持培育新型农业经营主体和社会化服务机构，支持引导农业产业结构不断优化升级，促进现代农业产业链延长、价值链提升和利益链完善。

促进乡村生态宜居，打造乡村振兴的环境基础。聚焦农村生活垃圾污水治理、厕所革命、村庄清洁和绿化行动等重点领域，大力支持农村人居环境整治行动。顺应绿色低碳转型发展大趋势，紧紧围绕碳达峰碳中和目标，充分挖掘生态产品经济价值，推进生态价值、碳排放权质押贷款等贷款模式创新，推动实现乡村自然生态环境保护与开发利用的和谐统一，使良好的生态环境成为乡村最大优势和宝贵财富，使乡村成为“绿水青山就是金山银山”的所在地，成为富裕农民的重要源泉。

促进乡风文明、治理有效，奠定乡村振兴的文化和社会基础。在金融支持乡村振兴中继续发挥“务实进取奉献、先锋主力模范”精神，选派优秀干部到乡村地区党政部门挂职、定点帮扶，提供融资、融智、融商、融情“四融一体”服务，将农发行的家国情怀与农村的乡风文明，农发行的人力支持与农村的有效治理结合起来，两相促进、相得益彰。

（三）以共同富裕作为长期支农为国、立行为民的着力点

共同富裕是中国式现代化的重要特征。实现共同富裕关键在于解决

区域、城乡、行业间三大差距。三大差距突出表现在西部欠发达地区和东部发达地区的差距，农村与城市的差距，产业化、现代化程度普遍较低的农业与房地产、互联网等高收入行业的差距。要缩小三大差距，关键在于"三农"领域如何加快补齐短板。农发行坚持深耕"三农"、坚守主责主场主业不动摇，强化对三大差距中弱势领域的资源配置，全力推动区域、城乡、行业均衡发展。

助力做大"蛋糕"，提高落后地区生产力水平。认真贯彻落实国家区域协调发展战略，精准对接区域发展规划，向乡村振兴重点县等相对落后地区倾斜配置资源，积极支持落后地区基础设施建设和产业发展。通过政策性金融的先导作用，引领社会资金流向解决三大差距问题的关键领域。主动帮助落后地区招商引资，继续推进东西部协作，助推先富地区带动后富地区。坚持服务乡村振兴与新型城镇化协同发展，助力以城带乡、以工促农，推进城乡基本公共服务均等化，带动城乡生产要素双向自由流动。通过将信贷资金更多配置到农业农村地区和中小微企业，坚持对涉农经营主体和中小企业减费让利，助力保护弱势产业主体不断发展壮大。

助力提高劳动收入在初次分配中的比重，增加农民财产性收入。大力扶持落后地区产业发展，增加城乡涉农和非农就业机会，鼓励企业吸收低收入人口就业，不断提升低收入人群的劳动所得，提高劳动报酬在初次分配中的比重。支持构建农业产业化联合体，创新商业模式中的利益联结机制，保障农户经营实现稳定收入。大力支持新型经营主体发展，支持农户以劳动、资金、土地经营权及其他要素资源等入股合作社，获得劳动收入，以及盈余返还、出资分红等财产性收入，更好盘活低收入人群拥有的资源要素，提高相对贫困人口多渠道增收能力。

助力二次分配。持续支持教育培训、医疗卫生等项目建设，推动落后地区公共服务均等化水平有效提升。进一步加强信贷资金与财政转移支付资金的有效衔接，完善财政注入资本金、农发行跟进配套信贷资金共同支持公益性、准公益性项目建设的模式，广泛应用PPP模式，助力二次分配转化为对落后地区的实质性、建设性投入。

助力三次分配。作为社会企业积极参与慈善、公益事业，通过组织员工捐款、参与志愿活动、开展对口帮扶等形式，不断强化对落后地区和低收入群体的帮扶投入。

（四）以金融活水持续推进现代化

现代化的本质和核心是人的现代化。现代化不仅要持续提高落后地区人民收入，也要转变落后地区人民的价值观念和生活方式，实现物质文明和精神文明双丰收。事实证明，物质和财富的积累是落后地区人民实现财务自由，进而减少对传统宗族社会的依赖，形成独立自主的现代人格的关键。精神上的现代化反过来能够促进财富在更高水平上的积累。

农发行将持续改进金融服务，加大普惠性金融资源在落后地区的覆盖，持续破解低利率的信贷可得性和资金的发展性两大难题，帮助落后地区人民加快融入现代经济体系，创造更多可以共享的增长收益。积极提供融智服务，通过知识传播帮助落后地区的人们提高劳动技能和认知水平。持续推进体制机制改革，加快推进资产负债管理体制、以客户为中心的服务管理体系、信贷管理体系等八项重点领域改革，加快业务模式、产品服务、渠道流程创新，进一步强化数据、工具、人才、架构的融合，全力推进数字化转型，推动普惠金融不断向机会可均等、成本可负担、商业可持续的方向迈进。通过改革创新不断推动自身高质量发展，为建设具有高度适应性、竞争力、普惠性的现代金融体系，更好服务实体经济发展作出应有贡献。

第三节　开展扶贫与可持续发展领域国际合作

中国农业政策性金融扶贫“密码”，既具有中国特色，也具有世界意义。农发行将积极投身全球减贫事业，迎接全球贫困治理领域的全新挑战，为创造一个消除贫困、可持续发展的人类命运共同体贡献力量。

一、中国农业政策性银行扶贫拓宽了国际减贫的实践路径

在中国特色反贫困理论的指导下，农发行走出了一条独特的农业政策性银行扶贫道路。中国减贫方案囊括了政治制度、价值理念、精神追求等方面的独特性：并非从单一的扶贫项目出发设计扶贫方案，而是把整村，甚至整县的扶贫项目纳入整体规划，并行解决道路、水利、环境、产业、住房问题；并非从单一的领域出发设计扶贫政策，而是针对贫困人口多维贫困的现状，出台一揽子综合性政策举措，使教育、医疗、社会保障一并惠及贫困人口；并非由单一扶贫主体承担帮扶责任，而是驻村工作队、驻村“第一书记”、村“两委”、结对帮扶单位、定点扶贫单位、县乡政府、市场主体、非政府组织等多层级、多主体群策群力、共同服务帮扶对象；并非政府、市场和社会功能简单叠加，而是形成三者高度耦合、相互支撑的高效系统，产生的是“1+1+1>3”的效果。这些都是中国打赢脱贫攻坚战的必要前提，只有在特定的政治制度、价值理念、精神追求下才能实施。中国的减贫方案拓展了国际社会对于系统性减贫的认识和实践，为综合性解决贫困提供了中国样本。农业政策性银行正是在中国脱贫攻坚特殊背景下开展政策性金融扶贫的，离开这些先决条件，中国特色农业政策性金融扶贫就成为无本之末、无源之水。

（一）坚强的政治核心是减贫的必要条件

坚持党的领导是农业政策性金融扶贫的根本保障。只有在高度团结统一、拥有强大领导力的执政党的领导下，农业政策性银行服务减贫事业才有了坚强的政治和组织保证。党的领导确保了目标的人民性、制度的系统性、行动的一致性、参与的广泛性，使各主体力出一孔、十指成拳。在政治不稳定、缺乏强大统一执政党领导的国家和地区，政府无法高效制定和落实减贫战略，在扶贫政治决策、政策实施和利益分配中容

易出现意见不统一、利益操纵、“精英俘获”等问题，这是减贫难以达到预期效果的重要原因。农发行始终把坚持党的领导作为根本前提，把加强党的建设作为实现路径。强化理论武装，坚持以党的理论引领方向、凝聚共识、指导实践；加强政治建设，不断提高政治判断力、政治领悟力、政治执行力；加强组织建设，充分发挥党委把方向、管大局、促落实的领导作用，把各级党组织建设成为脱贫攻坚的坚强战斗堡垒；加强作风建设和纪律建设，充分发挥党员先锋模范作用。把党的政治优势和组织优势转化为脱贫攻坚的强大动力。

（二）一切以贫困人口为中心是减贫的根本宗旨

贫困是事关人权、安全、和平的关键要素，摆脱贫困是国家对其人民所必须承担的、无可推卸的基本责任。当前的国际社会，形成了“发展为了资本”和“发展为了人民”两种截然不同的发展道路。“发展为了资本”，导致资本在国民收入分配中攫取更大部分，贫富差距不可避免地扩大。迫于选民支持压力和为缓解社会矛盾而出台的减贫政策，只能暂时起到辅助性作用，不能从根本上确立贫困群众的主体地位。中国坚持以人民为中心的发展思想，将消除贫困上升为国家意志，作为国家治理的优先议程，以消除贫困统揽贫困地区经济社会发展全局。针对致贫原因、瞄准贫困人口制定减贫政策，调动全社会资源帮扶贫困人口脱贫。农发行将“支农为国、立行为民”作为崇高使命，深耕“三农”主场主业，爱农业、爱农村、爱农民，扶贫是发自内心的情怀和义不容辞的责任。制定目标、出台政策、服务客户始终秉着如何有利于贫困群众的初衷，心中装着人民、工作为了人民，想群众之所想、急群众之所急、解群众之所难，牢牢把握好为了谁、依靠谁、谁来检验这个根本问题，始终将实现好、维护好、发展好最广大贫困群众的利益作为开展金融业务的出发点和落脚点。

（三）国家制度提供了减贫的综合环境和完备条件

金融扶贫是在一定的政治、经济、文化、社会背景下构建和运行的。没有党中央对脱贫攻坚的顶层设计，没有社会各界广泛参与共同构成的扶贫生态，金融扶贫就无所依托。国家层面部署东西部扶贫协作、定点扶贫、“万企帮万村”等精准扶贫行动，各行各业广泛开展行业扶贫、社会扶贫、专项扶贫，在全社会建立了脱贫攻坚的体系和机制。政府将扶贫项目纳入发展规划统一设计，把贫困村基础设施、环境治理、乡村旅游、产业发展、贫困户住房条件改善等纳入一揽子扶贫方案，整体性提升贫困村的发展条件。中国政府派出的大量干部驻扎扶贫一线，开展建档立卡贫困人口的认定，对贫困人口进行信用评级，帮助引入扶贫项目和产业。没有这些基础工作，金融扶贫资金难以做到精准支持。

农业政策性银行扶贫是中国治贫体系中的一项制度安排，充分运用了中国治贫体系的种种优势和便利。特别是构建了“银行+企业+贫困户”的利益联结和风险分担机制及其衍生形式，有效解决了贫困人口低成本资金可得性和发展约束两大难题，突破了传统金融扶贫的困境。

（四）家国情怀是汇聚全社会减贫力量的精神源脉

与西方民主建立在个体自治基础上不同，中国大一统治理构架下的个人历来抱有家国情怀。家国情怀作为中国优秀传统文化的基本内涵之一，蕴含着家国同构的共同体意识，仁者爱人、推己及人的仁爱之情和“齐家、治国、平天下”的人生追求。这种价值观与脱贫攻坚高度契合，成为脱贫攻坚中凝聚人心、汇聚民力的强大精神力量。

农发行有着家国情怀的深厚土壤。这种情怀来源于中国农业政策性银行在国家治理体系和农村金融体系中的独特定位和作用，来源于因农而生、伴农成长、随农壮大的独特背景，来源于社会企业的独特价值观，来源于扶贫银行的天然情结。农发行人以超越职业的情感投入扶贫事业，自始至终把自己放在金融扶贫先锋主力模范的位置上，高标准、严要求。始终坚守初心、一心为民，扎根基层、真抓实干，攻坚克难、奋力前行，不断破解前进道路上的各种难题，深刻诠释了“无情怀不扶贫”的胸襟和担当。

（五）严格监督保障减贫成果经得起历史检验

中国一直坚持强调真扶贫、扶真贫、真脱贫，并通过中国特色的监督制度，把全面从严治党要求贯穿扶贫事业全过程和各环节，持续推进自我完善、自我革新、自我提高。通过开展中央脱贫攻坚专项巡视、跨省跨部门扶贫督查、扶贫领域作风治理、脱贫第三方评估等严格的监督措施，及时规范扶贫中出现的问题，为大规模脱贫攻坚战做好托底，确保扶贫效果经得起历史检验。

中央脱贫攻坚专项巡视和巡视整改“回头看”对农发行服务脱贫攻坚进行了全面体检，及时发现了扶贫工作中存在的不足。农发行以巡视整改为契机，查缺补漏，举一反三，建立整改长效机制。为了客观反映扶贫质效，农发行不断强化精准扶贫质效管理，在人民银行出台的精准扶贫贷款相关制度的基础上，根据产业扶贫贷款带贫人数，将带贫效果分为“一般”和“突出”两个级别，进行差别管理，给予相应政策，体现了求真务实的精神。

二、中国农业政策性银行扶贫丰富了国际金融扶贫的实践范例

中外扶贫实践既有制度、文化等因素造成的差异，也有共通之处。中国农业政策性银行扶贫既遵循了国际扶贫规律，也丰富了国际金融扶贫实践，为全球贫困治理提供了有益借鉴。

（一）注重激发贫困人口内生动力

贫困人口是脱贫致富的主体，摆脱贫穷终究还是要靠贫困人口自身努力来实现。激励人民群众自力更生、艰苦奋斗的内生动力，首先要为落后地区创造发展的基本条件、为贫困人口创造就业机会。在国际上，支持贫困地区的公共基础设施建设和产业发展一直都是打破贫困循环的重要推动力。据统计，英国、法国、德国、日本等国家对贫困地区公共服务和基础设施的直接投入比例大多保持在30%~50%。各国结合当地的

比较优势发展产业以减少贫困，如泰国在黎敦山区种植咖啡、坚果等适宜的经济作物代替罂粟以促进农业产业发展。此外，教育扶贫也是国际反贫困领域的重要举措。如巴西成立的东北部教育基金和实施的“远距离教学计划”、阿根廷在全国范围内实行的“奖学金计划”、印度尼西亚提出的“家庭希望计划”等，这些政策设计确保了贫穷家庭的孩子都能得到资助并接受教育[①]。

农业政策性银行高度重视支持落后地区的基础设施建设和产业发展，充分发挥“当先导、补短板”作用，将大量金融资源投入贫困落后地区，弥补财政资金不足，通过改善互联互通基础设施、为产业发展提供资金支持等方式，吸引更多社会资本投资落后地区，为贫困群众创造就业岗位。大力支持教育扶贫项目建设，帮助贫困人口富口袋的同时富脑袋。通过开展智志双扶等，增强落后地区和群众脱贫致富的信心，提高贫困群众自身造血能力。

（二）强化高效政府在扶贫中的主导作用

在有能力、可信任和有责任感的政府统筹领导下，构建社会各界广泛参与的扶贫格局，是扶贫成功的关键。在扶贫过程中，中国政府充分发挥了主导作用，有力动员市场、社会主体参与扶贫开发，形成了政府主导、市场参与、社会协同的大扶贫格局。在国际社会，中央政府强有力的领导也是减贫成效的重要保障。如在1994年内战结束后，卢旺达面临贫困落后局面，政府通过推行集体互助脱贫机制，把基层治理、民众参与、互助共建结合起来，群策群力、因地制宜摆脱贫困，促进了经济高速发展[②]。

农发行作为政府调控经济和市场的特殊制度工具，把自身的目标愿景融入国家扶贫的总体目标，积极主动服务国家脱贫攻坚战略、贯彻落

① 姜云茂，覃志立. 国际反贫困经验对我国精准扶贫的启示[J]. 中国市场，2017(29):25-26，51.
② 陈丽娟，舒展. 卢旺达集体互助脱贫机制的逻辑向度与实践进路[J]. 西亚非洲，2021(6):63-83，158.

实中央扶贫决策部署，作为政府和市场之间的桥梁纽带发挥作用，弥补市场失灵和政府失灵造成的资金配置缺欠问题，并通过先行投入优化贫困地区市场环境，撬动引导更多商业性金融和社会资金支持脱贫攻坚。配合财政发挥四两拨千金的作用，为项目资本金提供配套信贷资金，满足项目建设资金需求；协助地方政府投融资公司作为承贷主体，推动金融资本向带贫能力高、实施能力强的产业资本转化；共同建立风险补偿基金，对潜在的贷款损失安排分担机制。只有政府的统筹、协调、主导功能得到充分发挥，才可能调动一切可以调动的力量投入脱贫攻坚，农业政策性银行扶贫才有可靠依托。

（三）始终坚持灵活创新渐进发展

坚持灵活创新并通过试点的方式不断扬弃，是确保一项政策具备灵活适应性和长久生命力的重要方式。在联合国千年发展目标的实施过程中，中等收入国家针对贫困人口和边缘化群体推出多样化的社会政策，在援助方式和政策设计上采取不断试点创新的机制，取得了令人瞩目的成就。

农发行将创新作为扶贫事业的根本动力，作为先锋主力模范作用发挥的根本表现，始终坚持解放思想，先行先试，通过在实践中创新、在试点中修正，一步步循序渐进探索更优解，不断提升扶贫效能。在中央吹响新时期脱贫攻坚号角之后，农发行采取的第一项行动就是与国务院扶贫办建立政策性金融扶贫实验示范区，探索如何采取“超常规办法”，发挥政策性金融特殊融资机制优势和地方政府组织优势，加强金融扶贫、财政扶贫、社会扶贫的结合，探索政策性金融扶贫制度创新、产品创新、管理创新。探索产业扶贫的风险补偿金模式，在吕梁地区首先破题，创新出台“吕梁模式”，经过试点实验，进一步完善配套政策，将“吕梁模式”制度化，在深度贫困地区会议上进行宣介推广，使之走向全国。在产品、模式、制度等方面坚持收集基层优秀案例，总结“最佳实践”，上升为模板，指导各地区根据实际情况开展进一步创新应用。通过创新试点，把因地制宜、因人施策、因致贫原因施策落到实处，动态调整、不断完善。

（四）实施由数据支撑的精准扶贫

精准识别出贫困对象，做好贫困瞄准是贫困干预的前提，也是精准扶贫的关键。为了实现社会政策体系有效、公平运行，各国一直致力于建设更加完备的贫困瞄准系统。在哥伦比亚，为开展社会救助，政府设置了社会项目受益人识别系统（SISBEN），该系统构建了一个家庭脆弱指数，用于确定社会救助项目的受益人。2014年，SISBEN数据库已包含了超过3400万人的信息，占该国总人口的70%以上。在巴西，政府也使用统一登记系统对低收入家庭进行识别，作出社会经济描述[①]。

中国脱贫攻坚的重大基础工程就是创建了建档立卡贫困人口信息系统，坚持借助大量基础数据支撑精准扶贫方略的实施。人民银行制定精准扶贫贷款认定规则，农发行开展精准扶贫贷款认定、评估扶贫贷款质效，均基于这一系统。以数据信息作为支撑的精准扶贫贷款强化了金融资源向贫困人口的配置，引导金融资金由“大水漫灌”转为“精准滴灌”，确保了“扶真贫”。农发行把打造金融精准扶贫的科技支撑体系作为治理体系的重要内容，将扶贫质效管理嵌入信贷管理全流程，在客户营销、产品创新、运营管理、风险管理等方面不断提高金融科技应用水平，不断加快农业政策性银行数字化、智慧化的步伐。

三、中国农业政策性银行参与国际扶贫的未来行动

消除贫困，是各国人民的共同愿望、国际社会的共同使命。农发行作为中国唯一、全球规模最大的农业政策性银行，不仅为中华民族追求

① 联合国开发计划署，中国国际扶贫中心，中国农业科学院海外农业研究中心. 国际减贫理念与启示[M]. 北京：团结出版社，2018.

共同富裕的美好愿望持续努力，还将持续关注欠发达国家和地区金融扶贫进展，帮助更多国家实现联合国《2030年可持续发展议程》的减贫目标，在以合作共赢为核心的新型国际减贫交流合作关系中发挥中国农业政策性银行力量，为建设一个远离贫困、共同发展的美好世界作出应有贡献。

（一）聚焦重点领域，发挥自身专长

通过贷款、联合融资、股权投资等多种方式增加农村地区金融供给，持续促进农村产业增收和基础设施完善，带动农村居民增加就业收入、提高生活水平，是国际政策性金融服务减贫事业的普遍做法。

农发行将继续发挥在产业和基础设施扶贫领域的经验，积极探索贷款支持欠发达国家和地区的农业项目，借助自身资源优势，为落后国家和地区开展贷款援建，支持道路交通、能源、水利、教育、医疗卫生等城市和农村基础设施与公共服务设施建设，帮助落后地区开发独立发展的基础条件。为欠发达地区农业项目提供农业专家咨询，开展技术合作，助力提高当地管理人员和人民群众发展技能，促进发展中国家提高农业生产能力，有效应对粮食危机，减少贫困。

（二）支持“一带一路”沿线国家减贫

南南合作是全球共建的减贫合作机制。作为南南合作的积极倡导者和重要参与者，近年来中国通过“一带一路”倡议，着力构建发展中国家命运共同体，帮助沿线国家打破发展瓶颈，缩小发展差距，共享发展成果。当前，中国正致力于加强共建“一带一路”倡议与联合国《2030年可持续发展议程》对接，以推动更大范围、更高水平、更深层次的区域经济社会发展合作，到2030年，通过“一带一路”建设有望帮助相关国家760万人摆脱极端贫困、3200万人摆脱中度贫困。

中国农业政策性银行将聚焦“一带一路”倡议，为各国实现2030年可持续发展议程减贫目标提供助力。以可持续发展的企业作为重要支持对象，促进当地改善基础设施、推动产业发展、缩小贫富差距，整体性改变发展面貌。同时，农发行还将基于国际减贫需求因地制宜创新产品，在风险可控前提下按照市场化原则不断创新融资模式、渠道、工具与服务，精准把脉不同国家的贫困程度、贫困特征、致贫原因，灵活有效发挥政策性银行作用，推动中国扶贫经验和扶贫模式当地化、本土化，更好促进当地发展。

（三）助力构建多方参与的国际扶贫大格局

全球贫困治理需要政府、市场和社会等主体多方参与、互学互鉴、共享经验、合作交流，全方位、多元化投入减贫事业。当前，越来越多的非政府组织等社会力量和跨国公司等市场主体投身于国际减贫与发展领域的合作与交流，主动参与全球贫困治理，已经成为全球贫困治理的一大特点。农发行将持续重视并充分利用这一力量，充分发挥好连接政府和市场主体的枢纽作用，在加强政府部门合作、金融同业合作的同时，充分对接多元社会主体与非政府组织的需求，探索开发针对性的金融服务与产品，交流贫困治理与可持续发展的经验，为中国深度参与国际减贫开辟新领域。

（四）优化金融服务，帮助企业“走出去”

随着中国对外开放、对外交流合作的深化，涉农企业“走出去”的数量保持不断增长态势。大量涉农企业在非洲、中亚等地的发展中国家从事农业经营，不仅促进了农业资源开发、先进技术传播，还为推动当地经济社会发展作出重要贡献。农发行将继续支持中国农业的对外交流合作，为涉农企业提供国际业务结算、国际贸易融资、外汇贷款、对外担保等金融服务。以涉农企业“走出去”为契机，助推企业为贫困人口创造更多的生产经营和就业机会，承担贫困人口救助、公益事业发展等社会责任，以推动中国金融扶贫模式的对外输出和广泛扩散，让有益经验更多更好地惠及各国人民。

（五）讲好“中国故事”，扩大知识共享

中国政策性银行扶贫经验是中国特色反贫困理论的重要实践成果，

丰富和拓展了国际金融扶贫实践，能够为广大发展中国家的政策性、开发性金融，以及有志于减贫事业的商业性金融等社会机构提供借鉴和参考。农发行将不断加强与各国政策性银行的交流合作，积极参与区域合作机制和国际多边机构合作平台开展的扶贫领域知识交流、能力建设、共同研究等。借助国际会议、论坛，共享中国农业政策性银行扶贫经验，在共同的话语体系下讲述好政策性银行扶贫的“中国故事”。

参考文献

[1] [德] 马克思，恩格斯. 马克思恩格斯文集：第1卷[M]. 中共中央马克思恩格斯列宁斯大林著作编译局，译. 北京：人民出版社，2009.

[2] [德] 马克斯・韦伯. 新教伦理与资本主义精神[M]. 马奇炎，陈婧，译. 北京：北京大学出版社，2012.

[3] [法] 托马斯・皮凯蒂. 21世纪资本论[M]. 巴曙松，等，译. 北京：中信出版社，2014.

[4] [美] 阿比吉特・班纳吉，埃斯特・迪弗洛. 贫穷的本质[M]. 景芸，译. 北京：中信出版集团，2018.

[5] [美] 爱德华・肖. 经济发展中的金融深化[M]. 邵伏军，译. 上海：上海三联书店，1988.

[6] [美] 道格拉斯・诺斯. 制度、制度变迁与经济绩效[M]. 杭行，译. 上海：格致出版社，2008.

[7] [美] 肯尼斯・霍博，威廉・霍博. 清教徒的礼物：那个让我们在金融废墟重拾梦想的馈赠[M]. 丁丹，译. 北京：东方出版社，2013.

[8] [美] 拉格纳・纳克斯. 不发达国家资本的形成[M]. 谨斋，译. 北京：商务印书馆，1986.

[9] [美] 罗纳德・麦金农. 经济发展中的货币与资本[M]. 卢骢，译. 上海：上海人民出版社，1997.

[10] [美] 威廉・戈兹曼. 千年金融史[M]. 张亚光，熊金武，译. 北京：中信出版集团，2017.

[11] [美] 塞德希尔・穆来纳森，埃尔德・莎菲尔. 稀缺：我们是如何陷入贫困与忙碌的[M]. 魏薇，龙志勇，译. 杭州：浙江人民出版社，2018.

[12] [孟加拉] 穆罕默德・尤努斯. 普惠金融改变世界[M]. 陈文，陈少毅，郭长冬，等，译. 北京：机械工业出版社，2019.

[13] [挪] 埃里克・赖纳特. 富国为什么富，穷国为什么穷[M]. 杨虎涛，等，译. 北京：中国人民大学出版社，2003.

[14] [日] 关谷俊作. 日本农地制度[M]. 金洪云，译. 北京：生活·读书·新知三联书店，2004.

[15] [瑞典] 冈纳·缪尔达尔. 世界贫困的挑战：世界反贫困大纲[M]. 顾朝阳，译. 北京：北京经济学院出版社，1991.

[16] [土] 丹尼·罗德里克. 全球化的悖论[M]. 廖丽华，译. 北京：中国人民大学出版社，2011.

[17] [土] 丹尼·罗德里克. 一种经济学，多种药方——全球化、制度建设和经济增长[M]. 张军扩，侯永志，等，译. 北京：中信出版集团，2016.

[18] [印度] 阿玛蒂亚·森. 贫困与饥荒[M]. 王宇，王文玉，译. 北京：商务印书馆，2004.

[19] [英] 马祖卡托. 创新型政府：构建公共与私人部门共生共赢的关系[M]. 李磊，束东新，程单剑，译. 北京：中信出版集团，2019.

[20] [英] 亚当·斯密. 道德情操论[M]. 范晓潮，译. 北京：商务印书馆，2020.

[21] [英] 亚当·斯密. 国富论[M]. 孙善春，李春长，译. 北京：作家出版社，2017.

[22] 白钦先，徐爱田，王小兴. 各国农业政策性金融体制比较[M]. 北京：中国金融出版社，2006.

[23] 白钦先，王伟. 科学认识政策性金融制度[J]. 财贸经济，2010(8):5-12.

[24] 曾康霖. 再论扶贫性金融[J]. 金融研究，2007(3):1-9.

[25] 陈锡文，罗丹，张征. 中国农村改革40年[M]. 北京：人民出版社，2018.

[26] 陈雨露，马勇. 中国农村金融论纲[M]. 北京：中国金融出版社，2010.

[27] 陈志刚，王皖君. 金融自由化对贫困影响研究动态[J]. 经济学动

态，2008(8): 99-103.

[28] 程郁. 引导金融资源向农村回流的政策性机制研究[J]. 经济纵横，2019(11): 58-69.

[29] 崔艳娟，孙刚. 金融发展是贫困减缓的原因吗？——来自中国的证据[J]. 金融研究，2012(11): 116-127.

[30] 邓小平. 建设有中国特色的社会主义（增订本）[M]. 北京：人民出版社，1987.

[31] 邓小平. 邓小平文选第3卷[M]. 北京：人民出版社，1993: 373-374.

[32] 丁振京. 中国农业政策性金融改革：国际比较视角[J]. 经济社会体制比较，2013(2): 76-84.

[33] 盖凯成，周永昇. 所有制、涓滴效应与共享发展：一个政治经济学分析[J]. 政治经济学评论，2020(6): 95-115.

[34] 郭慧. 金融扶贫的排头兵——记2017年全国脱贫攻坚奖获得者徐一丁[J]. 党建，2017(12): 56-57.

[35] 国务院扶贫开发领导小组办公室. 中国农村扶贫开发概要（1978—2010）[M]. 北京：中国财政经济出版社，2003.

[36] 国务院新闻办公室. 白皮书：中国的减贫行动与人权进步[R/OL]. http://www.scio.gov.cn/zfbps/32832/Document/1494402/1494402.htm，2016-10.

[37] 国务院新闻办公室. 白皮书：人类减贫的中国实践[R/OL]. http://www.scio.gov.cn/zfbps/32832/Document/1701632/1701632.htm，2021-04-06.

[38] 国务院新闻办公室. 中国的农村扶贫开发[R/OL]. http://www.gov.cn/zhengce/2005-05/26/content_2615719.htm，2001-10.

[39] 何家伟，李超梅. 理论、历史、实践:构建中国特色贫困治理制度体系的三维视角[J]. 思想教育研究，2021(3): 7-12.

[40] 贺立龙. 中国历史性解决绝对贫困问题的制度分析——基于政治

经济学的视角[J]. 政治经济学评论，2020(5): 156-182.

[41] 侯鹏，赵翠萍，余燕. 如何用好政策性农村金融——以日本农林渔业金融公库为例[J]. 世界农业，2016(12): 111-115.

[42] 黄承伟，等. 鉴往知来：十八世纪以来国际贫困与反贫困理论评述[M]. 南宁：广西人民出版社，2017: 29.

[43] 黄先海，宋学印. 赋能型政府——新一代政府和市场关系的理论建构[J]. 管理世界，2021(11): 41-55，4.

[44] 焦瑾璞，等. 中国普惠金融发展进展及实证研究[J]. 上海金融，2015(4): 12-22.

[45] 李丹. 充分发挥政策性银行作用全力服务乡村振兴——访中国农业发展银行党委书记、董事长钱文挥[J]. 中国金融家，2021(8): 20-26.

[46] 李培林，魏后凯. 中国扶贫开发报告（2016）[M]. 北京：社会科学文献出版社，2016.

[47] 栗华田. 印度的农村金融体系和印度农业与农村发展银行[J]. 农业发展与金融，2002(7): 44-45.

[48] 厉以宁，等. 共同富裕：科学内涵与实现路径. [M]. 北京：中信出版集团，2022.

[49] 联合国. 2021年可持续发展目标报告[R/OL]. https://unstats.un.org/sdgs/report/2021/，2021-06.

[50] 联合国. 变革我们的世界：2030年可持续发展议程. [R/OL]. https://www.un.org/zh/documents/treaty/files/A-RES-70-1.shtml，2015-09.

[51] 联合国. 联合国千年宣言[R/OL]. https://www.un.org/zh/documents/treaty/files/A-RES-55-2.shtml，2000-09.

[52] 林海，严中华，黎友焕. 社会企业商业模式创新路径研究——以格莱珉银行为例[J]. 改革与战略，2013(8): 73-77.

[53] 林闽钢，霍萱. 大国贫困治理的“中国经验”——以中国、美国和印度比较为视角[J]. 社会保障评论，2021(5): 90-104.

[54] 刘蕾. 社会企业综合价值的实现模式：以幸福银行“熊猫村项目”为例[J]. 学海，2017(5): 202–207.

[55] 刘锡良，等. 中国转型期农村金融体系研究[M]. 北京：中国金融出版社，2006.

[56] 陆磊. 农村金融的性质与商业性金融的选择[J]. 农村金融研究，2007(10): 6–13.

[57] 罗鹏，张译尹. 厘清政策性业务边界优化政策性金融改革——以中国农业发展银行为例[J]. 河北金融，2021(9): 28–32.

[58] 吕培亮. 后贫困时代要转向制度性贫困治理[N]. 社会科学报，2021–03–11.

[59] 吕普生. 制度优势转化为减贫效能——中国解决绝对贫困问题的制度逻辑[J]. 政治学研究，2021(3): 54–64.

[60] 莫壮才. 对日本农业政策与农业政策性金融的思考[J]. 农业发展与金融，2008(11): 57–60.

[61] 裴长洪，倪江飞. 党领导经济工作的政治经济学[J]. 经济学动态，2021(4): 3–14.

[62] 钱文挥. 聚合资源　聚焦重点　聚力帮扶　构建农业政策性金融扶贫新格局[J]. 中国金融家，2019(8): 41–43.

[63] 钱文挥. 一以贯之推进全面依法治行为农发行治理体系和治理能力现代化提供坚实法治保障[J]. 农业发展与金融，2019(12): 12–15.

[64] 钱文挥. 在中国农业发展银行决战决胜脱贫攻坚工作会议上的讲话[J]. 农业发展与金融，2020(4): 14–21.

[65] 钱文挥. 践行农业政策性银行职责使命　坚决助力脱贫攻坚战圆满收官[J]. 中国金融家，2020(4): 17–19.

[66] 钱文挥. 以习近平总书记脱贫攻坚重要论述为指导抓紧抓实抓细脱贫攻坚工作[J]. 农业发展与金融，2020(5): 16–17.

[67] 钱文挥. 不负习近平总书记嘱托　发挥金融扶贫先锋主力模范作

用[J]. 农业发展与金融，2021(3): 7–11.

[68] 钱文挥. 全力服务国家战略和三农发展[J]. 中国金融，2021(1): 12–14.

[69] 钱文挥. 政策性银行服务脱贫攻坚和乡村振兴的使命[J]. 中国金融，2021(5): 17–19.

[70] 乔海曙. 农村经济发展中的金融约束及解除[J]. 农业经济问题，2001(3): 19–22.

[71] 秦宣. 用社会主义核心价值观引领人民精神生活共同富裕[N]. 光明日报，2021–11–10(06).

[72] 邵挺. 美国联邦土地银行的演变及启示[J]. 中国发展观察，2015(9): 70–73.

[73] 舒运国，路征远. 世界金融危机对非洲的影响[J]. 西亚非洲，2009(3): 5–10.

[74] 汪三贵，郭子豪. 论中国的精准扶贫[J]. 贵州社会科学，2015(5): 147–150.

[75] 汪小亚，谭智心，何婧. 农村合作金融国际经验研究[M]. 北京：中国金融出版社，2020.

[76] 王奎. 精准扶贫：全球贫困治理的理论、制度和实践创新[J]. 思想理论教育导刊，2020(10): 80–84.

[77] 王品飞. 走中国特色社会主义乡村振兴道路[N]. 吉林日报，2017–12–28.

[78] 王伟. 中国农村政策性金融的功能优化与实证分析[M]. 北京：中国金融出版社，2011.

[79] 王伟，林春，秦伟新，等. 中国政策性金融理论演进与创新研究[J]. 金融理论与实践，2015(3): 15–19.

[80] 王习明，高邓. 党的领导：新中国消除绝对贫困彰显出的制度优势[J]. 武汉科技大学学报（社会科学版），2021(6): 246–252.

[81] 王志强，孙刚．中国金融发展规模、结构、效率与经济增长关系的经验分析[J]．管理世界，2003（7）：13–20.

[82] 温铁军，唐正花，刘亚惠．从农业1.0到农业4.0[M]．北京：东方出版社，2021.

[83] 吴本健，王蕾，罗玲．金融支持乡村振兴的国际镜鉴[J]．世界农业，2020（1）：11–20，57.

[84] 吴华．扶贫小额信贷：破解贫困人口贷款难题的中国实践[M]．北京：当代世界出版社，2020.

[85] 习近平．论坚持全面深化改革[M]．北京：中央文献出版社，2018.

[86] 习近平．论坚持党对一切工作的领导[M]．北京：中央文献出版社，2019.

[87] 习近平．习近平谈治国理政（第三卷）[M]．北京：外文出版社，2020.

[88] 习近平．论把握新发展阶段、贯彻新发展理念、构建新发展格局[M]．北京：中央文献出版社，2021.

[89] 习近平．论"三农"工作[M]．北京：中央文献出版社，2022.

[90] 习近平．在决战决胜脱贫攻坚座谈会上的讲话[EB/OL]．2020-03-06. http://www.xinhuanet.com/politics/leaders/2020-03/06/c_1125674682.htm.

[91] 习近平．在全国脱贫攻坚总结表彰大会上的讲话[N]．人民日报，2021-02-26.

[92] 习近平．扎实推进共同富裕[J]．求是，2021（20）.

[93] 习近平．中国共产党领导是中国特色社会主义最本质的特征[J]．求是，2020（14）.

[94] 习近平．坚持用马克思主义及其中国化创新理论武装全党[R/OL]．http://jhsjk.people.cn/article/32282820.

[95] 解学智. 脱贫攻坚与供给侧改革[J]. 中国金融，2016(22)：13–15.

[96] 解学智. 加强党对金融工作的领导　服务农业农村经济社会发展[J]. 中国银行业，2017(10)：10–11，14.

[97] 解学智. 推动政策性银行高质量发展[J]. 中国金融，2018(6)：44–46.

[98] 解学智. 筑牢农业政策性金融事业的“根”和“魂”[J]. 旗帜，2019(6)：32–33.

[99] 解学智. 严字当头　实字托底　坚持刀刃向内真刀真枪整改问题[J]. 机关党建研究，2019(9)：35–36.

[100] 解学智. 着力打造服务乡村振兴的高素质专业化干部队伍[J]. 党建研究，2019(10)：49–51.

[101] 解学智. 坚持不懈推进农发行改革　全力服务农业农村经济社会发展[J]. 中国银行业，2019(11)：14–17.

[102] 解学智. 充分发挥农业政策性金融职能作用　坚决助力打赢脱贫攻坚战[J]. 中国政协，2020(10)：66–67.

[103] 谢岳. 中国贫困治理的政治逻辑——兼论对西方福利国家理论的超越[J]. 中国社会科学，2020(10)：4–26.

[104] 徐一丁. 农业政策性银行经营机制目标模式研究[J]. 经济研究参考，1996(155)：2–24.

[105] 徐一丁，吴思麒，王苹. 关于农业发展银行进一步深化改革的思考[J]. 经济研究参考，1998(67)：22–28.

[106] 徐一丁，李振仲，杜彦坤. WTO框架下农业政策性金融支农研究[J]. 金融参考，2002(4)：40–46.

[107] 徐一丁. 对农村金融体制改革和完善农发行职能的思考[N]. 金融时报·理论周刊，2003–07–07.

[108] 徐一丁. 政策性金融的精准扶贫[J]. 中国金融，2017(11)：

83–84.

[109] 徐一丁. 奋力谱写新时代政策性金融扶贫新篇章[J]. 农业发展与金融，2017 (12): 84–85.

[110] 徐一丁. 对持续推进政策性金融扶贫实验示范区建设的思考[J]. 中国银行业，2018 (7): 64–66.

[111] 徐一丁. 推动政策性金融扶贫高质量发展[J]. 农业发展与金融，2018 (4): 36–37.

[112] 徐一丁. 发挥政策性银行作用　坚决打赢脱贫攻坚战[J]. 中国农村金融，2020 (2): 48–49.

[113] 徐一丁. 履行政策性银行职责　打赢脱贫攻坚收官战[J]. 中国农村金融，2020 (19): 30–32.

[114] 徐一丁. 人生征途遇到使命[J]. 农业发展与金融，2021 (3): 23–28.

[115] 徐一丁. 以共同富裕为目标强化农业政策性银行职能作用[J]. 中国银行业，2022 (2): 38–41，8.

[116] 徐一丁. 全力支持巩固衔接　扎实推进共同富裕[J]. 中国金融，2022 (5): 20–22.

[117] 闫坤，刘轶芳. 中国特色的反贫困理论与实践研究[M]. 北京：中国社会科学出版社，2016.

[118] 燕红忠. 中国金融史[M]. 上海：上海财经大学出版社，2020.

[119] 燕继荣. 制度、政策与效能：国家治理探源——兼论中国制度优势及效能转化[J]. 政治学研究，2020 (2): 2–13，124.

[120] 燕继荣. 反贫困与国家治理——中国脱贫攻坚的创新意义[J]. 管理世界，2020 (4): 209–219.

[121] 杨穗，冯毅. 中国金融扶贫的发展与启示[J]. 重庆社会科学，2018 (6): 58–67.

[122] 杨友才. 金融发展与经济增长——基于我国金融发展门槛变量

的分析[J]. 金融研究，2014 (2): 59–71.

[123] 叶志强，陈习定，张顺明. 金融发展能减少城乡收入差距吗——来自中国的证据[J]. 金融研究，2011 (2): 42–54.

[124] 余光中. “乡愁”是一种家国情怀[N]. 人民日报海外版，2010-09-18 (001).

[125] 张承惠，潘光伟，朱进元. 中国农村金融发展报告2019—2020[M]. 北京：中国发展出版社，2021.

[126] 张佳栋. 论尤努斯的金融伦理思想[D]. 长沙：中南大学，2009.

[127] 张琦. 全球减贫历史、现状及其挑战[J]. 人民论坛，2021 (4): 14–18.

[128] 张思锋，汤永刚，胡晗. 中国反贫困70年：制度保障、经济支持社会政策[J]. 西安交通大学学报（社会科学版），2019 (9): 1–11.

[129] 张晓晶，李成，李育. 扭曲、赶超与可持续增长——对政府与市场关系的重新审视[J]. 经济研究，2018 (1): 4–20.

[130] 张晓晶. 金融发展与共同富裕[J]. 经济学动态，2021 (12): 25–39.

[131] 张远新. 中国贫困治理的世界贡献及世界意义[J]. 红旗文稿，2020 (11): 25–27.

[132] 张昭，王爱萍. 金融发展对收入不平等影响的再分析——理论分析与经验数据解释[J]. 经济科学，2016 (5): 31–44.

[133] 中国农业发展银行. 脱贫攻坚成就专刊[J]. 农业发展与金融，2021 (3).

[134] 中国农业发展银行课题组. 农业政策性金融演进与国际比较[M]. 北京：中国金融出版社，2020.

[135] 中国农业发展银行总行基础设施部课题组. 关于公益性项目、市场化运作的研究[J]. 农业发展与金融，2021 (2): 21–27.

[136] 中国农业银行. 守望相助[M]. 北京：中国金融出版社，2021.

[137] 中共中央关于党的百年奋斗重大成就和历史经验的决议[M]. 北京：人民出版社，2021.

[138] 中共中央党史和文献研究院. 十八大以来重要文献选编（上册）[M]. 北京：中央文献出版社，2014.

[139] 中共中央党史和文献研究院. 十八大以来重要文献选编（下册）[M]. 北京：中央文献出版社，2018.

[140] 中共中央党史和文献研究院. 习近平扶贫论述摘编[M]. 北京：中央文献出版社，2018.

[141] 中共中央宣传部. 习近平新时代中国特色社会主义思想学习纲要[M]. 北京：学习出版社，人民出版社，2019.

[142] 周小川. 践行党的群众路线 推进包容性金融发展[J]. 中国金融，2013 (18): 9–12.

[143] 周月书，彭媛媛. 双重目标如何影响了农村商业银行的风险？[J]. 中国农村观察，2017 (4): 102–115.

[144] 祝树民. 发挥政策性金融扶贫主导作用 全力支持精准扶贫[J]. 农业发展与金融，2015 (12): 11–12.

[145] 祝树民. 政策性金融扶贫的引领作用[J]. 中国金融，2016 (4): 9–11.

[146] 朱元樑，等. 中国农业政策性金融导论[M]. 北京：中国财政经济出版社，1996.

[147] Aghion, Bolton. A Theory of Trickle–Down Growth and Development [J]. The Review of Economic Studies, 1997, 64 (2): 151–172.

[148] Beck T., Demirgüç–Kunt A., Levine R. Finance, Inequality and the Poor [J]. Journal of Economic Growth, 2007, 12 (1): 27–49.

[149] Binswanger H. P., Khandker S. R. The Impact of Formal Finance on the Rural Economy of India [J]. Journal of Development Studies, 1995, 32 (2): 234–262.

[150] CGAP. Building Inclusive Finacial Systems: Donor Guidelines on Good Practice in Microfinance [J]. Washington, D. C.: CGAP, 2004: 91.

[151] Chibba M. Financial Inclusion, Poverty Reduction and the Millennium Development Goals [J]. European Journal of Development Research, 2009, 21 (2): 213–230.

[152] Ellis, Bernhardt, Enterprise. Inequality and Economic Development [J]. Review of Economic Studies, 2000 (67): 147–168.

[153] Feder G., Lau L. J., Luo L. X. The Relationship between Credit and Productivity in Chinese Agriculture: A Microeconomic Model of Disequilibrium [J]. American Journal of Agricultural Economics, 1990, 72 (5): 1151–1157.

[154] Greenwood, Jovanovic. Financial Development, Growth, and the Distribution of Income [J]. Journal of Political Economy, 1990 (98): 1076–1107.

[155] Inoue T., Hamori S. How Has Financial Deepening Affected Poverty Reduction in India? Empirical Analysis Using State–level Panel Data [J]. Applied Financial Economics, 2011, 22 (5): 395–408.

[156] Klaus Deininger, et al. Land Reforms, Poverty Reduction, and Economic Growth: Evidence from India [J]. Journal of Development Studies, 2009, 45 (4).

[157] Marinos P. Giannopoulos. Economic Growth and Financial Development: Empirical Analysis of Three Scandinavian Countries [J]. Operational Research, 2006 (6): 221–238.

[158] Martin Ravallion, Shaohua Chen. The Impact of the Global Financial Crisis on the World's Poorest. [R/OL]. http://www.voxeu.org/index.php?q=node/3520.

[159] Maurer, Haber. Bank Concentration, Related Lending and Economic Performance: Evidence from Mexico [M]. Stanford University, 2003.

[160] Mitchell W C, Niskanen W A . Bureaucracy and Representative

Government [J]. American Political Science Association, 1971, 68 (4).

[161] Mookerjee R., Kalipioni P. Availability of Financial Services and Income Inequality: The Evidence from Many Countries [J]. Emerging Markets Review, 2010, 11 (4): 404–408.

[162] Nurkes R. Problems of Capital Formation in Underdeveloped Countries [J]. International Journal of Economics & Management, 1954, 20 (4): 413–420.

[163] Oded Galor, Joseph Zeira. Income Distribution and Macroeconomics [J]. The Review of Economic Studies, 1993 (60): 35–52.

[164] Omotola A. Microfinancing for Poverty Reduction and Economic Development: A Case for Nigeria [J]. International Research Journal of Finance and Economics, 2011 (72): 159–168.

[165] Pham B. D. Yoichi I. Rural Development Finance in Vietnam: A Microeconometric Analysis of Household Survey [J]. Word Development, 2002, 30 (2): 319–335.

[166] R. Nelson. A Theory of the Low–level Equilibrium Trap in Underdeveloped Economies [J]. American Economic Review, 1956 (46).

[167] Ranjan, Zingales. Saving Capitalism from the Capitalists: Unleashing the Power of Financial Markets to Create Wealth and Spread Opportunity [M]. New York: Crown Business, 2003.

[168] Rong–Zhu Cheng, Long–Bao Wei. American Farm Credit System (FCS) and Its Enlightenment [J]. DEStech Transactions on Social Science Education and Human Science, 2019 (2).

[169] Rossel C. K. Do Multiple Financial Services Enhance the Poverty Outreach of Microfinance Institutions? [R]. Working Papers CEB, 2010.

[170] Trattner, Walter I. From Poor Law to Welfare State: A History of Social Welfare in America [M]. Collier Macmillan Publishers, 1974.

[171] United Nation. The Millennium Development Goals Report 2015 [R]. Working Papers id: 7097, 2015.

[172] World Bank. Poverty and Shared Prosperity 2018 [R]. World Bank Publications-Books, 2020.